文明の十字路＝中央アジアの歴史

岩村　忍

講談社学術文庫

目次

第二章　オアシス都市と遊牧民

第三章　遊牧国家の発達

文明の十字路＝中央アジアの歴史

はじめに　日本人のなかの中央アジア

胡と胡人

中央アジアといえば、われわれ日本人にとっては遠い国、はるかな地である。氷河におおわれた大山脈、草原をさまよう遊牧民、荒涼とした砂漠にとりかこまれた緑のオアシス、それに流砂に埋もれた古代文明の廃墟などは、われわれのエクゾティックな興味、関心をそそらずにはおかない。しかし、このような異国趣味だけが、われわれ日本人を中央アジアに結びつけているのだろうか。そうではない。われわれの身近なところにも、中央アジアは生きている。

われわれの日常生活に欠かせないゴマ・コショウ・キュウリなどは、以前にはそれぞれ胡麻・胡椒・胡瓜と書くのがふつうであった。これらの栽培植物は、はじめはみな中国から日本に伝えられてきたものであるが、その名まえには「胡」という文字がついている。それはもともと中国原産ではなく、胡からはいってきたものという意味である。それでは胡とはなんであろうか。

中国では古くからその西北に住む民族を胡と呼んだ。周代などには北方のモンゴリアの遊牧民である匈奴を胡といったこともあるが、だいたいは西北方、すなわち中央アジア方面の民族をすべて胡とか、胡人とかいう名まえで総称していた。

中国人が中央アジアと密接な関係をもつようになったのは、漢代以後のことである。この時代の中央アジアはペルシア（イラン）系民族の優越時代といってよい。当時の中央アジアには、もちろん非イラン系の民族もいたにはちがいない。しかし、中央アジアの東部（東トルキスタン）で支配的であった月氏がイラン系の遊牧民族、もっと狭い意味ではスキタイ系であったことは、いまでは疑う余地はない。また中央アジア西部（西トルキスタン）でも、サマルカンドや、その他の大オアシスの支配者はイラン系のソグド人であったし、北部の草原でもやはりスキタイ系のサカ族が活躍していた。

ゴマ（胡麻）コショウ（胡椒）キュウリ（胡瓜）

ゴマの原産地は熱帯、おそらくアフリカで、中央アジアではないらしい。しかし、それが中央アジアから中国に伝えられたことには、ほとんどなんの疑問もない。ゴマが中央アジア西部で栽培されていたことは、前五世紀のギリシアの歴史家ヘロドトスによって伝えられている。おそらくそれは、紀元前六〜四世紀のアケメネス朝時代のはじめには、すでにメソポタミアから西トルキスタンまでの地域で栽培されていたものと考えられる。

しかし、それがいつごろ中国に伝播したかということはわからない。十六世紀の初期に書かれた李時珍《りじちん》の有名な『本草綱目』は、道家で大学者であった梁《りょう》の陶弘景《とうこうけい》（四五六〜五三六）にもとづいて、「胡麻はもと大宛《だいえん》に生ず」と記している。大宛とは、だいたいウズベキスタン共和国東北部にあったオアシス国家と思われるが、たとえこの記事が信頼できるとしても、張騫《ちょうけん》（前二世紀）の西域旅行の記録である『史記』には、胡麻はみあたらない。だから、張騫によって中国に将来されたものではなかったかもしれない。しかし、彼が中国と西域との交通路を打通して以後、西方の植物は続々として中国に伝来しはじめたので、ゴマもそのうちの一つであったにちがいない。

　コショウすなわち胡椒は、古くインドから中央アジア、ペルシアに伝来されたが、中国でもっとも古い記録は『後漢書』西域伝にみえている。唐代になると、この香辛料が中国人の食膳に不可欠のものとなったことは、十七世紀以後のヨーロッパ人の食生活において、香辛料、とくに胡椒《ペッパー》が欠くべからざるものになったのとよく似ている。

　唐代以後の中国で、胡椒がいかに珍重されたかということについては、「胡椒八百石」という有名なことわざがある。それは『唐書』元載伝《げんさいでん》にみえる。元載は朝廷の高官で賄賂を取るので知られていたが、死後にその邸宅を検査したところ、なんと八百斛《こく》（約四万八〇〇〇リットル）の胡椒が隠蔵されていた。この話は、中国では高位・高官や富豪の卑しさと貪欲の空しさの比喩としてしばしば引用され、元載の汚名は文字どおり千載に伝えられることになった。同時にこの話は、すでに唐代の中国社会でも、いかに胡椒が珍重されていたかという事実を物語るものであろう。

　胡瓜の中国伝来もまた、例によって張騫に帰されている。胡瓜の文字は『史記』大宛伝にはみえないが、その伝来は、おそくとも六世紀以前にさかのぼるものと思われる。胡瓜の別名は黄瓜ともいう。三〜四世紀の後趙の始祖石勒《せきろく》は胡人であったので、胡瓜ということばを好まず、黄瓜と呼ぶように命じたと伝えられている。この話が事実だとすると、胡瓜の伝入もまた、かなり古いことになる。

ペルシア人とブドウ酒

以上のような「胡」字のついた栽培植物のほかにも、中央アジアから将来された植物はまだたくさんある。しかしそのうちでももっとも有名なのはブドウであろう。

ヘロドトスによれば、ペルシア人は大変なブドウ酒愛飲家で、重大な会議はまずブドウ酒に酔っぱらってからはじめられる。そして翌朝になると、議長は前日の会議の結果を披露し、改めて決議を求める。酒に酔っていないときの決定が承認されるならば、それも有効であるが、最初の論議がしらふで行なわれたばあいには、必ず酒を飲んでから再び論議を行なう。

前一世紀のギリシアの地理学者ストラボンもまた、同じようなことをいっている。すなわち、ペルシア人は重要な問題を協議するさいには、ブドウ酒を飲み、そのときの決定をしらふの会議での結果よりも重くみる。このような習慣は、ペルシア人だけではなく、当時のスキタイ、マサゲッタイなど遊牧民のあいだでも行なわれていた。

ブドウは、ふつうには葡萄と書かれているが、古くは蒲桃という文字が使われた。これらの文字が西域のなんらかの言語の発音を写したものであることには疑いない。しかし、このことばの語源になると、これは大変に厄介な問題なので、ここでは在来の説を、ごく簡単に紹介するだけにとどめたい。

ブドウの語源探索は十九世紀のヨーロッパの東洋学者たちからはじまったが、彼らの多くはそれをギリシア語に求め、ブドウのふさを意味するボトルスだとした。この語源説には当時なかなか賛成者が多かったらしく、有名な東洋学者で日本の東洋学界にも大きな影響をあたえたドイツのフリードリッヒ・ヒルトなども支持した。しかし、この説は、他の資料による証明がなされていない点に欠陥があった。

ギリシア語起源説によれば、中央アジアにおけるブドウの伝播は、アレクサンドロス大王の征服によって成立したバクトリアのギリシア人王朝と、中央アジアへのヘレニズムの伝播の結果だとされている。ところが、ブドウは非常に古い。有史以前の時代からイラン高原の北部一帯に自生し、それが栽培されるようになったのは、アレクサンドロスの侵入よりもはるかに古く時代をさかのぼる。

ギリシアのブドウ栽培とブドウ酒の醸造法は、むしろ西南アジアから伝播したものと考えるほうが蓋然性が高い。ギリシア語のボトルスはセム語からの借用語ではないか、ともいわれている。ペルシアに自生していたブドウをギリシア語からの借用語で呼ぶことは、とうてい考えられない。また、張騫が訪れた時代、すなわち前二世紀の前半に、フェルガーナ地方でギリシア語が使用されていたとは、とうてい思われない。

当時、ギリシア人のバクトリア王朝は、すでにヒンズークシ山脈以北の地帯を月氏に奪取されていたし、それ以前においても、バクトリアの勢威がはるか北東方のフェルガーナにまで達したことはなかった。さらに、当時はパルティアの盛時ではあったが、この遊牧帝国の勢力範囲はソグディアナやフェルガーナにまでは達していなかった。パルティア人のアルサケス王朝には、ギリシアあるいはヘレニズムの色彩がつよかったことは認められるが、ギリシア語がその東北領域にまで普及していたとは思われない。以上のように、ブドウのギリシア語起源説は、とうてい受けいれることはできない。

さて、張騫は大宛ではじめてブドウとブドウ酒に接したのであるから、彼の用いた蒲桃が大宛のことばであったことはたしかである。そして、当時のフェルガーナがイラン系民族の国であったとするならば、ブドウということばはイラン語系統のものと考えられなければならない。そこで、この前提に立つ論議が試みられた。

中国の葡萄の語源は、おそらく古代イラン語の一つであるフェルガーナ方言で、新ペルシア語のバーダ（ブドウ酒）に接尾辞のワ、あるいはアワが加わったことばだと主張した学者がある。これは有名なアメリカの東洋学者バルトルド・ラウファーで、彼はもう一つの仮説として、古代ペルシア（アヴェスタ）語のマダウ（果実酒）の方言であった可能性もあると述べている。

とにかく、ブドウは張騫によって中国に知られ、その後に、大宛の弐師《にし》に対する李広利《りこうり》の遠征によってブドウの種子が中国にもたらされ、その栽培が行なわれるようになったものらしい。しかし漢代では、ブドウは西域の珍果として宮廷や上流階級で珍重されたが、ブドウ酒は、中央アジアやペルシアほどには、中国では愛好されなかった。ブドウは、中国北部の山西省あたりでは多量に栽培されたが、その大部分は乾ブドウとし、甘味料に使用するため各地に移出された。また、宋・元代になると、ブドウの果汁を煮つめて舎利別（シャーベット）として甘味料や薬用に供した。

ブドウが中国から日本にもたらされたのは、奈良時代ともいわれるが、確証はない。甲州種のブドウが普及したのは、江戸時代になってからのことである。日本では多雨・多湿の気象のためによいブドウは生産されず、ヨーロッパ種、アメリカ種のブドウが温室で栽培されるようになったのは戦後のことである。

以上に述べたような植物のほかにも、「胡」がついた植物や、この文字がなくても中央アジアから日本にまで伝わってきたものはけっしてすくなくない。たとえば胡蘿蔔（ニンジン）、胡桃（クルミ）、胡豆（エンドウ）、胡蒜（ニラ、ニンニク）そのほかいろいろあるし、また「胡」の字はつかないが、西域伝来の植物には蚕豆（ソラマメ）、若榴（ザクロ）などがある。

このように、われわれの日常の食生活にさえ、中央アジアははいりこんでいる。しかし食生活だけではない。つぎのように、服装においても西域的なものがあげられる。

洋服と胡服

現代日本人の服装は、ほぼ洋服になった。洋食・洋酒・洋紙・洋画、そのほか洋の字がつくものも多いが、洋とはもちろん西洋風ということであり、洋服とは西洋風の服装のことである。そして多くの日本人は、洋服は西洋、いいかえればヨーロッパのものとして疑わない。しかしそうではない。洋服と和服の一見明瞭な相違はズボンをはくか、どうかという点と、もう一つは靴か、下駄または草履かということであろう。そこで、まずズボンの起源を考えてみよう。

ギリシアやローマでも、また中近東でも、古い時代にはズボンをはいていないことは、古い彫刻や絵画を見るとすぐわかる。また、日本人の多くは、中国でも昔からズボンを使用していたと思っているが、これもちがう。昔の中国の絵や古代の画像石を見ると、裾の長い衣裳をつけている。中国近代の服装のズボンは袴という。

袴は日本語でははかまと読んでいるが、この文字はもともとは細身のズボンで乗馬用のものであった。袴は清朝を建てた満州族の服装で、中国では胡服といっていた。漢の劉向が編集した『戦国策』には、胡服騎射という句がみえるが、その意味は、乗馬服を着て馬上から矢を射るということである。満州人もモンゴル人と同様に、寒くて風のつよい北方に住み、よくウマに乗るので、ズボンをはいていた。満州人が中国を征服すると、この胡服の習俗を中国人がまねたものにすぎない。

騎馬習俗の発生地

しかし日本人のズボンをはく、現代のいわゆる洋装は、中国から伝来したものではなく、西洋のまねである。ところが古代オリエントでも、ギリシアやローマでも、男性が裾の長い着物をきていたことでは、中国と変わるところはない。もっとも裾の長い着物は贅沢な服装で、一般の庶民は腰までのものをきていたらしい。ところが、古代オリエントやギリシア・ローマ風のこのような裾が長く、両足をおおうような衣服は、ウマに乗ることになると、非常に不便である。

ウマは最初は肉や皮をとるための狩猟対象にすぎなかったが、そのうちに人間によって飼養されるようになった。もっとも、ウマの家畜化はイヌやウシよりもだいぶおくれて、前三〇〇〇～前二〇〇〇年代だろうといわれている。この時代の家畜としてのウマは肉や皮を利用するためと同時に、運搬用としても使われたと思われるが、証拠はない。

車の牽引用の家畜でもっとも古いのはウシであるが、狩猟や戦闘に車が使用されるようになると、ウマによって取って代わられた。このような戦車のもっとも古い遺物は、前一四〇〇年代の殷（商）の遺跡から出土している。

ウマはこのように古くからいろいろの用途に使用されてきたが、乗用としては、時代がかなりくだる。考古学的な証拠はないけれども、騎馬の起源は四季を通じてウマの飼料をじゅうぶんに供給できる中央アジアとその周辺の山間の盆地にあったものと推定されており、その年代はおそらく前一二〇〇年代よりも古いものと考えられる。そうすると、騎馬の起源地は中央アジアの高原地帯、すなわちホラズム・ソグディアナ・バクトリア・イラン高原などにあったとしなければならない。

騎馬像のもっとも古いものは青銅やテラコッタ製で、アナトリア、シリア、メソポタミア、パレスチナ、キプロス、シチリアなどから、かなりの数が発見されている。これらの出土品の年代は、だいたい前一〇〇〇年代を軸とする前後の二〇〇～三〇〇年間と推定される。

この時代は、考古学者によって古代オリエントの「暗黒時代」と呼ばれている。それは、前一〇〇〇年前後から古代オリエントやギリシアに、キンメリア・スキタイその他の遊牧民侵入の波が押しよせて、古代の都市文明に大きな打撃を加え、荒廃をもたらしたからである。これらの遊牧民の武力の最大の原因は、騎馬の集団的使用によるすぐれた機動力にあった。そして、こうした乗用馬を多量に供給する源泉は、明らかに南ロシア平原から中央アジアに延びる広大な草原地域であった。

乗馬に必要なくつわ・たづな・くら・あぶみ・うまぐつなどは、すべて中央アジアとその周辺の地帯において発生し、開発されたことにも疑いはない。短い上衣とズボンという胡服、すなわちわれわれの洋服の先祖もまた中央アジアにその起源をもつものである。

フェルトとアップリケ

服装について述べてきたので、それに関係あるくつにも、ついでに触れておきたい。古代オリエントでも、ギリシアやローマでも、はきものはサンダルか、スリッパの類であった。しかしウマに乗って早い速度で駆けさせるとなると、くつ（ブーツ＝長ぐつ）は不可欠ではないが、非常に便利なものである。

乗馬にはサンダルから発達した短靴（シューズ）ではなく、ブーツのほうが脚の保護のためによいことは明らかである。サンクトペテルブルクのエルミタージュ博物館所蔵の有名なエレクトラム製の壺に表現されているスキタイ人の像を見ると、彼らの服装、すなわち帽子・上衣・ベルト・ズボン・ブーツなどが、きわめて詳細かつ写実的に表現されている。ついでながら、スキタイ人も虫歯で悩まされていたものとみえて、この図柄の中の一人が他の一人の口のなかにひとさし指を突っこんで虫歯を抜いており、虫歯もちはしかめっ面をしている。

この像の一人がかぶっている三角帽は、その後もながく遊牧民の習慣として残ったフェルト製である。腰につけている箙《えびら》には、やはり遊牧民のもっとも有力な武器である、短くてつよい弓の端がのぞいている。

このスキタイ人の像を見ただけでは、そのブーツがなにでできているかはわからない。しかしさいわいなことに実物のブーツが遺《のこ》っていた。それは、パジリクのスキタイ（月氏？）系の地下墳墓を発掘、調査したソ連の考古学者セルゲイ・ルデンコが、一九五〇年に、カラコール峡谷の塚墓で発見したものである。このブーツはフェルト製の男もので、靴さきがとがって上向きになっており、底は革である。

この例から、エルミタージュ博物館の壺に表現されているスキタイ人の靴も同様であると推定してよい。この様式の靴は、現代のモンゴル遊牧民のブーツとも同型のものである。

カラコールでは、ブーツのほかに靴下が発見されているが、これらは現在知られている最古（前五～前四世紀）のブーツと靴下であろう。この靴下は男子用のフェルト製ストッキングである。つまさきから測って長さ五九センチあるから、ほぼ膝下まで達する。生地は厚いけれども、やわらかい白地のフェルトで、底は縫いつけになっている。

その上部には幅一〇センチの彩色したフェルトが縫いつけられ、意匠は動・植物である。さらにその上端は皮でふちどられている。ぬい糸には麻のよったものと、動物の腱《けん》を使用している。この種の靴下は二つ発見されており、もう一つのものはやや長く、七五・五センチもあるが、製法はほぼ同様である。

フェルトの起源が中央アジアにあることは確実である。パジリクでも、あるいはモンゴリア北部で発見されたノイン・ウラの匈奴の地下墳墓でも、フェルトはふんだんに使用されている。それは服装品だけでなく、敷物や壁かけにも使われ、とくに装飾用の壁かけでは、はなやかな色彩の動物文様のアップリケが眼をひく。

中央アジアの遊牧民の物質文化のうちで、もっとも特徴的なものは、この多彩なフェルトのアップリケと青銅器であろう。動物文様の青銅器はスキタイ系の遊牧民にその起源をもつとしても、青銅器そのものははるかに古く、メソポタミア起源といわれている。しかし、フェルトと多彩色のアップリケ技術は、中央アジアで発生、発達したものであろう。

日本に残る西域の伝来品

西域は、日本人にとっては、遠い異境ではあるが、以上のように、われわれの身辺には西域起源のものが現に生きている。しかし、もっと高い次元における西域文化と日本文化との関係についてつぎにすこしばかり触れておきたい。

十九世紀以来、中央アジアにおける西洋人の探検・調査の結果、多くの遺物・遺品が発掘・発見され、それらの多くは西洋の著名な博物館に収蔵されている。二十世紀のはじめには、日本の大谷探検隊が東トルキスタンを調査し、ある程度の資料をもち帰ったが、その量は、西洋人の発見にくらべると取るに足らないものであり、しかも、その蒐集品のかなりのものが、じゅうぶんに研究されないうちに散佚してしまった。

しかしながらイギリス・フランス・ドイツ・ロシア・アメリカなどに存在する中央アジアの古文化財は、すべて廃墟・遺跡から発掘された出土品で、古い時代からそのまま保存されてきた伝来品は、ほとんどないにひとしい。中国やイランには多少の伝来品もあるが、それはきわめて僅少であろう。

これとは対蹠的に、日本にある西域の文化財は、大正以後に骨董品として輸入されたごくわずかなものを除いて、出土品は大谷探検隊がもってきたもの以外は絶無といっても過言でない。ところが、わが国の正倉院や法隆寺には、これらの出土品とほぼ同じものが、そのまま伝来品として保存されているのである。

正倉院所蔵に白瑠璃碗といわれているガラス器があるが、これとまったく同型のガラス器がイランから出土している。また、正倉院と法隆寺には、胡瓶と呼ばれる首の長い水差しが所蔵されている。これらはともに漆器であるが、これと形態上まったく同様な金属製のものが発見されているし、さらにまた、正倉院で金銅製八曲長坏と呼ばれている花弁形の盃にそっくりのものが、出土品としてロシアの博物館に所蔵されている。

さらには、錦織りのライオン狩りの意匠が正倉院の伝来品のうちにふくまれているが、これと同系の織物は、ビザンティウムの遺品にもみいだされる。

これらの古代西域文化の遺品は、唐代中国から日本に伝来したもので、はたして中央アジアから中国を経てきたものか、それとも中国で模造されたものかは、わからない。しかしさきに述べた漆胡瓶を除いて、その他は西域でつくられたものと考えるほうが妥当のようである。それがたとえペルシアでつくられたものとしても、本書で詳しく述べるように、中央アジアとペルシアとは、その最古の時代から、民族的にも文化的にも一つの圏内にあったことを忘れてはならない。

舞楽と民衆芸能

日本に生きている中央アジアについて述べるときに、逸することができないもう一つのものとして、雅楽あるいは舞楽がある。

雅楽は明治四年に宮内省の楽部に吸収されてから、一般国民にはかえって縁の遠いものになってしまった。しかし舞楽のほうは、奈良朝以来千数百年のあいだに、いくたびかの盛衰をくりかえしつつ、神社・寺院の儀礼にとりいれられ、地方ではいまだに民間の行事として生きつづけている。

舞楽の源流が中央アジアにあることは疑いのないところで、舞楽面にみられる風貌は、鼻が高く、眼がくぼみ、ひげの濃い、魁偉な胡人を表現している。舞楽のうちでも、とくに胡楽といわれるものの服装には、西域的な特徴が顕著である。

たとえば、さきにカラコール出土のスキタイの靴について述べたが、舞楽の沓《くつ》には、さきが上向きで、とがったものがある。帽子にもやはりスキタイ・パルティア系の三角帽の変形があるし、また胡簶《やなぐい》と呼ばれている矢筒も遊牧民の短弓用のものである。

舞楽の源流が中央アジアにあったことの証拠には、曲名に西域の地名である亀茲・崑崙・安国・度羅などがみいだされる。亀茲はクチャ、崑崙はコンロン、安国は安息すなわちパルティア、度羅はトハラの対音である。また渾脱《こんだつ》は水の容器として使われているヒツジの皮袋、抜頭《ばとう》は英雄豪傑、師子はライオンをそれぞれ意味している。

このような西域起源の舞楽は、日本のいたるところで神社や寺院の祭礼として演ぜられている一方、民俗芸能として民衆の娯楽に大きな役割もつとめている。京都・奈良・大阪の四天王寺などを中心にして、宮廷と大きな神社・寺院に伝承されてきた舞楽は、明治維新以後には皇室に移され、現在では民衆からは遠ざかってしまったようにみえるが、実際は決してそうではない。それがしだいに地方に拡散され、伝承される過程において形が崩れ、ローカル・カラーが添加されたとしても、ほとんど全国にわたり、山村僻地においてもきわめて洗練された舞楽本来の華麗さを保ちつつ伝承されている。同時に、それはながいあいだに演劇的要素も加えて、すばらしい庶民芸能として発展してきたものといえよう。

仏教

日本人の価値観や日本文化を考えるときに、仏教をすどおりすることはできない。いうまでもなく、仏教は中国・朝鮮を経て日本に伝来したものであるが、仏教の中国伝来はおもに中央アジア経由によったものである。

仏教の東方伝来の、最初で最大の契機となったのは、クシャン（貴霜）帝国の成立・発展であった。クシャンは月氏の一部族である。月氏は東トルキスタンの東部を本拠とするスキタイ系の遊牧民であったが、前二世紀の半ばごろモンゴリアの匈奴に敗れて、その大部分は西トルキスタンにのがれ、フェルガーナ地方にはいった。しかしまもなく、同じ遊牧民の烏孫に追われて南下し、オクサス（アム）川地域を征服した。これはおそらく前一三五年ころのことであったが、この部族はしだいに勢力を張り、カニシカ（迦膩色迦）王の時代には、北はバルハシ湖から南は西北インド、西はイラン高原の東部をふくむ大帝国クシャンを建設し、中央アジアをはさんで漢と接触することになった。

カニシカ王の名まえは漢訳仏典にしばしばみえるので、日本の仏教者にもきわめて親しく、また、インドや西域ではその彫像も出土している。しかしながら王の正確な在位年代は不明で、ただ紀元一～二世紀という推測がやや一般的になっている。

一方、仏教が中央アジアを経由して中国に伝入した年代についても、いろいろな説が行なわれているが、だいたいは前一世紀の後半から紀元二世紀までのあいだということとなっている。これらの説から考えて、仏教の最初の中国伝来がクシャン時代であったことだけは、まちがいないと思われる。

このように、日本人の精神構造に大きな影響をあたえている仏教の東方伝来においても中央アジアが演じた役割をみのがすことは決してできない。

第一章　先史時代の中央アジア

1　中央アジアという地域

トルキスタン

歴史の立場からは、中央アジアという地域を精密に定義することは不可能であるし、また、そうすることは、むしろ歴史の本質に反することになる。なぜならば、歴史の対象は時間的に連続した人間の行動の記述であり、人間の行動の範囲はつねに拡大したり、収縮したりするものであるからだ。地理的に中央アジアという地域を厳密に定義することは可能であるかもしれないが、歴史的には、それは無意味であり、かえって歴史的認識を阻害することになりかねない。

以上のような条件をつけたうえで、中央アジアとはなにかということを、まず述べておきたい。

中央アジアを政治的に定義するならば、現在の中華人民共和国の新疆維吾爾《ウイグル》自治区と、カザフスタン共和国・ウズベキスタン共和国・キルギス共和国・タジキスタン共和国およびト

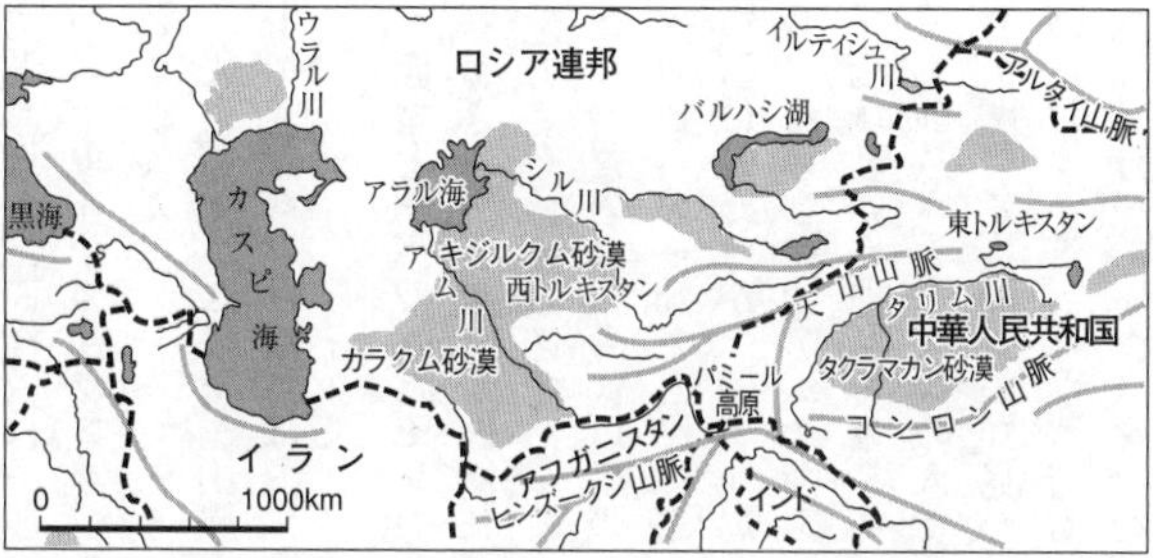

中央アジア地域

ルクメニスタン共和国をふくむ地域ということになる。またアフガニスタン・イスラム共和国のヒンズークシ山脈以北もはいることになろう。

内陸アジアのこの部分は、古くからトルキスタン、すなわちトルコ人の国という名称で呼ばれ、中国領中央アジアは東トルキスタン、旧ソ連領は西トルキスタンとして知られている。一説によると、トルキスタンという地名は、すでにササン朝（二二六〜六五一）時代のペルシア人がオクサス（アム）川以北の地を指して使用していたという。またアラブ人はこの地方をマワランナルと呼んだ。これは「川（オクサス）の向う側の地」という意味で、西洋人はこのアラブ名を訳してトランスオクシアナともいっている。

トルキスタンという名称は、このように外国人がつけたもので、中央アジアにこの名を導入したのはロシア人であった。一八六七年に帝政ロシアがトルキスタン総督を任命して以後、この地名は現地人によっても使用されるようになった。当時のトルキスタンは、シル川・サマルカンド・セミレチェ・フェルガーナ・トランスカスピアの五州をふくむだけであったが、西洋人は一般にブハラとキヴァの二つのハーン国をもふくめていた。しかしながら、現在のカザフスタンの大部分を占める草原地帯はトルキスタンのうちにはいれられていなかった。

また、ヒンズークシ山脈とオクサス川とにはさまれた地域、すなわち現在のアフガニスタンの北部も、一般にはトルキスタンのうちにいれられている。

西域とチベットとモンゴル

つぎに中国でいう西域について述べなければならない。文字どおりには、西域とは「西の地方」という意味である。古代の中国人が中央アジアについてのやや確実な知識をもつようになったのは、漢代以後のことであり、とくに漢の武帝（在位前一四一～前八七）が張騫《ちょうけん》を大月氏への使節として派遣して以後のことであった。この冒険的旅行家の記録は『史記』大宛伝にみえるが、著者司馬遷《しばせん》は西域ということばはまだ使わず、西トルキスタンの北東部にあったらしいオアシス国家の一つ大宛をもって西方を代表させたものと思われる。

西域という地名をはじめて使用したのは『漢書』の著者班固《はんこ》である。司馬遷は紀元前一四五～前八六（？）年の人であり、班固は紀元三二～九二年の人であるから、そのあいだに西方に関する中国人の知見がさらに拡大された結果、中国から西方に当たる地域を一括して西域と称することになったものであろう。大宛伝や西域伝を見ると、紀元前後の中国人の地理的知識は東トルキスタンを越えてはるか西方におよび、遠く西南アジアにまで達していたことが知られるが、トルキスタンから西方の地域になると、同じ時代のギリシア人やローマ人の知識にくらべて、きわめて漠然としたものであった。

西域に関する中国人の知識はその後しだいに拡大され、いっそう詳細になってきた。これは東西の文化的交流や通商貿易が盛んになったことにもよるが、その後に唐や元のような広領域帝国が成立すると、急速に西方についての知識が増大し、西域の範囲はしだいに拡大され、さらに明代や清朝になると、ヨーロッパもまた西域のうちにいれられるようになった。

このように、すでに漢代において、西域ということばは広狭二つの意味をもち、一つは中央アジア、もう一つは知られている限りの西方の地域すべてを意味するものであった。現在では、西域ということばは歴史的あるいは修辞的な名称として使用されているにすぎない。

最後に、チベットとモンゴリア（モンゴル高原）も中央アジアにはいるかどうか、という点がある。この疑問には、中央アジアを自然地理的に定義するか、あるいは歴史（人文）的にきめるかによって答えがちがってくる。

地理的にいえば、チベットの大部分を中央アジアに属するとみなすことは正しい。すくなくともチベットの北部の自然は中央アジアとつながっている。同じことはモンゴリアについてもいえよう。すなわち、モンゴル人民共和国の西部は、自然地理的には、新疆ウイグル自治区のジュンガル盆地に連続する中央アジアの一部と見なされよう。

このようにチベットとモンゴリアは、中央アジアからみれば、地理的にも歴史的にもその辺境だといえる。したがって、西洋の学者や探検家はしばしばこれらの地域も中央アジアと呼んでいる。歴史の立場からは、この二つの地域は完全に中央アジアの一部だとはいえないが、きわめて密接な関係にあるものと考えられる。しかし、この項の冒頭で述べたように、歴史の記述に厳格な地理的枠をかぶせることは妥当ではない。

自然環境

中央アジアは、一つの地域として、世界で海洋からもっとも遠く離れたところである。したがって降水量はきわめて少なく、おそらく、平均年間降水量は二五〇ミリ以下であろう。東京のそれが一六〇〇ミリ前後であるのにくらべていかに少ないか、容易に推測できるであろう。

この地域の中央にはパミール・アライの峻険な高地と天山山脈が横たわって東西に分断されており、東トルキスタンと西トルキスタンのあいだには、いくつかの世界最高の大山脈が走っている。

中央アジアを構成するこの二つのトルキスタンの水系は、面積に比較してきわめて貧弱で、ことごとく海洋に出口のない内河であり、東トルキスタンの中央にはタクラマカン、西トルキスタンにはキジルクム砂漠とカラクム砂漠という荒寥・不毛の地が横たわる。

東西二つのトルキスタンは、自然的にはきわめて相似の条件をそなえてはいるが、中央に横たわるパミール高原のために相互間の交通は決して容易なものではない。ただ、この高原の北部にはバルハシ湖の南岸を経てジュンガル盆地に達する地峡が走り、この交通路によって二つのトルキスタンはかろうじてつながれている。

このように二つのトルキスタンは中央の大山岳地帯によって分断されているとはいっても、そのおのおのの自然環境はすこぶる相似的である。とくに人間の生活に対する自然の影響はほとんどまったく共通である。砂漠には人間は住めないが、高原と砂漠との中間には草原が広がり、河流に沿うオアシス地帯には樹林もある。オアシスと草原には、動物も、昆虫から哺乳類にいたるまで、多くの似た種類のものが棲んでいる。

2　石器時代から青銅器時代へ

彩色土器の出現

中央アジア石器時代の研究は、現在のところきわめておくれているので、一般的年代の推定は困難である。この地域の石器時代人の生活を系統的に特徴づけるほどの資料はない。しかし、その石器時代も後期にはいると、きわめて顕著で特徴的な遺跡と遺物が現われる。

一九二〇年代のはじめごろ、スウェーデンの地質学者J・G・アンダーソンは、中国政府の地質調査所に招聘されて調査に当たっていたが、その調査中、むしろ偶然に画期的な考古学上の発見をした。それは、河南・山西・奉天（瀋陽）、とくに自然的には中央アジアの一部である甘粛《かんしゅく》省《しょう》で多量に発見された彩色土器である。

この陶器の大部分は壺形で、黄褐色の生地に黒・赤・黄・褐色などで、うずまき・曲線・

直線の文様を描いた、きわめて華麗なものである。どちらかといえば、薄手で、かなりの高温度で焼いたものだが、ろくろを使ってはいないものと思われる。この彩陶の発見が中国考古学上きわめて重要だというのは、つぎのような理由によるものである。

彩色土器としては、南ロシア・西アジア・イラン・パキスタン・西トルキスタンなどからの多くの出土品が知られていたが、この種のものが中国にも存在していることが明らかになったのは、アンダーソンの発見によるものである。中央アジアにおいて彩陶をはじめて発見したのは、アメリカのR・パンペリーで、一九〇四年にトルクメニスタンのオアシス都市メルヴ付近のアナウ遺跡の発掘においてであった。

このように西方の彩色土器は早くから知られていたが、はるか東方の中国本土にまで先史時代のこの華麗な土器が多量に分布しているということは、先史時代の東西交流について非常に大きな意味をもつものである。しかし、いま述べたように、東ヨーロッパから西トルキスタンにいたるまで広く分布している彩陶文化が、東トルキスタンを飛び越えて、いきなり中国北部に出現しているということは不思議な現象だとされ、多くの学者は当然、東トルキスタンにも彩陶が存在するはずだと推定していた。

一九二七年に、スウェン・ヘディンを隊長として、東トルキスタンの総合調査を目的とする大規模な探検がはじまったが、アンダーソンは彩陶分布の空白地帯であるこの東トルキスタンの調査に大きな期待をかけていた。そしてこの期待は、ヘディン隊に参加したフォルケ・ベルクマンによってこたえられた。ベルクマンの調査によって、タクラマカン砂漠の北方のハミ・トルファンおよび砂漠南辺のチャルチャンなどで彩陶が発見されたのである。東トルキスタンで現在までに発見された彩陶の数は、中国本土北部でアンダーソンが発見したものとくらべるときわめてすくないが、両者が同一の系統に属することには疑いの余地はない。

彩陶文化の伝播

彩陶製作の技術は、そう簡単なものではない。むしろ複雑だといってよく、その製作には相当高度な技術と熟練を必要とする。造形、一〇〇〇度前後の高温、色彩顔料、文様の意匠、刷毛その他の器具とその適当な使用法などを考え合わせると、南ロシアから中国北部に達する広大な地域の各地で、この複雑な技術が独立に発生したものとは考えられない。

西アジアや南ロシアの彩陶のもっとも古いものとしては、紀元前五〇〇〇年と推定されるものもあるが、中国北部の彩陶は、アンダーソンによれば最古のもので前二五〇〇〜前二二〇〇年である。かりにこの推定を受けいれるとすると、彩陶文化の西端と東端では二〇〇〇年以上の時間差があるということになる。これをいいかえれば、彩陶文化は西方から東方へ伝播したものと考えられる。

それでは、彩陶文化の伝播はどのようにして行なわれたものであろうか。彩陶遺跡、たとえば南ロシアのトリポリエでも、西トルキスタンのアナウでも、これは明らかに農耕集落である。アナウから甘粛までのおよその距離は四二〇〇キロある。この距離は遊牧民にとってはそれほど遠いとはいえないかもしれない。しかし遊牧民は金属器や木器を用い、土器は使用しない。そこで彩陶文化伝播の荷い手《トレーガー》は、農耕民であったと考えなければならない。したがって、この文化伝播は農耕社会の移動によるものと考えざるをえない。

西トルキスタンと東トルキスタンのあいだには、パミールやアライなどの高峻な山脈が障壁を形成して農耕民の集団移動を阻害している。そして、この二つの地域を結ぶ容易な交通路は、わずかに天山山脈北部のジュンガル盆地に通じるいわゆるジュンガル地峡があるにすぎない。西トルキスタンにおいて数ヵ所からアナウ式の彩陶が出土していることからみても、すくなくとも彩陶文化は北部中央アジアを経由して甘粛に到達したものである。

中央アジアにおける彩陶が量的にすくないという事実に対しては、二つの解釈があたえられるであろう。その一つは、中央アジアにおける調査がきわめて不完全であること、第二には、中央アジアは彩陶文化の伝播にとって単なる経由地の役割しか演じなかったことである。この問題に対しては、今後の考古学者にその解明を期待したい。

彩陶文化の荷い手

東南ヨーロッパの彩陶文化は、出土した遺物のC^{14}（放射性炭素）による測定結果にもとづいて、紀元前三五〇〇～前一九〇〇年とされている。中国北部の彩陶は、アンダーソンの推定では前二五〇〇～前五〇〇年である。わたくしの知る限りでは、中央アジアの彩陶に関しては全般的な年代推定を試みた人はないと思うが、以上の数字から判断して、漠然ながら上限は紀元前三五〇〇年から前二五〇〇年、下限は前一九〇〇年から前五〇〇年のあいだとするよりほかはない。

中央アジアの彩陶文化の荷い手《トレーガー》は、草原あるいは丘陵地帯のオアシス、すなわち水利の便のある黄土を、木棒や石器で耕し、コムギ・オオムギ・モロコシの類を栽培し、ヤギ・ヒツジ・ウシなどを飼育し、樹林のあるところではブタも飼っていた。ウマも飼っていたらしいが、主として食用に供したものと思われる。

居住地集落は樹林の近くに集村形態で構成され、土塁か柵で囲まれており、開放的な草原は避けた。家屋は木材を柱と梁にし、枯草をまぜた粘泥でつくった。トリポリエ遺跡などでは、炉・祭壇・臼・水壺・穀物壺などで、像としては、とくに女人像、また骨針・紡錘などがある。

中央アジアでこのような農耕集落がどのような過程を経てオアシス都市国家に発展していったかということは、現在のところではわかっていない。しかし北ユーラシア大陸の全般的な形勢から判断する限りでは、前二〇〇〇年以後になると、南ロシア・カフカズ・黒海およびカスピ海の北方草原地帯には、西南アジアから青銅器文化が導入されたことによって大きな変化が起こったものと考えられる。

青銅器文化の流入

この時代の墳墓は急速に巨大なクルガン式なものになり、一〇〇人以上が埋葬されたものもある。副葬品から判断すると、ウシ・ヒツジ・ヤギが飼育され、モロコシ類が栽培されていたことが知られている。また木製の二輪車があり、粘土でつくられた四輪車の模型もみいだされるし、さらには幌つき車もある。

前一七〇〇年以後になると、ミヌシンスク、シベリアのエニセイ川流域、セミレチェ、西部アルタイ山脈、アラル海付近、カザフスタンなどにみいだされる墳墓では、石板や木材で墓室がつくられ、地上には立石や土塚が築かれている。

これらの墳墓のあるものからは、きわめて特徴的な金銀器が多く発見された。墓室に安置された死体は黄土で厚くおおわれており、身体は黄金や銀のいろいろな装飾品で飾られ、副葬の器具・器物も金・銀製で、トルコ石や紅玉のような貴石がちりばめられている。青銅の小刀・剣も出土している。

中央アジアの彩陶文化が、新石器時代のオアシス農耕文化だとすると、青銅文化は草原の牧畜・遊牧社会の文化である。そこで、つぎにこの新しい経済生活の様式について述べなければならない。

3　遊牧民の出現

遊牧・農耕の二重経済

牧畜と遊牧ということばは、区別して使うほうがよい。牧畜とは、ウシ・ウマ・ヒツジ・

ヤギ・ラクダ・ヤクなどを飼養することの全般を指すが、遊牧は牧畜の一部にすぎない。そこで遊牧をもっとも簡単に定義するならば、「乾燥地帯において、集合本能をもつ有蹄類の飼養を主要な経済手段とする生活様式」ということになるであろう。

乾燥地域の降水量はきわめてすくなく、したがって、植生はすくなく、いわゆる草原《ステップ》である。しかし乾燥地帯では、草原といっても草が密生しているわけではなく、近づいてみればまばらに生えているにすぎない。そのような自然環境で大きな家畜群を飼養するためには、広大な面積を必要とする。すなわち、ながい距離を移動しなければならない。

中央アジアにおいては、遊牧は原則としてスイスなどアルプス山脈のふもとにみられるようなトランスヒューマンスである。トランスヒューマンスとは冬は低地で、夏は高地に移動して牧畜を行なう生活手段である。このような集団的移動のための家畜は、群棲するヒツジ・ウマ・ウシなどでなければならない。しかしウシは多量の水を必要とするため、北方のモンゴリアやシベリアのように河川のある地帯ではさしつかえがないが、水のすくない中央アジア草原には適さない。

黒海の沿岸に住んでいたアーリア系の遊牧民は、早くからメソポタミアの文明と接触して青銅文化を吸収し、その一部はカスピ海北部を経由して、南シベリアと中央アジアに横たわる森林や草原地帯に進出した。

この遊牧民は多くウマを飼養し、メソポタミア古代文明から車の使用法を学びとり、前三〇〇〇年ごろにシュメール人によって発明された戦車をウマにひかせていたらしい。その時代は、おそらくは前二〇〇〇年代のはじめころと思われる。ただし、メソポタミアでは車をロバにひかせたが、中央アジアにくるとそれはウマに変わった。この初期の中央アジア遊牧民は、遊牧と農耕という二重経済構造をもっていた。

中央アジアやイランのトランスヒューマンス式遊牧では、夏の牧地をヤイラック、冬の住地をキシュラックと呼ぶ。これはトルコ系のことばで、ヤイとは夏、キシュとは冬のことで、ラックとは住地のことである。そしてこのことばは、古くはモンゴリアのオルホン河畔にある突厥《とっけつ》碑文（八世紀）にもみえている。

中央アジアの初期遊牧社会では、夏には二つの部分にわかれて、一部は草原の遊牧に向い、残りはキシュラックにとどまって農耕をしたものと考えられる。遊牧という経済形態は、必然的にかなりの危険をともなうものである。遊牧の危険要因には二つある。

第一は自然的なもので、それには、気象上の変化による牧草の不足、遊牧路における地勢的変化による畜類の損失があり、また、キシュラックでの冬ごもり中の降雪期がながくつづいて、貯蔵した枯草が欠乏することによる家畜の斃死などである。

第二は、遊牧中に起こりがちな他の遊牧集団との衝突・掠奪による被害である。遊牧民といっても、肉と乳製品だけを食べているのではない。キシュラックの生活でも、ヤイラックの生活でも、ある程度の穀物を消費する。このような条件のもとで生活の安定をはかるためには、遊牧とともにキシュラックにおける一定限度の農耕が必要とされる。

騎馬と遊牧

すでに述べたように、古代オリエントでは早くからウマを使用したが、それは主として食用と車を引くためのものであった。ウマに車を引かせるということと、ウマに乗るということは技術的には別のものである。はじめはウシやロバに車を引かせていた。それをウマにおきかえることには新しい技術を必要とはしないが、ウマに乗ってこれを自由に駆使するには新しい方法を開発しなければならなかった。

ウマに騎乗するばあいに不可欠の用具は、はみ・くつわ・たづなである。くら・あぶみなどは、アケメネス朝およびそれ以前の金属器の浮彫りの騎馬像などにもみえるが、くらやあぶみはみえない。中央アジア北東の有名な遊牧民の遺跡パジリク出土の織物にみえる騎馬像では、くらはあるが、あぶみはないように思われる。しかしこの遺跡の年代は数世紀ものちのものである。騎馬像の見える西南アジアの出土品は、おそらくはフルリ（ホリ）人かハッティ人を表現したものと思われる。

くらのかわりには、必要ならば織物を使った。あぶみのかわりには、脚でウマの腹を締めればよい。このようなことは、アメリカのカウボーイが、はだかウマを乗りこなしているのを見ればわかる。うまぐつはかなりのちになって発明された。ウマに乗ってながく走らせると、蹄《ひづめ》が割れるので蹄鉄が使われるが、はじめは皮や木をその足にはかせたものである。ほんとうの蹄鉄は、パルティア時代、すなわち紀元前三〜後三世紀ごろになってはじめて使用されるようになった。

騎馬の技術もまた古代オリエントではじまったものと考えられる。すなわち、青銅の小さな騎馬像がいくつか発見されており、これらの出土地は、メソポタミア・シリア・パレスチナなどで、おそらく前一五〇〇年以前にさかのぼるものではないかと考えられる。これらの像を見ると、くらもあぶみもない。

完全な意味で騎馬遊牧民といわれているのは、南ロシア草原に出現したキンメリア人である。このアーリア系の民族、あるいは部族は遊牧を専業とし、穀物のような農産物は征服した農耕社会から税として徴収していた。キンメリア人は黒海沿岸とカフカズ北方の草原を根拠地として、西南アジア・イラン高原・東北ヨーロッパなどに侵入し、広汎な範囲の掠奪遠征をくりかえしていた。キンメリアの時代は前八〇〇年から前七〇〇年代にわたったが、前六〇〇年のはじめごろ、その地位を同系統のスキタイ遊牧民によってとって代わられた。西方でキンメリア・スキタイが南下、活躍したのにつづいて、前五～前四世紀にはサルマタエという、やはり同系の遊牧民が、シベリアおよび中央アジアの北方から西方に進出して東ヨーロッパに達し、その活動はほとんどローマ帝国の末期までつづいた。

以上に述べたキンメリア・スキタイ・サルマタエなどと呼ばれる騎馬民族は、名前こそ変わっているが、同じくイラン系の民族であったことに疑いはない。以下においては、これらのイラン系遊牧民を、もっともよく知られているスキタイの名を借りてスキタイ系と呼ぶことにしたい。

西方におけるこれらの遊牧民の活躍は、アッシリア・ギリシア・ペルシアなどの記録によってある程度は知られるが、中央アジアにおける彼らの活動はほとんどわからない。しかしながら、中央アジアのスキタイ系遊牧民に関する驚異的な発見については、つぎにぜひ触れておかなければならない。

4　スキタイ系遊牧民とパジリク文化

パジリクの遺跡と遺物

貴重な遺跡の存在するパジリクはカザフスタンの東端にあって、中国の新疆ウイグル自治区の最北端境界から北に約二〇〇キロ、モンゴル国の最西端におよそ一〇〇キロの地点にあり、アルタイ山脈の峡谷の斜面に位置する草原と疎林の地帯である。

この地方一帯には石塊を積んだ塚が多く存在しており、これらが先史遺跡であることは、すでに一八六五年にヴィルヘルム・ラドロフによってたしかめられていた。この地帯は古くからシベリア・モンゴリア・中国のあいだの交通路にあたり、遊牧民のヤイラック、すなわち夏の牧地として好適な水草豊富の土地である。アルタイ地方は金の産地として有名なので、付近の住民や遊牧民はこの石塚の盗掘を試みたが、それほど大きな破壊はない。ラドロフの調査もこの凍結墳墓をおもな対象としたが、充分な調査はできなかった。しかし一九四七～四九年になって、セルゲイ・ルデンコが組織的な発掘を行ない、その詳細な報告書は一九五三年に発表された。

パジリク古墳の最大のものは、塚の直径が五〇メートルもあり、塚の上部に積み上げられた石塊のあいだに浸透した水が凍結したために、墓室内部は冷蔵庫の状態に保たれた。そのため、内部に置かれた遺物は、きわめて良好な状態に保存され、埋蔵の人間の遺体・ウマ、その他の破損しやすい副葬品もきわめて良好な形で発見された。

これらのスキタイ系遊牧民の墳墓のうちの最大なものの玄室の天井と四壁は、木材を使用して巧みに構成されている。古代アルタイ地方の遊牧民の木材加工技術はかなりの程度に達していたことが知られる。

最大の玄室の面積は四〇平方メートル、床と壁には木釘や青銅の釘でうちつけた黒色のフエルトが張りめぐらされている。ペルシア製と思われる絨緞のほかは、文様は黒褐色のフェルトにアップリケを施したものである。文様には鳥獣が多く、なかにはワシ・ハクチョウ・トナカイ・ライオンなどのほかに怪獣もあり、騎馬像もみえている。

器物としては、黄金箔で飾られた太鼓、ギターに似た弦楽器、テーブル、木製の食器などがあり、武器としては、青銅と鉄のスキタイ式短剣や弓の破片と簇《やじり》が出土しているし、戦斧や青銅のなべも発見された。また、防禦用武器としては細い木の枝を革ひもで編んだ盾もある。首飾りその他の装身具や動物の小さな木彫などもまじっている。

出土品のうちで注意しなければならないのは、絹と鏡である。絹布はウマのくらかけと思われるが、デリケートなクジャクの文様の刺繍がほどこされている良質の製品である。モンゴリア北部のノイン・ウラの地下墳墓からも絹が出土しているが、これらにほどこされた刺繡の技法は、ともにいわゆるステッチである。

鏡は白銅製で、裏面には複雑な意匠に囲まれた「山」字形が四方に各一個ずつ配されており、中央にはひもをとおす耳がついている。この鏡はまぎれもなく中国製で、戦国時代末期、あるいは秦代のものといわれている。

この絹と鏡の存在は、アルタイ地方の遊牧民と中国との交渉関係を示すとともに、最古の東西交渉の資料としてきわめて重要である。

入れ墨のあるミイラと副葬されたウマ

パジリク墳墓の遺骸もまた、すこぶる特徴的である。遺骸としては部族の首長と思われる男女二体が一個の棺に蔵《おさ》められており、棺は巨大なカラマツの幹をくり抜いたものである。黒海付近のスキタイ墳墓にみいだされるように、男の棺と女の棺が二つの玄室にそれぞれ別々に安置されるのとは異なっている。

遺骸は頭を東に向けてあおむけに横たわり、絨緞とフェルトで二重に包まれている。おそらく部族の首長だったと思われるこの六〇歳ぐらいの男の遺体の頭部には、戦斧で切られたと思われる二つの深い傷痕があり、頭の皮の上部は切り取られている。おそらく、戦いで殺され、敵に頭の皮を剝がれたのちに、味方によって取りかえされたものであろう。腹部は内臓が摘出されて枯草がつめこまれており、切り口は縫合してある。

この遺骸はかなり損壊はしているが、両腕と胸と肩の一部と脚部とにほどこされた入れ墨は明らかに判別できる。心臓の上あたりには怪獣グリッフィン（有翼ライオン）の一部が認められ、その他の部分も動物を表現している。

この入れ墨がどこから伝来したものか、それを明らかにする材料はない。入れ墨の習慣は、シベリア東部・インド西北部・メソポタミア・エジプトなどにも古くからあったが、もしパジリクの入れ墨のモチーフであるグリッフィンを西南アジア起源とするならば、アッシリアから導入されたものと考えることができよう。

パジリク墳墓の副葬物としてもっとも顕著なものはウマである。西方のスキタイ墳墓にもウマが副葬されているが、どちらにおいても盛装した形で埋葬されている。パジリクでは、ウマはその主人とは別の墓室に蔵められているので、墓泥棒による損壊はまぬかれた。

ウマの墓室も、主人の玄室と同様に、壁面はフェルトの壁かけ《タペストリ》でおおわれている。副葬されたウマの大部分は栗色の牡の去勢馬で、いわゆるフェルガーナ馬であるが、少数の小型なモンゴル馬もまじっている。馬具はすべてすこぶる豪華なもので、黄金や青銅の飾り板、あるいは箔が豊富に使用されている。

いろいろな馬具のうちで興味を引くのは、その頭部の装飾である。これはウマの頭をおおうマスクの一種で、良質の革でトナカイ・ワシ・ハクチョウなどの形を表現し、兜《かぶと》の前立《まえだて》のような飾りの役をしている。この種の飾りをつけたウマは、アッシリア時代のニネヴェの彫像にもみられる。また、パジリクではウマのたてがみと尻尾にも飾りのある革の筒袋をかぶせているが、この習慣もアッシリアに存在した。

以上に述べたように、このアルタイの遊牧民遺跡には、すくなくとも西方のペルシア・メソポタミア、とくにアッシリアの影響がつよくみいだされるとともに、おそらく、ある程度は中国との間接的な接触があったものと推測できよう。そこで問題は、パジリク遺跡の年代がいつごろであり、パジリク文化の荷い手《トレーガー》はどんな民族であったか、ということになる。

パジリク文化の年代と系統

パジリク文化の遺跡からの出土品のC^{14}テストの結果は、ルデンコによるとつぎのようなものである。

バシュ・アダル一号墳およびトエクタ一号墳は二四八〇年前、カタンダは二四〇〇年前、パジリク一号墳は二三五〇年前で、この数字にはすべて一三〇年の誤差を許容しなければならない。つぎに、墓室に使用されている木材の樹木年代学《デンドロクロノロジー》による検査の結果として、パジリク一号墳と二号墳は同年、四号墳はその七年後、三号墳は四号墳の三〇年後、五号墳は三号墳の一一年後に建造されたものとみられる。したがって以上のパジリクの五つの墳墓は四八年間にわたって建造されたことになる。そこで一号墳と二号墳の年代は、最大は前五二〇年、最小は同二六〇年となり、五号墳は、最大は前四七二年、最小は同二一二年になる。二号墳のC^{14}検査は前三九〇年と出ている。

ルデンコは以上のようなテストの結果をふまえて、パジリク人を前四世紀とし、これをスキタイ系の民族と考え、さらには、中国でいう烏孫・月氏・烏桓がこれに当たるものと考えている。中国の史料によれば、これらの遊牧民の住地は西トルキスタンの北東部にあったものと推定されるが、そのうちでも、もっとも可能性の高いのは月氏であろう。なぜならば、月氏はおそくも中国の戦国時代には、中央アジアの中央部から甘粛あたりまでをその勢力圏としていたと考えられるからである。そして、もしルデンコがいうように、パジリクの年代を前四世紀におくならば、これを月氏の一部族と考えることは、かなりの程度の蓋然性をもつ推定であろう。

しかしながら、パジリク人をスキタイ系とみなす説にはかなりの根拠はあるが、それをただちに月氏そのものとするのはあまりに断定的であろう。月氏の言語として漢代の史料にみえることばはいくつかあるが、そのほとんどはペルシア語の系統に結びつけることができる。しかし、それを特定の言語、たとえばソグド語・トハラ語などに比定することが困難であるのと同様に、パジリク人をスキタイ系の特定の民族である月氏とすることにも無理があろう。烏孫あるいは塞と考えることもできないことはない。

水利技術の発達——カレーズ

パジリク文化は鉄器もふくんではいるが、実質的には銅鉄併用の文化である。中央アジアの新石器時代は、メソポタミアからイラン高原と北方草原地帯を経由して伝播した青銅器文化によって、とってかわられた。新石器時代の集落の農耕は、青銅器の導入によって生産力を増大し、水の豊富な地帯には町や都市がしだいに成長してきた。水利技術もまた西方から

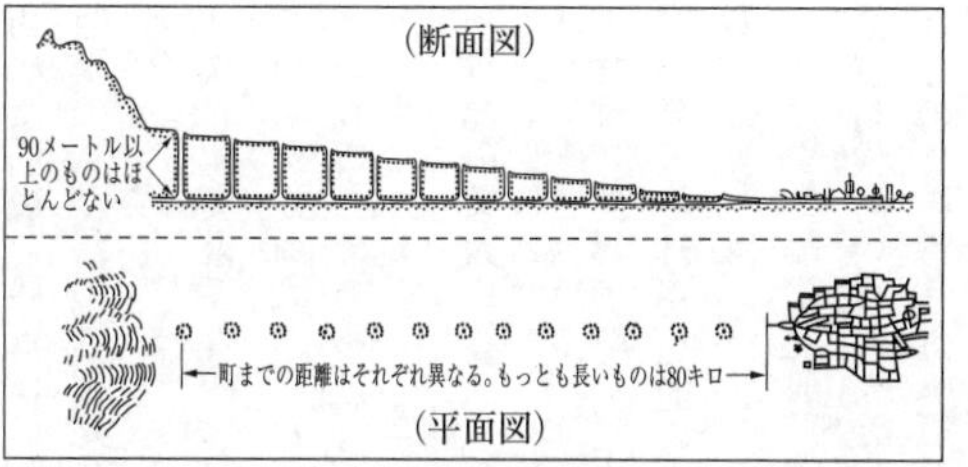

カレーズ

導入されたカレーズ、あるいはカナートといわれる地下水路の建設によっていちじるしく改善された。

カレーズというのは、小高い地盤に存在する地下水を地下の坑道によって平坦な土地に導いて、地味の肥沃な草原や、砂漠の一部を耕作地に変える施設である。これは地下水源を探り当てると、そこから地下道によって水を供給して人工のオアシスを造成するためのものである。まず、地下水層に達するに竪穴を掘り、それから目的地の方向にある適当な地点に再び竪穴を掘って、これら二つの竪穴を地下水道でつなぎ、この作業をくりかえして普通は数キロ、あるいは十数キロの距離に水を導いてきて地表に汲み上げる設備である。

このような工夫によって、ながいあいだには多くの人工オアシスの村や町が発生し、河流に近いところ、あるいは付近に豊富な地下水源のある土地には大きな都市も成立するようになった。こうしてオアシス農耕が盛んになると、オアシス都市を中心として、付近の村落をふくむオアシス国家が成立することになる。中央アジアにおけるこのようなオアシス国家がしだいに成長・増加してきたことは、『漢書』と『後漢書』の記事によっても知られる。前漢武帝（在位前一四一～前八七）の時代、すなわち張騫が訪れた前後の西域には三六国あったが、その後（おそらく漢末）には五十余国に分かれた。前漢の滅んだのは紀元八年であるから、百数十年のあいだに二〇国ぐらい増加したわけである。

なお『漢書』の注に引かれている司馬彪《しばひょう》の『続漢書』には五五国となっている。この記事では「分かれた」となっているが、その意味は国が分裂したということではなく、増加したということであろう。

鉄器の普及

このように、オアシスとその人口増大の原因は、農業生産力の拡大であり、その生産力の上昇は、農具の改良、カレーズの建設その他の水利の整備、農業基盤の整備強化によるものであり、それを可能にしたのは鉄器の普及であった。いいかえれば、鉄器時代の到来である。

鉄はすでに紀元前三〇〇〇年ごろから知られていたが、鉄が知られていたということと、鉄器時代ということとはちがう。おそらく最初に使用された鉄器は隕石を利用してつくられたものであろう。鉱石から鉄を製造し、ある種の鉄の器具が銅や青銅よりもすぐれていることが発見されたのは、前一四〇〇年ごろであるとされている。その場所はアナトリア（いまのトルコ）・カフカズ地方・カスピ海付近ではなかったろうか、と推定される。

古代オリエントやインドが鉄器時代にはいったのは前一〇〇〇年の前半、中国ではその後半といわれている。また、すでに触れたようにパジリクでは輸入品かもしれないが、鉄製のウマのはみ・小刀・剣などが出土している。パジリクが西トルキスタン北西端のアルタイ山脈中にあるということを考慮にいれると、イランやインドに近い西トルキスタン南部は、おそくとも前四世紀以前には、すでに鉄器時代にはいっていたものと考えるべきであろう。

5　農耕・遊牧両社会の抗争と共存

オアシス都市の発達

パミール高原に発して西流し、アラル海に注ぐアム川《ダリア》は、古名をオクサスといい、中世のアラブ人はジャイフンと呼んだ。アム・ダリアという現在の名称は、モンゴル時代までさかのぼる。

この有名な内河は、古代ペルシア人にはもちろん知られており、ヘロドトスは、前五世紀に、漠然とではあるがオクサス川とヤクサルテス（シル）川に触れている。また、前一世紀のアレクサンドリアの地理学者ストラボンは、前二世紀の著者アリストブルスを引用して、オクサス川はヒルカニア（カスピ）海に注いでおり、黒海地方に対する物資輸送の便がよい、としるしている。

アレクサンドロスの遠征のときにも、この川はもちろんカスピ海に注いでいた。その後、いつのころからかはわからないが、この川はアラル海にそのはけぐちをもつことになった。

ところが十三世紀にモンゴル軍が侵入して、アラル海の南方にある都市ウルゲンジを攻略するために、オクサスの河道を変えて水攻めにした。

このときから、この川はふたたびカスピ海に注ぐようになったが、それからおよそ三世紀後に、また北方に河道を変えてアラル海に注ぐようになった。しかし、その正確な年代と原因は不明である。この最後の河道変化については、一五五八年に、イギリスの探検家がキヴァ・ブハラ地方を探検して、オクサス河道が変化していることを報告している。

アムとシルの両内河、とくにアム川は西トルキスタンの動脈といえる。アム川なくしては、西トルキスタンの生活も文明も考えられない。

この川は全長およそ二五〇〇キロ、流域の面積は約四六万五〇〇〇平方キロに達する。パミール高原を水源とし、上流は山地の峡谷を走りながら支流の水をあわせ、中流ではヒンズークシ山脈中の河川と合し、下流はトルキスタン平原を悠々と流れてアラル海に注ぐ。中・下流域には、大小無数のオアシスが成立して穀倉地帯を形成している。アム川上流のバダクシャン高原は、シル川上流のフェルガーナ地方とともに、トルキスタンにおける最良のヤイラック（夏の牧地）であり、ウマの名産地として知られている。

鉄器の導入は農耕社会の生産力に大きな影響をあたえたが、遊牧社会の牧畜の生産力そのものにはほとんど関係はなかった。しかし遊牧民は鉄製武器の使用によって、その軍事力をいちじるしく高め、農耕定着社会に対する圧力を急速につよめることになった。これは遊牧社会対定着社会の大規模な対立・抗争に導かざるをえなくなるのである。

このような変化に対応して、定着社会は、石器時代のような孤立・独立して、集落と集落のあいだに組織上の関係のない状態から、集落の連合体、あるいは大型なオアシスを中心とする都市国家の形態をとるようになったものと思われる。

こうして政治的に統合された国家が成立すると、オアシス都市そのものに堅固な城壁をめぐらし、付近の農耕集落を支配下におき、常備の軍事力をもつ政治体《ポリティ》に成長する。このような形態は、次章で述べるように、歴史時代に引きつがれ、発展して広領域国家の成立になる。しかし、オアシス国家の発達は、同時に遊牧勢力の団結をうながし、この両勢力の対立・抗争が中央アジアの歴史の焦点になった感がある。

抗争と共存の歴史的展開

しかしながら、オアシスの農耕社会と草原の遊牧社会を対立と抗争だけによってとらえるのは、あまりにも一面的であり、現実的な見方ではない。十九世紀までの西洋の歴史家は、ペルシア対スキタイ、漢対匈奴というような、南北の古代帝国のあいだの戦いや、突厥・モンゴル・トルコなど中世以後の遊牧民の活躍という歴史的事実を、農耕を営む定着民と草原の遊牧民との対立・抗争という視点からとらえ、説明しようと試みた。

このような史観は、一元的な解釈あるいは割りきった歴史の説明として歓迎されたが、それだけにゆきすぎの傾向があった。

定着社会と遊牧社会の対立・抗争という現象は、前十世紀以後のユーラシア、とくにアジアの歴史においてきわめて顕著な事実であった。しかしながら、北の強力な遊牧帝国と、南の大きな定着国家との激烈な抗争は、およそ三〇〇〇年のその歴史において、そうしばしば起こった現象ではない。この長い歴史の過程で、たかだか数回あっただけにすぎない。南北すなわち定着民と遊牧民との全面的な激しい争いという現象は、一つの顕著な歴史的パターンにちがいはないが、これは十九世紀の西ヨーロッパ史学の政治史偏重の結果で、歴史の事実にはもう一つの異なるパターン、すなわち農耕と遊牧の共存・共生があり、このほうがいっそう一般的、より重要なパターンであったという事実をみのがしている。

オアシス都市と隊商交易

乾燥地帯では常在的な水不足のために農耕地はきわめて限定され、オアシスは草原・砂漠のうちに点在するにすぎない。オアシスの面積は狭小であるから、そこで営まれる農業は当然に集約的である。

オアシスでも、ある程度の家畜は必要であり、生活のために有用であるが、狭い農地内で飼養することは困難である。ふつうには、オアシスの男の子供の毎日の仕事は、家畜をつれてオアシスの外の草原に出て、草を食べさせることである。しかし、このような家畜の飼養はきわめて限定されている。また、場所によっては、このような副業的な家畜の飼養さえ、草がすくなくて、不可能なこともしばしばある。

そこで、生活必需品である畜産品の毛・皮・油脂・肉・乳製品などは、遊牧民との交換に

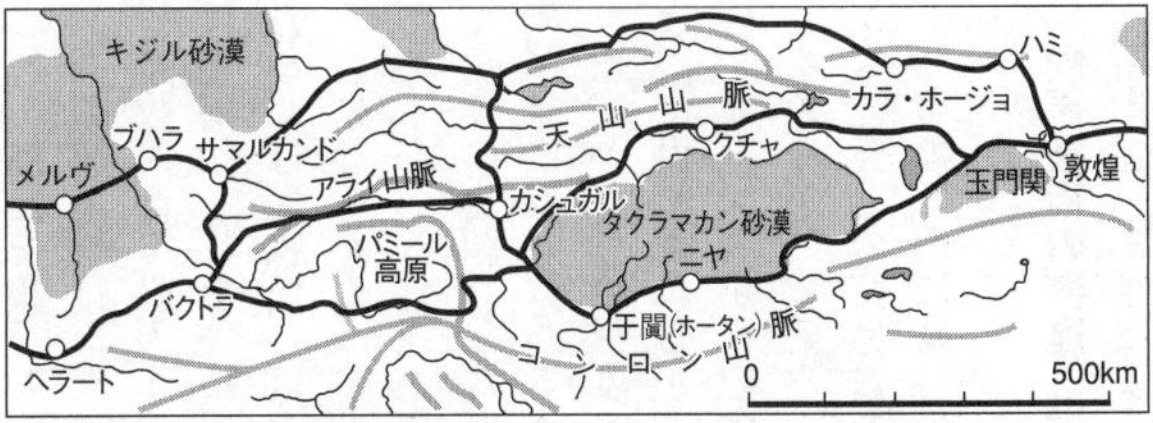

交通路とオアシス都市

よって入手しなければならない。これは小さい農耕オアシスだけではなく、大型のオアシス都市でも、同様あるいは一層切実な必要である。

これらの畜産品に対して、オアシスは穀類・織物・木器・金属器その他を遊牧民に提供する。小型の農耕オアシスが最小限度における自給自足の経済を営むことは不可能ではない。いいかえると、閉鎖社会として維持していくこともできるが、しかし大型オアシスや都市になると、畜産品はこれをみずから生産するよりも、遊牧民から交易によって獲得するほうが、はるかに有利である。

これらのオアシスにとっては、獣皮・獣毛を遊牧民から買いいれ、これを各種の加工製品として他のオアシスや遊牧民との交易に使用する。大型オアシスは、これらの製品を遠いオアシスに輸送・売買しなければならない。そのためにはカラヴァン（隊商）が必要であった。

カラヴァン（隊商）ということばは、ペルシア語のカルワーンから由来している。カルワーンとは護衛された旅行者の団体という意味である。カラヴァンはオアシス都市に本拠をもつオルタック（組合《ギルド》）の一種である。このような組合は商人の出資によって設立され、商品を集貨し、カラヴァンを組織し、カラヴァンサライ（隊商宿）を経営してオアシス間の交易を行なう。カラヴァンにはラクダやウマやロバなどを使用するが、ラクダやウマは遊牧民から購入する。またカラヴァン輸送のためには、交通路におけるラクダやウマの飼料が確保されなければならないし、行路の安全も保障されなければならない。そうしてこのためには遊牧民の協力が必須の条件である。

右に述べたように、オアシス社会が維持され、繁栄するためには遊牧社会との協力が必要であるが、それ以上に遊牧社会はオアシスを必要とする。遊牧社会はオアシス社会にくらべて生活の自給自足度がはるかに低い。

さきにも述べたように、遊牧民といっても、日常に肉と乳製品ばかり食べているものではなく、かなりの程度の穀類を消費する。その一部はキシュラック（本拠地）の副業的農耕によって供給されるが、それだけで必要をみたすことはできない。とくに移動中の植物性食糧は、オアシスからの供給にあおがなければならない。

そのほかに、織物・木製品・金属器その他の加工品、器具や嗜好品の類の大部分は、オアシス社会との交易に依存している。こうして農耕経済に対する遊牧社会の依存度は、その逆よりもはるかに高いのである。

騎馬技術の発達と遊牧帝国の成立

右に述べてきたように、中央アジアにおけるオアシス農村やオアシス都市は、比較的に狭小な土地で集約的な農業と手工業を営んでいるのに対して、遊牧民は広大な草原に小集団を単位とする移動牧畜によって生活している。植生の貧弱な中央アジアの草原では、遊牧の経済的単位は一〇〇～三〇〇頭の家畜であって、それ以上になると経済効率は逓減するものである。

したがって、遊牧は核家族によって構成される比較的に小さな集団によって行なわれている。しかし、自然環境によって遊牧集団の大きさが変わってくることはいうまでもない。

前にも触れたように、おそらく黒海沿岸のスキタイ系遊牧民が西南アジアの古代文明圏と接触して青銅と車を知るようになると、まもなくウマを乗用にすること、すなわち騎馬の技術を開発したと思われる。その結果、家畜の管理は容易になり、多数の家畜と多くの遊牧集団を一つの政治的組織のなかに組みこむことが可能になった。

すなわち、キンメリア・スキタイ・サルマタエなど古代の遊牧帝国の成立を可能ならしめたのは、騎馬技術の発達におうものであった。そうして、これはおそらく、紀元前十世紀を多少はさかのぼる時代のことであったと考えられる。

中国でも河南省の殷墟では、ウマに牽引させた車の痕跡が発見されているから、ウマの使用は前十世紀をかなりさかのぼるものと思われるが、騎馬の技術はかなり後世のことである。戦国時代に、趙の武霊王（在位前三二六～前二九九）が、匈奴に対抗するために「胡服騎射」を習わせたということがみえており、これはズボンをはき、ウマに乗りながら矢を射ることを意味している。

この時代はパジリク遺跡の時代と符合するが、西方における騎馬の使用にくらべると数百年のおくれがある。

中央アジアにおいては、オアシスと草原が交錯しているため、農耕社会と遊牧社会との関係はきわめて複雑である。しかし、この異なるパターンをもつ二つの社会は、平常時においては、むしろ密接な共存・共栄、すなわち相互補完的な関係にあったものと考えるべきであろう。

第二章　オアシス都市と遊牧民

1　「オクサス遺宝」とバクトリア

黄金の遺物

前章で、西トルキスタンの北東部で発見されたパジリク遺跡について述べた。この遺跡は中央アジアにおける先史遺跡としてきわめて重要なものである。それは時代的に紀元前数世紀にさかのぼる古いものだという点において重要であるばかりではなく、その自然条件によって盗掘をまぬかれ、ほぼ完全な状態において発見されたという稀有な例で、研究上、モンゴリア北部の匈奴の地下墳墓ノイン・ウラ遺跡にまさる貴重なものといえよう。ルデンコがパジリク人を月氏に比定したのは確証あってのことではなく、年代的対応にもとづく推測にすぎない。

カタンガのパジリク遺跡の存在がはじめてラドロフによって確認されたのは一八六五年のことであるが、その後まもなく一八八〇年になって、中央アジアにおけるもう一つの画期的な発見があった。それは「オクサス遺宝」として有名な、絢爛たる多数の遺物群である。この発見にはつぎのような冒険的ロマンスがまつわっている。黄金製品が大部分を占めるその遺物は、一八七七年ごろ、オクサス川、すなわち、いまのアム・ダリア上流の、アフガニスタンのクンドス町付近で、現地住民によって発見されたといわれている。この地方は、古代においては、ギリシア人のバクトリア王国の北部で、ソグディアとの国境地帯であったと考えられる。

この遺物群は、一八八〇年にブハラのイスラム商人が買いとり、インドに運んで売却しようとしたが、途中、カーブルからペシャワールへのあいだの部族地帯で襲撃され、宝物は強奪された。イギリスの国境警備隊のE・C・バートン大尉はこの事件の情報を耳にし、単身で現地に急行した。

バートン大尉が到着してみると、部族民はすでに黄金の器物の溶解にとりかかっていた。大胆なこのイギリス士官は掠奪者を説得して、宝物を所有者に返還させることに成功した。ブハラの商人はバートン大尉の勇敢な行為に感謝して、宝物中でもとくにすばらしい黄金の腕輪を感謝のしるしとして大尉に売却することを申し出た。

この有名な腕飾りは、その後転々として、最後に他の遺物とともにロンドンのヴィクトリア・アルバート博物館の有名な「オクサス遺宝」の一つに加えられた。その他の遺物はラワルピンディで競売に付されたが、のちにその大部分は大英博物館の所蔵に帰した。

現在、大英博物館およびヴィクトリア・アルバート博物館に保存されているオクサス遺宝の総数は一八〇点に達しているが、盗掘当時にはさらに多かったらしく、また、その一部は、バートン大尉が現場に到着したときには、すでに溶解されていたものらしい。それでは、この宝物コレクションとはどんなものであったろうか。

この一八〇点におよぶ遺物の種類と形式、作製年代は非常に広い範囲にわたっている。たとえば、このコレクションのうちでも有名な黄金製の剣鞘は、バートン大尉が現地に駆けつけたときには、すでに溶解するため一部が切り刻まれていたが、その形式はアケメネス朝以前のもので、イランのメディア時代、すなわちアッシリア後期の紀元前七世紀ごろにさかのぼるものと推定され、小アジアのウラルトゥやスキタイの影響もみいだされる。

しかし、オクサス遺宝のうちにはアケメネス時代に属するものが大きな比重を占めており、ペルセポリスの彫刻意匠との共通点もすくなくない。また、前章で述べたパジリク出土の壁かけ《タペストリ》の意匠にみられる有翼怪獣《グリッフィン》と野生ヤギとの闘争の図柄と同様な意匠がオクサス遺宝にもみいだされるので、前四世紀ごろのものと考えられるが、オクサス美術におけるスキタイ・サカなど遊牧民族の金属器のつよい影響があることも認めなければならない。

時期と経路

オクサス遺宝は、このように西南アジア的・イラン的要素をふくむものではあるが、ギリシア・バクトリア的、またはヘレニズムの影響を受けたものは、いくつかを除いてはむしろ少数である。さきにも触れたように、オクサス遺宝は、おそらくいつの時代かに、一括して隠蔵されたものと考えられる。そこで、その時期がいつのことかということが、この貴重な遺物の年代上の研究への重要なかぎになることはいうまでもない。

これらの遺物のうちには、ギリシア的モチーフ、たとえばイルカにかこまれた顔面のある黄金盤、儀礼のシーンに表現された男子の裸体像、アポロ・ミトラ像などがあるが、これらは古典的なギリシア様式のもので、おそらく前六〜前三世紀にさかのぼるものと考えられる。

紀元前一六三〜前一四一年のあいだに、セレウコス朝のペルシアとバビロニアは、のちに述べるパルティア人のアルサケス朝の手におち、バクトリアもまた例外ではなかった。ギリシア・バクトリア王朝は、おそらく前一四一〜前一三〇年ごろ、月氏すなわちクシャン人によって征服されたものと思われる。

この時期は、アジア北方の遊牧民が大挙して南下運動を開始したころにあたり、同じ遊牧民出身のパルティアも、あいつぐ遊牧民の侵入に苦しめられていたが、これら遊牧民のうちの一部族クシャンは、バクトリアを蹂躙してヒンズークシ山脈を越え、インド北西部に侵入し、マウリア王朝を滅ぼしてアム（オクサス）川から北インドにわたる大帝国を建設した。

このような当時の中央アジアの歴史から判断するならば、オクサス遺宝が隠蔵された年代の公算は、ギリシア・バクトリア時代の後期、いいかえれば紀元前三〜前二世紀の時期におくのが妥当であると思われる。

しかしここでもう一つ考慮にいれなければならない事実がある。それは、バクトリア自体にはみるべき金鉱はなく、砂金の産出もほとんどないにひとしいということである。ある学者によると、ギリシア・バクトリア、とくにエウティデモス王（在位？～前一八七）の時代には、黄金の供給を確保するためにアルタイ山脈地方に軍隊を派遣した、といわれている。その証拠としては、モンゴリアのノイン・ウラの地下墳墓から出土した毛織物にみえるウマの装飾用金属板があげられているが、この説はまだ確説であるとはいえない。

以上に簡単に述べてきたように、オクサス遺宝が隠蔵された時期は、アレクサンドロス侵入（前三二八～前三二二年）前後、あるいは大月氏のギリシア・バクトリア征服のころと考えられよう。大月氏のバクトリア侵入は確定はできないが、漢の張騫が大月氏を訪れたころ（前一二九年）から僅々数年前のことであったと考えられる。

現在のところ、このように、オクサス遺宝隠蔵の時期は、これ以上詳しくはわからない、というよりほかはないが、この遺物群が、数百年にわたる古代中央アジア美術史を代表する、きわめて重要・貴重な資料であることに変わりはない。

そこでつぎにバクトリアの歴史の跡をたどってみることにしたい。

2　アケメネス王朝とバクトリア

地理とゾロアスター教

ヒンズークシ山脈は、カラコルム山系とパミール高原の東端から西へ向って、アフガニスタンとイランの国境近くまで延びている。この大山脈は東から西へしだいに低くなる。その南部ではヒンズークシは中央アジアとインドとの境界を形成する。

この山脈の北にはパミール高原に発するアム川が並行的に流れており、東部の高山に河源をもつ多くの支流がこれに合する。このように、ヒンズークシは、西トルキスタンの分水嶺を構成し、南流してインダス川に合流するカーブル川や、南西へ向ってイランとの国境にまたがる広大なヘルマンド沼沢地帯に注ぐヘルマンド内河などがある。

中央アジアの古代史上でもっとも有名なバクトリアは、ヒンズークシ山脈とオクサス川の中間に横たわる沖積層の地帯で、東はバダクシャン高原、西はカラクム砂漠につながっている。この地域には、東から西へ流れるアム川のほかに、ヒンズークシから北流するハリ・ルード川とムルガーブ川をはじめ多くの河流があり、大小多数のオアシスが古代から栄えてきた。

この地方はバクトリア、またはバクトリアーナと呼ばれ、ペルシアのアケメネス朝のもっとも重要な東方領であり、その首都はバクトラと呼ばれていた。

バクトリアは、ダリレイオス大王（在位前五二二〜前四八六）によって建てられた有名なベヒストゥンの碑文にバクトリとみえている。バクトリアはヘラート、メルヴ、サマルカンドなどとともに中央アジアにおけるイラン系民族によって建設された最古のオアシス都市の一つである。首都バクトラは現在のバルクに比定されている。現在、バルクは人口数百の小さな村落にすぎないが、村の近くには城壁にかこまれた巨大な都市の廃墟がある。多くの西洋の学者はこの遺跡をバクトラに比定し、しばしば発掘を試みたが、いままでのところバクトラに比定すべき証拠は発見されていない。

一説には、現在のバルクは古代のバクトラではなく、バクトラはもっとアム川に近いところにあったともいわれている。しかしバルクの付近には古代ゾロアスター教の祭壇の遺跡もあり、バクトリア貨幣も多く出土している。

バクトラの遺址がどこかという問題は、まだ最終的には決定されていない。しかしバクトラが、中央アジア史あるいはペルシア史上、きわめて重要な位置を占めていることに変わりはない。なぜならば、バクトラとゾロアスター教は切り離すことができない関係にあるからだ。ペルシア文明に大きな影響をもったこの宗教の開祖ゾロアスターは、古くからバクトリアの人だという伝説がある。この点については、いろいろな説があってよくわからないが、すくなくともアケメネス朝時代にはバクトラがゾロアスター教の中心地の一つであったことは明らかである。

また、ゾロアスターの年代についても諸説があるが、古いペルシアの伝説では、ゾロアスターはアレクサンドロスの侵入より二五八年前の人だとされている。彼は七〇歳で死んだといわれているから、もしこの伝説をとるならば、前六世紀ごろの人であるといえよう。この時代は、ちょうどアケメネス朝の初期にあたる。

ペルシア人とサカ人の共同支配

前六世紀時代のバクトリアの人口の主要部分、すくなくともその支配階級はペルシア人とスキタイ人とによって構成されていたものと考えられるが、スキタイ系のサカ人がこの地域にペルシア人よりも早くから住んでいたことは、ヘロドトスや、その後のストラボンなどが伝えているバクトリアの習俗によっても知られる。

サカ人におくれてバクトリアに侵入し、これを征服したペルシア人は、サカ人やその他先住民の支配者となったが、その数は多くはなかったので、険要な地を選び、城や砦《とりで》を築いて住みついた。彼らは、その軍事力と組織力によって原住民の社会秩序を維持するとともに税を徴収していたものと思われる。

ローマ時代の史料によると、バクトリアは七〇〇〇人の貴族によって支配されていたという。また、ヘロドトスがしばしば「バクトリア人とサカ人」と並称しているところからみても、ペルシア人と先住のサカ人が共同して支配階級を構成していたものと思われる。

ペルシア人がバクトリアに進出したのは、前六世紀よりも古いことはたしかであるが、ペルシアがこの東方の豊かな地方を完全な支配下におくようになったのは、アケメネス朝のキュロス二世（在位前五五九〜前五二九）の時代である。

キュロスはアケメネス帝国に対するスキタイ人の脅威に対抗するために、親征して中央アジアのスキタイ人をヤクサルテス（シル）川北方に撃退し、この危険な遊牧民の南下を防ぐために、オクサス（アム）川北方のソグディアナ・キュロポリスとして知られる都市を建設した。

しかし、アケメネス朝の首都スーサから遠いバクトリアやソグディアナを直接支配することは困難であったので、キュロス王はスメルディスという王子をバクトリアの総督《サトラップ》に任命した。その後、キュロスはバクトリアの北方国境を脅かしたスキタイ系のマッサブタイ人と戦って戦死した。

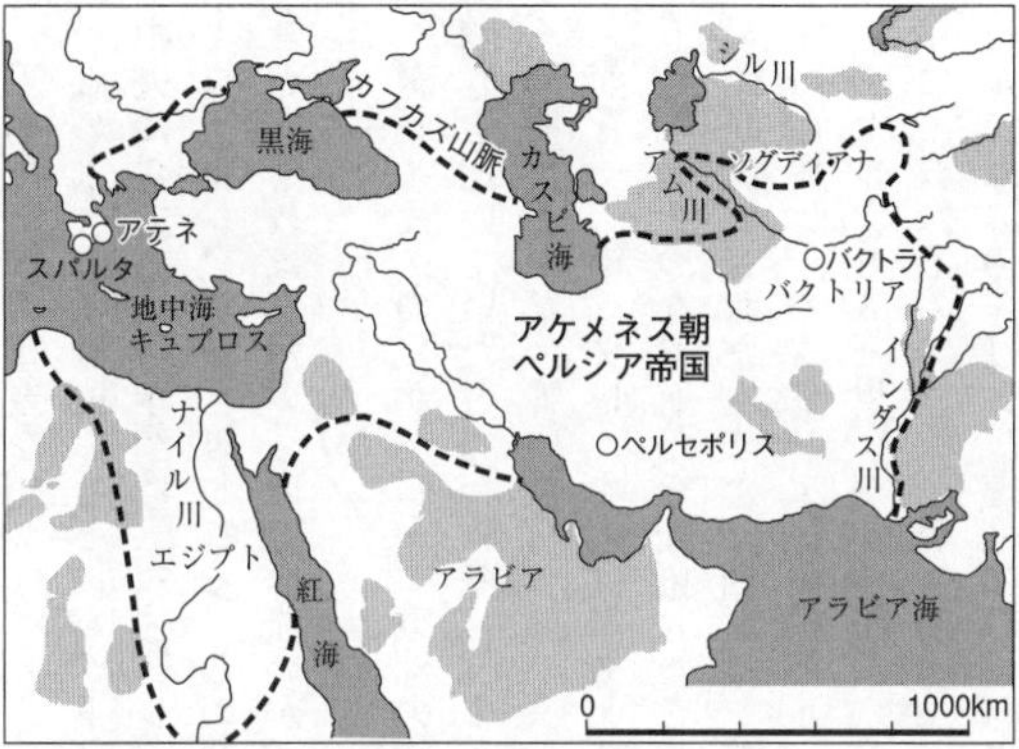

アケメネス朝ペルシア

キュロスの死後、数年にわたって混乱がつづいたが、前五二二年にダレイオス一世が帝位についた。キュロスによって建設されたアケメネス帝国は、このダレイオスによって完成された。この偉大な帝王は、おそらく史上最初の名実があいともなう帝国、すなわち広領域国家をつくりあげたものといってよい。

ダレイオスはその広大な領土を再編成し、全国を三〇の行政区画（サトラップ）に分け、そのおのおのに総督（サトラップ）を任命した。また、各サトラッピでは行政と軍事を分離し、中央政府に対する定額の納付金を規定した。そして、帝国内には道路を建設し、駅伝を整備し、通貨制度を創設した。

王朝東方領の重要な州

このような新制度のもとにバクトリアは、アケメネス朝第一二番目のサトラッピとなり、中央に対する納付年額は三六〇タレントと定められた。当時の一タレントはおよそ黄金二五キログラムぐらいと思われる。この金額は、アッシリアの納付額一〇〇〇タレントにくらべると、それほど多いものではないが、当時の開発程度からみて、それほど少ない額でもなかった。

ダレイオスの父がペルシア東部の総督であったことから考えて、彼はバクトリアに大きな関心を抱いていたと思われるし、また一方、バクトリアの支配階級はダレイオスに対して多くの期待をいだいていたらしい。

前五一二年、ダレイオスはバクトリアを根拠地として西北インドに遠征隊を送り、西インドと紅海をつなぐ航路を開拓した。その結果としてインダス河口からペルシア湾に達する貿易路が開設された。また、西北インドに西南アジアのアラム文字が導入され、カロシティ文字の起源は、バクトリア経由のペルシアとインドとの交流によるものと考えられる。

クセルクセス一世（在位前四八六〜前四六五）は、アケメネス朝の帝位についた前四八六年に、彼はその弟マシステスをバクトリア総督に任命した。マシステスは、前四八〇年のクセルクセスのギリシア遠征には、バクトリア軍をひきいて参加した。このバクトリア遠征隊には、バクトリアのペルシア人とサカ族の騎兵隊が加わっていた。その後、マシステスは宮廷内の陰謀によって生命を失い、弟ヒスタスペスが代わってバクトリア総督に任命された。

クセルクセスの死からアレクサンドロス大帝のペルシア侵入にいたるまでの、およそ二世紀半にわたる時代のバクトリアについては、ほとんど知られていない。

バクトリアはアケメネス朝にとっては、もっとも重要な東方領であった。しかしバクトリアは、間歇的に南下・侵寇してくる北方のスキタイ系遊牧民の脅威にさらされていた。そして、このバクトリアを効果的に防衛するためには、オクサス川以北の地の確保が必要であった。オクサス川の北、いまのウズベキスタンにあるザラフシャン川流域の豊沃な地方は、古くからソグディアナと呼ばれ、アケメネス朝の州《サトラッピ》の一つになり、その北方の境界はヤクサルテス（シル）川であった。

この地方の自然は、バクトリアとはちがって、起伏の多い草原で、そのところどころには砂漠が存在する。この地域はバクトリアほど農耕の好条件には恵まれていないが、古くはマラカンダと呼ばれていたサマルカンド付近と、その他の河流の近くには大オアシスが点在していた。起伏の多い地形のおかげで、オアシスに近い険要な台地には堅固な城塞が築かれ、遊牧民の不時の襲撃に備えることができた。

これらの城塞のある台地は、大きなものになると、頂上には、年間数百人を養うにじゅうぶんな農耕地もあり、難攻不落を誇っていた。アレクサンドロスの侵入に対して頑強に抵抗し、この偉大な征服者を苦しめたが、それも、こうした地形と堅牢な城市によるものであった。

3　アレクサンドロスの侵入

バクトリアの抵抗とサカ族との衝突

前三三四年〜前三三一年の四年間にわたって、アレクサンドロスは地中海の東海岸からペルセポリスの占領にいたるまで疾風のような進撃をつづけ、そのあいだにイッソスの戦い（前三三三年）でダレイオス三世を敗走させ、ついでアルベラの一戦（前三三一年）によって事実上アケメネス帝国を崩壊させた。ダレイオスはなお相当の部隊にまもられて、バクトリアを目指して退却した。

アレクサンドロスはペルセポリスを焼き、アケメネス朝の古都パサルガダエを破壊してダレイオス三世を追跡した。当時ダレイオスの軍中にあったバクトリア総督ベッソスは、貴族階級の支持を受けてダレイオス三世を捕え、アレクサンドロスに引き渡すという陰謀をたくらみ、退却中の王を捕えてバクトリアへ向った。アレクサンドロスはこれを急追してカスピ海の東端付近に達したとき、ベッソスの陰謀の通報を受けた。ベッソスはアレクサンドロスの追跡を知って恐怖にとらわれ、王を殺害して逃走をつづけた。まもなくアレクサンドロスは、遺棄されたダレイオス三世の遺骸を発見し、これを手厚く葬った。

ベッソスはアレクサンドロスの追跡をふりきってバクトラに帰着し、みずから帝位についてアルタクセルクス四世と称した。アレクサンドロスはつづいて東方へ進撃し、バクトリ

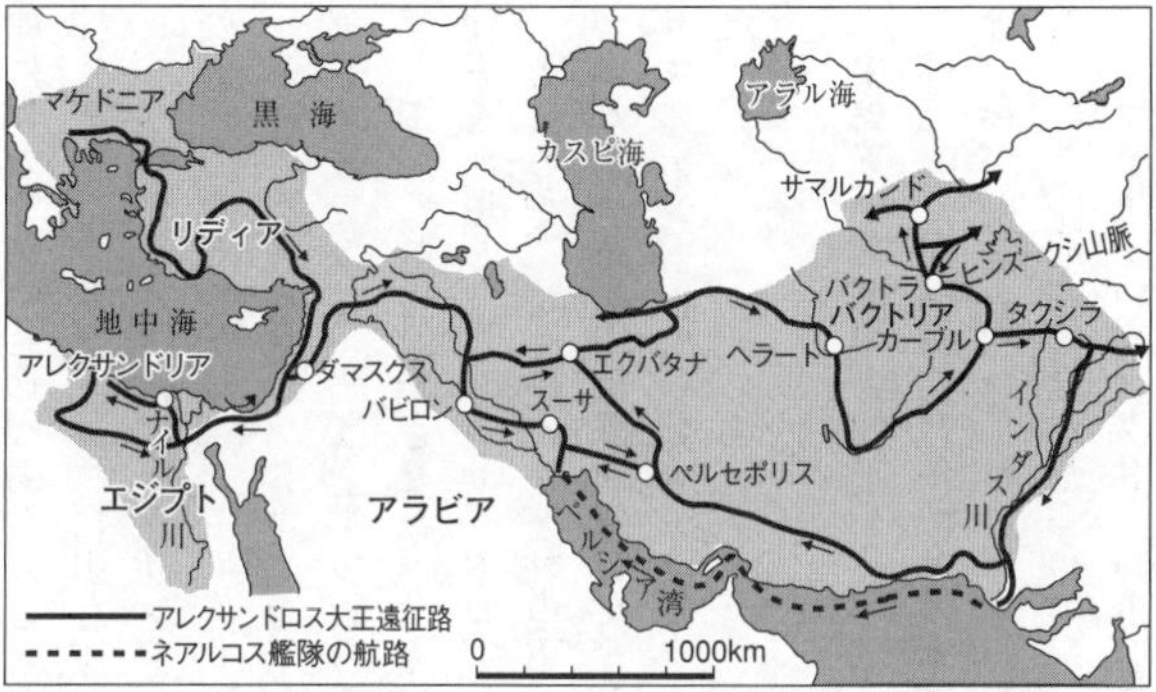

アレクサンドロスの東征

ア、ソグディアナの征服を意図して、前三二九年にはヒンズークシ山脈を越えてバクトラへ向かった。

　ギリシア軍の接近を聞いたバクトリア軍の多くはベッソスを捨てて逃亡した。ベッソスはオクサス川を渡ってソグディアナにはいり、河岸にあった舟を焼却した。ギリシア軍は、ヒツジやウシの皮袋や急造の筏《いかだ》を使って渡河し、ソグディアナに侵入、ベッソスを捕えて処刑した。

　つぎにアレクサンドロスはマラカンダ（サマルカンド）を攻めてこれをくだし、付近のオアシスを破壊したのち、ヤクサルテス河畔へ向かって進み、おそらくいまのコージェント付近と思われる地点に達した。彼はヤクサルテス流域の主要なオアシスに小部隊を駐屯させ、キュロポリスに本拠を設けたらしいが、まもなく各所に反乱が起こった。これらのオアシスの抵抗はただちに鎮定されたが、さらに重大な脅威が近づきつつあった。

　その一つは、スキタイ系のサカ族がヤクサルテス北岸に兵力を集中しつつあったことである。これよりさき、ベッソスが逃亡したとき、これを捕えてアレクサンドロスに引き渡したのは、ベッソス側近のスピタメネスという将軍であった。スピタメネスはアレクサンドロスの不在に乗じて、サマルカンドのギリシア人守備隊に攻撃を加えてきた。

そのころアレクサンドロスはヤクサルテス南岸にギリシア都市（アレクサンドリア）を建設中であったが、彼はまず多数の筏を急造してヤクサルテスを渡河し、集結中のサカ族を攻撃して、これを敗走させた。サカ族の王はギリシア軍にとうてい対抗できないことを認め、使者を派遣してアレクサンドロスに帰順を申しいれた。

ところが、サマルカンド駐屯軍の救援に向かったギリシア部隊は、ザラフシャンの峡谷中でスピタメネスの襲撃を受けて全滅した。この報告を聞いたアレクサンドロスは、ただちにサマルカンドに馳けつけたので、スピタメネスはオクサス川を渡ってバクトリアに遁走した。

中央アジア征服の完了

前三二九～前三二八年の冬、本国から一万九〇〇〇人の増援部隊をえたアレクサンドロスは、春がくると、マルギアナすなわちメルヴ・オアシスを中心とする地方の完全征服に着手した。この地方にはただ一つの、しかしすこぶる堅固な城塞が残るだけであった。ここにはアリマデスというソグド人の指導者が二年分の糧食とじゅうぶんな兵器を用意して籠城していた。しかし、ギリシア軍の包囲攻撃によってついに降伏せざるをえなかった。アレクサンドロスはメルヴの南に二つの要塞を建設して、バクトリアに進み、ヒンズークシ山脈の北側にいくつかの根拠地を設定し、サマルカンドに帰還したのちも各地に部隊を派遣して反抗を鎮圧した。

一方、スピタメネスは、ソグディアナ・バクトリアにしばしば出没してギリシア軍の駐屯地を襲っていたが、遊牧部族に殺害され、その首はアレクサンドロスに献ぜられた。

こうして前三二七年には、西トルキスタンの征服を完了して、この偉大な征服者はインドへ向った。アレクサンドロスは中央アジアに不滅の名を刻みつけた。この地方では、彼はイスカンダールと呼ばれており、そのヘルメットの前立《まえだて》は二本の角《つの》であったので、二本の角のアレクサンドロスという意味のイスカンダール・ズルカルナインとして、いまもよく知られている。ズルカルナインとは聖典『コーラン』に出てくることばである。現在でも西南アジア・南アジア・東南アジアでは、イスカンダールという名をもつ人がすくなくない。

アレクサンドロスは中央アジアに暴風のように襲いかかり、疾風のように去っていった。しかし、彼の残した影響は深く、大きかった。まず、この大征服者が中央アジアに残していったギリシア人の運命をたどってみよう。

この大征服者は、前三二三年にバビロンで死去した。バクトリアとソグディアナはギリシア軍指揮官の支配下におかれていたが、アレクサンドロスの死が伝えられると、たちまち各所に反乱がはじまった。これはまもなく鎮定されるが、そのあいだに、中央アジアの支配者にはいくたびかの交替があった。結局、前三一二年になって、やはり軍の指揮官であったセレウコス勝利王《ニカトール》が、アレクサンドロス帝国東方領の大部分を掌握することになったが、前二八〇年に部下の将軍によって暗殺された。

前二五〇年ごろ、「千の都市のバクトリア」といわれたこの中央アジアの富裕な国の支配者ディオドトスは、セレウコス朝から独立して、ギリシア・バクトリア王国の独立を宣言したといわれる。しかし、この前後のことは明らかでない。

ただ、前二五〇年前後という時期は、その後、数世紀の中央アジアとペルシアの歴史の主役を務めるパルティア人が動き出したという意味で、きわめて重大な時期であった。この点についてはのちに述べる。

バクトリア王朝の強盛と遊牧民の圧力

バクトリアがもっとも強盛になるのは前二〇〇〜前六〇年ごろの、デメトリオス王以後のことである。そのころのバクトリアのギリシア人は、ヒンズークシ山脈中部のカーブル盆地を根拠地として、南東へ向かってインドに侵入し、その西北部では、有名な仏教の保護者アショカ王の死（前二三七年ごろ）で衰退しかけていたマウリア王朝の領土を奪取した。デメトリオスは、前一六〇年ごろ王位をエウクラティデスに奪われた。

エウクラティデスは、みずからマハラージャと称して、バクトリア王であると同時にインドの支配者であることを宣言した。しかし前一五六年ごろ、彼はその子に殺害され、まもなく西北インドのギリシア人王国はメナンダー王を最後として消滅してしまい、その子孫たちはインド人のなかに吸収されてしまったらしい。それでは、このころ北方のバクトリア本土は、どのような状態にあったろうか。

アッシリアで掠奪をほしいままにしたキンメリア人や、アケメネス帝国の威力をもってしても徹底的打撃を加えることができなかったスキタイなどの遊牧民に対する恐怖の記憶は、まだ消えていなかった。稀代の軍事的天才であったアレクサンドロスは、これらと同じ系統のサカ人をヤクサルテス川以北の草原に駆逐したとはいえ、野戦で彼らを潰滅することはできなかった。いわば北方草原を本拠とする遊牧民の実力のほどは、その後も都市の定着社会にとっては、つねに大きな脅威であった。

バクトリアの少数のギリシア人は、西方のペルシアやメソポタミア、南のインドなどの文明圏にとっては、慓悍なこれらの騎馬民族の侵入に対する防壁、あるいは緩衝地帯の役割を演じていた。

前三世紀の半ばごろから、カスピ海の西方草原で勢力を拡げつつあったパルティア遊牧民は、アレクサンドロスの継承王朝であるセレウコス王朝とも、東方のバクトリア王国とも交渉をもっていたが、彼らはしだいにこの二つのギリシア人国家に対する圧力を増大しつつあった。しかしバクトリアにとっていっそう強い脅威は、この西北方のパルティアよりも、むしろ北方および東方のサカとトハリ（トハラ）であった。サカ族は早くからパルティアに服属したが、トハリはソグディアナを占領し、一方ではパルティアと対抗し、他方では南下してバクトリアに圧力を加えていたらしい。

しかし、前四世紀から同三世紀にかけての中央アジアの情勢については史料がすくなく、またギリシアやローマの文献の記述にも矛盾や憶説がすくなくない。この時代の中央アジアの形勢に光明を投げかけてくれるのは、むしろ中国の史料である。そこで、つぎに眼を転じて、中国漢代の西域政策と有名な張騫の旅行について語らなければならない。

4　漢王朝と西域（東トルキスタン）

二つの遊牧民──匈奴と月氏

アレクサンドロスの中央アジア征服に関しては、西洋にもいくつかの根本史料がある。第一に挙げなければならないのは、アリアンの有名な『アナバシス・アレクサンドリ』（アレクサンドロスの遠征）である。

アリアンは二世紀のギリシア人で、ローマのハドリアヌス帝に仕えた優秀な軍人であり、哲学者でもあった。ただし、この著作においてアリアンは、現在では原典が失われているギリシアの史料を多く使用しているので、それは第一級の史料ではあるが、アリアン自身はアレクサンドロスよりも四世紀も後代の人である。この意味では、ローマの史家ユスティヌスも、アレクサンドリアのストラボンも同様である。

しかし、『史記』大宛伝は、前二世紀の中央アジアに一三年をすごした張騫自身の見聞録であるという意味で、当時の中央アジアの実情を知るためには、右に述べたギリシア人の著作にくらべても、さらに確実な根本史料といえる。しかし、大宛伝にみえる西域の事情を述べるまえに、張騫の大冒険旅行の発端に触れておく必要がある。

モンゴリア高原は、南ロシア草原や中央アジアと同様に、遊牧に好適な自然環境をもっている。しかし、モンゴリアの遊牧、とくに騎馬遊牧が西方にくらべて数百年おくれて成立したことには疑う余地はない。おそらくは、モンゴリア高原の遊牧民が活躍をはじめたのは、周代（前十二～前三世紀）の後半にはいってからのことであろう。

しかし、中国古代の西域すなわち東トルキスタンにおいては、それよりも早くから大規模な遊牧が行なわれていた。モンゴリアの最古の、確実に遊牧民だとみなされるのは匈奴である。匈奴がモンゴリア高原に勃興する以前に、すでに東トルキスタンには月氏という遊牧民が強盛になっていた。月氏が西トルキスタンのスキタイ系遊牧民族につながることは、ほとんど疑うことはできない。いいかえれば、月氏はイラン系の民族であったと考えられる。

匈奴が強力になると、当然、月氏との対立が発生し、この二つの有力な遊牧国家は覇権を争うことになった。そして、匈奴に冒頓《ぼくとつ》単于《ぜんう》が出て、月氏を攻めてこれを破った。匈奴は月氏の王の首を切って酒盃をつくった。これは、紀元前一四〇年前後のことと思われる。ここで、第一章で述べたパジリクの墳墓から出土した首長の首の上部の皮が剝がされていたことを思い出してもらいたい。月氏の一部はチベットに遁入したが、その大部分は西方のトルキスタン方面に移動し、前者は小月氏、後者は大月氏と呼ばれることになった。

漢武帝の対西域積極策

さて中国では、戦国時代以前、その北辺はしばしば匈奴の侵入・掠奪に脅かされていたが、秦が天下を統一すると、始皇帝は、匈奴を北方に駆逐し、北辺の長城を修築して、この慓悍な遊牧民の南下を防いだ。

前二〇六年に秦が滅び、同二〇二年に統一国家の漢が成立すると、匈奴と漢との関係は急速に悪化した。そして、武帝（在位前一四一～前八七）の時代になると、漢はその全力を挙げて匈奴の脅威を一掃しようとはかり、消極的な防備ではなく、積極的攻勢をとることになった。

武帝の時代、漢の国内は安定し、経済活動も急速に活発化した。交通・運輸は整備され、物資の生産が刺戟され、貨幣を媒体とする商業が盛んになった。こうした国内の経済的繁栄の結果として、通商は国境を越えて、西に南に新しい物資を求めるようになった。

武帝の西域に対する積極政策は、一つには匈奴を西域から切り離して、匈奴への物資、とくに植物性糧食と武器の補給を断つという目的をもったが、同時に西域との通商路を安定させることによって、珍奇な物資の流入をはかることにあった。

西域の物資に対する中国側の需要としては、果実・薬草・毛皮・宝石・貴石・黄金・金属器などがおもなものであったと思われる。

武帝が西域の良馬の獲得に異常な関心を示したことはよく知られているが、これは彼の個人的な好みだけによるものではなかったと思われる。

対匈奴戦における漢の弱点はウマにあった。中国のウマは量・質ともに匈奴に劣り、そのために、匈奴に対して徹底的な打撃を加える機会をしばしば逸していた。西域の良馬によって騎馬隊を強化するということに、武帝が深い関心をもつのは当然であったろう。

また、西域貿易における漢の輸出品の第一は絹と絹織物で、そのほかには銀・銀器・漆器・金属製の鏡や、その他の工芸品であったと思われる。

右に述べたような情況にもとづいて、武帝は匈奴と月氏との不和を利用し、月氏とむすぶことによって匈奴を牽制しようと考えた。武帝の西域政策は、このような経済的利益とともに軍事的・政治的な効果をねらったものといえよう。

張騫、西域へいく

当時、西域へいくには、途中で匈奴に捕えられる危険が大きかった。武帝はこの危険を冒して大月氏に使する者を募った。これに応じた張騫は、従者百余人をともない、甘粛を出て西へ向かった。これはおそらく、前一三九年ごろのことと推定される。しかし張騫一行は長城を離れるとまもなく匈奴に捕えられた。彼は十数年を匈奴のうちに暮したが、機会をとらえて脱走し、西へ向うこと数十日で大宛に達した。

大宛はオアシスの都市国家で、漢と交通する希望をもっていたので、張騫を康居《こうきょ》に送り、康居は、さらに彼を大月氏に送りとどけた。この康居という国がどこであるか、明らかでな

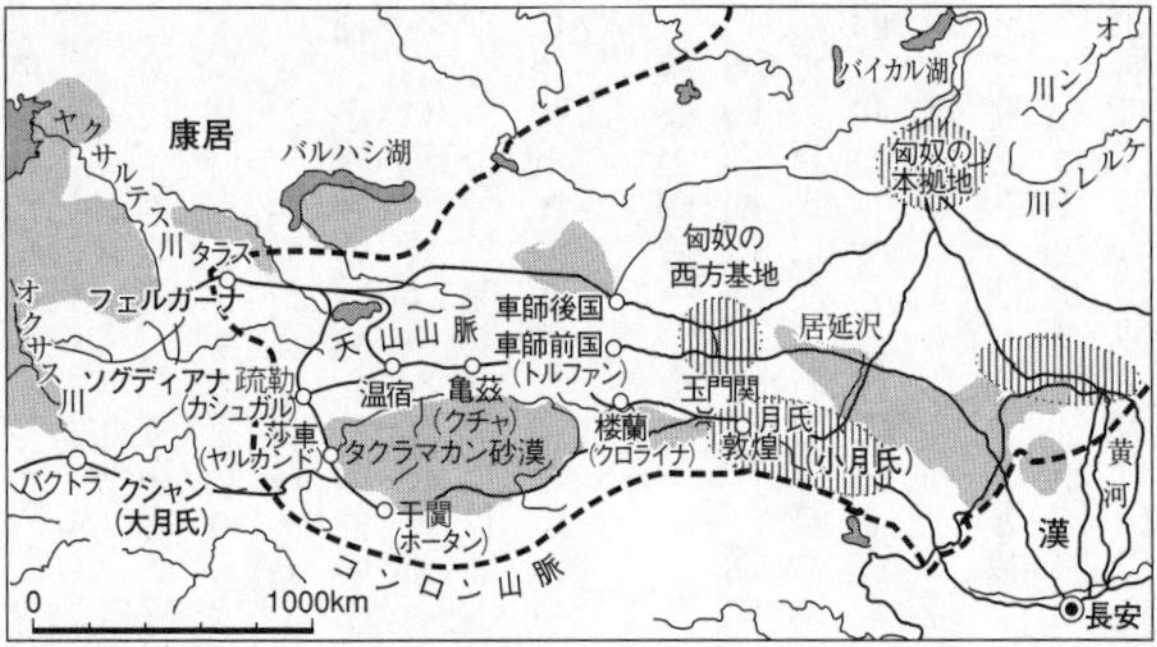

匈奴と月氏

い。ある学者はアラル海の南部、東部の草原地帯と考え、またある人はソグディアナだとしている。

しかし二〇〇〇年前の、しかも記録のきわめてとぼしい中央アジアの民族名や地名に、たとえ康居に似た名称をみつけたとしても、それは憶測の範囲を出ないであろう。問題は康居の発声音に近い国名をわずかばかりの古記録のうちから捜し出すことではなく、張騫の時代の西トルキスタンの情勢をどう判断するかという点にある。そこで第一に決定しなければならないのは、張騫の西トルキスタン旅行の出発点になった大宛とはどこであるか、ということである。ところがこれも難問である。

張騫は匈奴の勢力範囲から逃亡して大月氏国へ向かった。したがって西南に進んで西トルキスタンにはいったことはたしかである。そうすると、東トルキスタンから西トルキスタンに通じる交通路としては、ジュンガル地峡を選ぶのが順当である。

ジュンガル地峡を抜けて南下するとソグディアナであり、それはただちにバクトリアに接している。そのあいだの経由地は、フェルガーナとサマルカンドである。したがって、大宛はこの二つの大オアシス地帯のどちらかでなければならないが、どちらかということには、きめてがない。

大宛という名まえは、固有名詞を漢字に転写したものではなく、広大なオアシスという意味らしい。「宛」という文字は苑・園と同音である。おそらく苑を誤ったものであろう。また、大宛の都城は弐師《にし》であったが、これをヘロドトスやストラボンのいうニサに比定する学者もある。しかし、音が似ているということだけで、これを立証することはできない。このニサはオクサス川の南にあったもので、フェルガーナとはあまりに遠距離にある。

張騫は大宛を起点として、烏孫・康居・奄蔡《えんさい》・大月氏・安息・条枝《じょうし》・大夏について、その方向と距離を述べ、行国（遊牧）と土着（オアシス農耕地）の区別をしており、各国について興味深い記述を残している。以下に張騫によって報告された前二世紀の西トルキスタンの状況について述べよう。

張騫の見聞した西域諸国

大宛は匈奴の西南、すなわち漢からみれば正西にあたる。この国は定着・農耕社会で、人びとはオアシスに城郭を築いて住んでおり、城郭の数は七十余、人口は数十万をかぞえる。武器には弓と矛《ほこ》を使用し、戦いには騎射戦術を主とする。大宛の西北には康居があると大宛伝にしるされているから、この国はシル（ヤクサルテス）川の中・下流からシベリア南部に達していたものと思われ、遊牧国家である。兵数は八万～九万で、月氏に似ており、月氏と

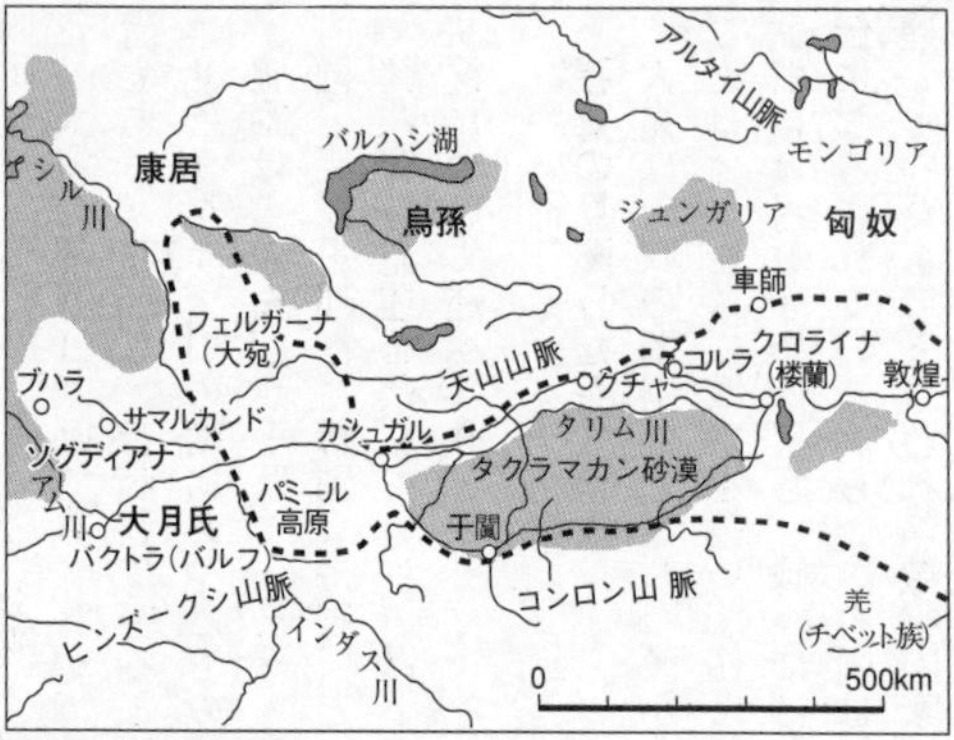

張騫の西域旅行

匈奴の勢力の下にある。

また、大宛の東北にはやはり遊牧民の烏孫が住んでいる。これはおそらくジュンガリア地方であろうと考えられるが、この遊牧民の風習・風俗は匈奴に近い。奄蔡も遊牧民で、アラル海の北西方面を占めている。

張騫は、大月氏国はオクサス（ツアム）川の北にあり、この川の南は大夏だといっているから、彼がこの地方を訪れたころには大月氏の本拠はオクサス川の北、すなわちソグディアナにあり、同河の南方、すなわちヒンズークシ地域では、依然としてバクトリアが勢力を保っていたものかと考えられる。バクトリアのギリシア王朝は、前一三五〜前一二五年には潰滅したものと思われる。

一方、張騫が大月氏国を訪れたのは、おそらくヒンズークシ以北のバクトリアがサカ（塞）・月氏・トハリ（吐火羅）などのイラン系遊牧民によって征服されてまもないころのことと思われる。そこで大夏は、これらの遊牧民の一つであるトハリの転写と考えることもできよう。

張騫によると、大夏はオクサス、すなわち現在のアム川の南にあって、土着国で、城壁をめぐらした多くの都市や町があり、武力は弱いが手工業や商業が繁栄している。人口は一〇〇万ばかりで、首都は藍市城《らんしじょう》であるとしるされている。これはバクトラに当たるといわれているが、たしかではない。

張騫はまた、安息について述べている。すなわち、この国は大夏の西、数千里にあるとされ、大宛のような土着の大国で、イネ・ムギ・ブドウを栽培し、数百の都城があり、市民は商業・手工業を営み、車と船を用いて隣国と交易している。貨幣は銀で、その表面には王の顔が彫られており、王が死ぬごとに貨幣は改鋳される。文書には革を用い、文字は横書きである。

当時のバクトリアは、サカ・月氏・トハリなどの侵寇をこうむっただけではなく、前一三六年ごろからはパルティアの圧力がつよくなってくる。バクトリアのギリシア人は、一方ではこのような遊牧民の南下と戦うとともに、他方ではヒンズークシ山脈を越えてインド北西部に遠征し、そのため、もともと少数であったギリシア人の数は減少し、おそらく前一四〇～前一三〇年までには、ギリシア・バクトリア王朝は消滅してしまったらしい。アレクサンドロスの中央アジア征服からおよそ二〇〇年後のことである。

西域の服属――漢の大宛遠征

張騫は一三年ぶりに故国に帰った。はじめ百余人の一行だったのが、帰りついたときには張騫と一人の従者だけになっていた。張騫は、大月氏と同盟して匈奴を挟撃しようという使命の達成はできなかったが、彼がもたらした西域についての知識・情報は大いに武帝を喜ばせ、張騫は博望侯に任ぜられた。

張騫がはじめて西域への道を開拓してからのち、武帝は西域の珍奇な物産を喜び、とくに大宛のウマに異常な関心をもつようになり、多くの冒険者たちが西域貿易による奇利を求め、続々と西域へ向った。こうして多量な漢の物産が西域に流入した。このため、西域の諸国は漢の使者と称するこれらの冒険者たちを敬遠し、漢の物資も歓迎しないようになった。また、西域への交通路の関門にあった、いまの新疆ウイグル自治区東部の楼蘭・姑師（車師）などの小オアシス国家が、漢の西域貿易を妨害することさえあった。

武帝は兵を送って姑師・楼蘭をくだし、この交通路の安全を確保した。また、甘粛の酒泉から玉門関まで、所々に堡塁を築いた。その結果、ヤクサルテス（シル）川付近の烏孫や安息（パルティア）との直接の交渉がひらかれるようになり、遠く西南アジアの珍奇な産物や善眩人《ぜんげんじん》（奇術師）までが漢を訪れるようになった。また、ウマの飼料として必要な苜蓿《もくしゅく》（ムラサキウマゴヤシ）や、おそらくブドウの種も輸入され、武帝はこの西域の珍奇な植物を離宮で栽培させた。

しかし武帝が熱望したのは、やはり大宛のウマであった。彼は使者に黄金と黄金製のウマの像をもたせて大宛に派遣し、名馬を求めた。ところが、大宛王は漢の物産をすでにじゅうぶんもっていたので、名馬をあたえるつもりはなかった。

王は漢の要求を拒否したばあいのことも考えたが、漢との距離は遠く、南道は水草にとぼしく、北道をとれば匈奴による襲撃の危険があるので、漢が大軍を派遣して攻めてくることはあるまいと考えた。そこで、大宛王は弐師《にし》のウマは国の宝であるからといって、漢の要求を拒否した。漢の使者は怒って悪口をいい、黄金のウマの像をつぶして退去した。大宛の貴族たちはこれを無礼なふるまいだとして怒り、郁成《いくせい》というところで帰路の使者を襲撃して、一行を殺害した。

この事件を聞いて武帝は激怒し、李広利を弐師将軍に任じて、弐師の善馬を取ってくるように命じた。李広利は騎兵六〇〇〇、歩兵数万の大軍をひきいて進発した。漢軍は西へ向って敦煌を出たが、水草と食糧の欠乏で兵士があいついで倒れ、郁成城外に到着したものは、わずか数千人にすぎなかった。しかし郁成を陥落させて、漢使殺害の報復として多くの市民を殺した。とはいえ、漢軍の損失は過半に達し、弐師城まで到達できるかどうかも疑問になった。そこで李広利は退却して敦煌に帰り、武帝に情況を報告した。武帝は大いに怒って、全軍に玉門関外にとどまることを厳命した。

大宛攻撃の惨敗は漢の勢威を大いに傷つけた。匈奴はこれに力をえて、漢の辺境守備隊を襲撃し、大きな打撃をあたえ、烏孫や大夏も漢の実力を低く評価し、漢との交渉に応じなくなった。

このような漢の西域政策の重大危機に当面して、武帝は未曾有の大遠征軍派遣を決意した。すなわち、戦闘員だけで六万人、これに補給部隊数万人を加え、ウシ一〇万頭、ウマ三万頭、ロバ・ラバ・ラクダ数万頭という膨大な軍を編成して大宛攻略に派遣した。

この大軍は途上の抵抗を排除してついに大宛城に達し、包囲攻撃を開始した。まず城の水道を絶ち、後方では一八万人を動員して補給路を確保した。このような大規模な準備を整えた結果、大宛の弐師城攻略だけに三万人の兵を使用することができた。

弐師城は四〇日の連続攻撃を受けてその外城を失い、籠城していた貴族たちは、王の母寡《もか》を殺してその首を漢軍に送り、大宛の善馬をあたえるという条件で和平を提議した。このとき、大宛の西方では康居が漢軍の動静に注意し、時機をねらって攻撃に出る態勢をみせていたこともあり、李広利は善馬を取って講和することに決するとともに、康居に亡命していた郁成王を殺させた。

このように大宛が漢に屈服したので、烏孫やその他の小国は、あいついで漢に友好を求めることになった。漢軍は母寡の兄弟の蟬封《ぜんふう》というものを大宛王とし、その子を人質として漢に送った。大遠征はこうして目的を達した。大宛以西の諸国も漢との交渉に同意し、以後西域の物資はあいついで漢に流入するようになった。

5　大宛と弐師

大宛＝フェルガーナ説

以上に述べたところから当然に起こる疑問は、いったい大宛というのはどこだということであるが、まえにもちょっと触れたように、やはり、この問題に対する定説はない。しかし中央アジア古代史にとって、これはきわめて大きな問題でもあり、またのちに述べるヘレニズム・クシャン・パルティアなどにも深い関連があるので、大宛と弐師についてすこしばかり述べておきたい。

前四世紀の、アレクサンドロスの東方遠征の限界は、西トルキスタンの東部にとどまった。そこはソグディアナ、すなわち現在のウズベキスタン共和国の北東部であったと思われる。アレクサンドロスの遠征後、およそ二世紀がすぎたころ、漢の武帝の西域進出が行なわれ、その最西端はおそらくソグディアナの東北部にまで達したものと考えられる。そこが大宛の弐師城であった。弐師が烏孫や康居に接していることは、張騫の報告によって明らかであり、したがって、それがソグディアナの大きなオアシス国家であったことも明らかである。

こういう点から、大宛はしばしばいまのウズベキスタン東部のフェルガーナに比定され、大宛の都城である弐師がギリシア人のいうニサだという説がつよい。この説はヨーロッパの東洋学者によって十九世紀の終わりにいい出されたものだが、これには反対説もある。

紀元一世紀のギリシア人地理学者ストラボンは、ニサはヒルカニア、すなわちオクサス(アム)川の南西部にあるといっている。そうだとすれば、ニサはフェルガーナにあったことにはならない。

後代のものではあるが『唐書』には、東曹《とうそう》は「漢の弐師城」であるとみえている。東曹と

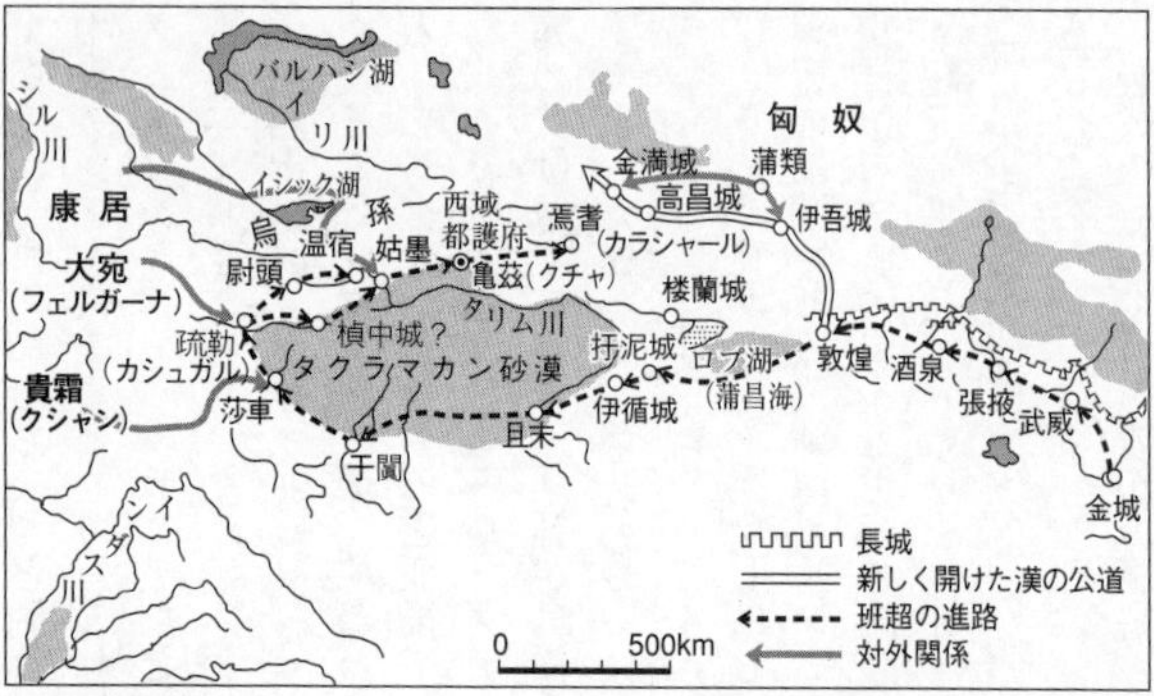

漢と西域

は唐代のサマルカンドに属するオアシス都市の連合体であり、王の都城であって、このオアシス都市はイスラム史家によれば、コージェントからサマルカンドに通じる交通路にあたっていた。すなわち弐師城は、フエルガーナからもっと西のタシュケントの南にあったということになる。しかしこの説は、はるか後代の史料にもとづいているので決定的なものではない。

確証が存在しないばあいには、情況証拠を検討するほかはない。そこでこの立場からもうすこし考えてみよう。

西洋人が弐師をニサ・ニセ・ニケアにむすびつけたがるのは当然である。この地名は、ギリシア神話のディオニソス、すなわち酒神バッカスがニサの女精《ニンフ》たちによって育てられたという伝説からきている。ディオニソスの起源は東方にあるといわれており、それはブドウ酒・樹木・生殖・歓喜の情念などとむすびつけられている。

ニサという地名はいろいろ変化した形、たとえばニシビ・ナイセ・ニシュなどの形で、ヨーロッパ・中近東・中央アジア・インドに広く分布している。しかし、この系統の地名がすべて一つの起源から伝播したものと考える必要はない。この地名の原形をニサとするならば、わずか二音節の簡単なことばなので、偶然の一致が多いともいえよう。

張騫の記述からみれば、弐師は中央アジア西部、すなわち西トルキスタンにあったことは明らかであり、それは付近に多くの中小オアシスをもつオアシス都市であったことも疑うことはできない。弐師の最大の特長は、きわめてすぐれたウマの産地であったので、その飼養には冬ごもりのための山の南斜面と、夏の牧地としての高原が必要であり、水の不足しないところでなければならない。このような土地にはオアシスが多く存在する。

こういう前提に立つと、弐師に比定される可能性をもつ地方は決してすくなくない。北はアラル海・イシック湖からバダクシャン、ヒンズークシ地域にかけて、いたるところに存在する。そこで歴史的な手がかりが必要になる。

まえに述べたように、ニサという地名は、ギリシアの酒神バッカスに関連して有名になったが、バッカス神はブドウとブドウ酒に深くつながっており、また、男性の生殖器を象徴とし、さらには半人半馬のサティールもその信仰儀礼にふくまれている。

こういう点から、ニサという名まえにはブドウとウマの連想がついてまわる。ところが中国の史料によっても、大宛と弐師はウマとブドウから切り離すことはできない。武帝が大宛にあれほどの犠牲をはらって意としなかったのは、その天馬、すなわち汗血馬に異常の執着をもったからでもあった。しかし残念なことには、ウマとブドウとは中央アジア、とくに西トルキスタンでは、いたるところで結合されているので、けっしてフェルガーナだけではない。ことに、ウマとブドウの名産地というだけならば、サマルカンドはけっしてフェルガーナに劣るものではない。

ギリシア人の植民活動とニサ

もしニサという地名だけの比定ならば、中央アジアにはすくなくとも数ヵ所はある。これらの中央アジアのニサという地名は、アレクサンドロスの侵入以前からあった。アレクサンドロスの東方遠征の挿話としてつぎのようなことが伝わっている。

大帝は、おそらくはバクトリアかと思われる地方でニサという都市に入城した。その市民はディオニソス神の信者の後裔だと称していたが、彼らはその証拠として、祖先が木蔦《きづた》をたずさえてきてその地に植えたので、この樹はニサにだけあって他の場所にはない、と説明した。大帝はこの話を聞いて大いに喜び、このオアシスの市民を優遇し、ディオニソス神をたたえる歌をつくって兵士に歌わせた。

この伝説は根拠のないことではない。ギリシア人の植民活動がはじまったのは、おそらく前九世紀にさかのぼり、小アジアや黒海沿岸には植民地が成立し、ギリシア人は、アケメネス朝の建国、すなわち前六世紀の半ばごろよりも以前から、メソポタミアやペルシアにまで進出していた。これらのギリシア人の大部分は商人や工匠であった。ダレイオス大帝のペルセポリス建設には、ギリシア人工匠が重要な役割を演じたといわれている。

前五世紀の初期にはじまるペルシア・ギリシア戦争は、およそ一世紀にわたって断続したが、当時の戦争はあくまでも支配者・権力者のあいだの争いで、戦争中にもギリシア人はペルシアの各地で平常の生活と活動をさまたげられることはなかった。したがって、アケメネス朝の東方領域に移住して、ギリシア人植民地を建設したものもあったにちがいない。アレクサンドロスの東方遠征には、アジア在住のギリシア人も参加している。

このようなことからみて、中央アジアにはアレクサンドロスの遠征以前からギリシア人植民地が存在していたとしても、それはけっして不思議ではない。そうして、このようなギリシア移民が彼らの新しい町をニサと名づけ、ディオニソス儀礼をもちこんだことは、きわめて自然なことであろう。近代においても、移民がその開拓地・植民地に本国の出身地や本国にちなんだ名称をつけることは、アメリカの各地にヨーロッパの地名、たとえばロンドンとか、パリというところが多くみいだされることからも知られる。

右に簡単に述べたように、ニサと弐師の問題の解決には、さらに多くの歴史的・考古学的な資史料が必要であろう。

第三章　遊牧国家の発達

1　バクトリアとパルティア

大遊牧帝国パルティア（安息）

パルティアは、およそ紀元前二五〇年から紀元二三〇年ごろまで五世紀近くにわたって、イラン高原を中心に、西トルキスタンからメソポタミアにいたる広大な地域の覇権を握っていた大遊牧帝国である。

前章でも触れたが、この国は漢代の中国では安息として知られている。安息はパルティアの王室アスカーナあるいはアルサケスの転写である。パルティアという名称は、ローマ人がこの遊牧国家につけたもので、アルメニア語・ペルシア語・アラブ語など、アジアの言語にはこの名はけっして現われてこない。そこで、パルティアの語源については多くの臆説が提出されてきたが、定説はない。

パルティア歴代の王名や年代もまたローマの記録によるものと、アルメニアやシリアの歴史家が伝えるところとでは、大きくくいちがっている。そのため、パルティアの年代はきわめて混乱しており、アレクサンドロスからササン朝までのあいだのパルティア自身の史料はほとんど存在しない状態なので、後世になってこの空白時代を埋めるために歴史が偽造されたものと考えられる。その経緯はつぎに述べよう。

パルティア帝国

アレクサンドロスは前三二三年に死んだ。アルダシルがササン朝を建てたのは、紀元二二六年である。そこで、アレクサンドロスの死からササン朝の建設にいたるまでには五五〇年が経過しているわけであるが、ペルシア人やアラブ人の歴史家は、この期間を二六六年としていた。「アラブのヘロドトス」といわれているイスラムの大歴史家マスウーディは、この年代偽造を看破した。マスウーディの論拠はつぎのようなものである。

ゾロアスター教の開祖ゾロアスターの死後一〇〇〇年たつと、この宗教もペルシア帝国もともに滅亡するという予言が、アルダシルの即位当時、世上に流布していた。ゾロアスターはアレクサンドロスより二八〇年あるいは三〇〇年前の人だとされているから、ゾロアスターからアルダシルまでには、すでに八五〇年は経過している。そうすると、この予言にもとづけば、ササン朝の命脈はあと一五〇年しか保たないことになる。

そこでアルダシルは、この不吉な予言に対抗するために、ゾロアスターからササン朝創立までの八五〇年のうちから約三世紀を抹消して、五六六年しか経過していないことにし、それによって、ササン朝の命脈はまだ四三四年続くということにした。ところが、ササン朝最後の皇帝ヤズデギルド三世は、六五一～六五二年に中央アジアのメルヴで暗殺されたので、この予言は適中したことになる。

このような歴史の偽造と予言の適中は、おもしろい歴史の偶然だといえよう。しかし、三〇〇年もの年代の抹殺を可能にしたのは、さきにも触れたように、パルティアの歴史資料が、その長い年代にもかかわらず、きわめてとぼしいことによると同時に、この当時の記録・文献の類がきわめてすくなく、そのうえ、それらの大部分がササン朝の王室とゾロアスター教僧官の手中にあり、まだ文字が普及していなかったことを示すものであろう。

中央アジア歴史の空白時代

パルティアの起源は、しばしば、カスピ海の東方、すなわちオクサス・ヤクサルテス両川の中流および下流地方に求められている。旧ソ連の考古学者のいうところによれば、この地帯からフェルガーナにいたるまで、非常に多くの巨大な遺跡や人工運河の形跡が、航空写真によってたしかめられている。

この地方の大部分は、現在では砂漠である。砂漠化の原因は明らかでないが、いつのころか急速な乾燥化が起こったのだといわれている。その時期について、旧ソ連の考古学者はなにも報告していない。そして、このような突然の気象的変化はパルティア時代に起こったのではないかと推測されているが、もちろん確証あってのことではない。

スウェーデンの考古学者T・J・アルネは、この古代文明は巨大な地上灌漑施設を建造し、北ヨーロッパのヴァイキングが使用していたものに似た宝石や金属細工をもっていたといっている。しかし、これに類似のものは、パジリク・西トルキスタン・中国漢代などの遺物にもみいだされる。

中央アジアのトルクメニスタンの南部、イランとの国境に近いところにニサという地名があり、そこではパルティア時代の遺跡が、すでに第二次大戦前に発見されている。この遺跡から発掘されたもののなかには、パルティア時代の文書も存在する。第二次大戦後においても、この地方の発掘がつづけられ、一九四八〜六〇年には新たな遺跡が発見された。

この遺跡からは粘土板文書が二〇〇〇片以上も出土したが、これらの記録は前一〇〇〜前一三年のもので、そのうちにはパルティア時代のブドウ園の経営に関する文書もふくまれているとのことである。これらの記録の言語は中期ペルシア語（前二世紀〜後七世紀）で、西南アジアのアラム語の語彙が多くふくまれているといわれるが、この言語の正確な系統はまだ判明していない。

アルサケス王朝パルティアの成立

このように、パルティア人の本拠であったと思われる中央アジアにおける歴史は、一向に明らかでない。しかしこれに反して、西南アジアにおけるパルティア人の歴史、とくに彼らとギリシアおよびローマとの交渉・接触をさぐることは、ギリシア・ローマ・アルメニアの史料によって、ある程度まで不可能ではない。そのうち、中央アジアに関する範囲をつぎに簡単に述べよう。

アレクサンドロスがペルシアに侵入してきたときには、パルティア人はダレイオス三世のもとにギリシア軍と戦ったが、アケメネス帝国が崩壊すると、ヒルカニア（カスピ海南東岸地方）を中心に勢力をつよめてきた。

アレクサンドロスによって建設された大帝国は、彼の死とともに混乱・分裂におちいったが、西方では、前三〇一年のイプソスの戦いでセレウコス朝の権威が確立した。しかし、そのころから以後およそ半世紀にわたる中央アジア西部の歴史はほとんどわからない。

前二五〇年ごろ、パルティアにアルサケスとティリダテスという兄弟が現われて、しだいに勢力を築いてきた。この最初のパルティア統一の指導者は、一説によるとバクトリア人だとされ、バクトリア王朝初代の王ディオドトス一世（在位前二五〇年ころ～前二四五）の支配に不満をいだいて反乱を起こし、パルティアに侵入したものだともいわれる。また、他の伝承によると、アルサケス朝の先祖はアケメネス朝のアルタクセルクセス一世（在位前四六五～前四二四）の血統をひいているとも伝えられている。

これらの伝説は、いずれもアルサケス統の由緒を修飾するためにつくられたもので、歴史的な根拠はない。アルサケスはまもなく戦死し、ティリダテスが王位についた。パルティア王は代々アルサケスと称したらしい。

2　バクトリア王朝

セレウコス朝東端の防壁

前二二三年、大王といわれたアンティオコスがセレウコス朝の王位についた。この若く、有能な指導者は、西方における軍事行動が一段落すると、勃興しつつあったパルティア勢力の西漸を抑えるために、アルメニアを奪取し、ついでメディアの首都エクバタナ（現在のイランのハマダン）を占領した。このときのパルティア王はアルタバヌス（アルサケス三世）であったが、アンティオコスの追撃を避けて東方に退却した。そして、ギリシア軍の急迫を恐れて和平を求め、ここに両者は同盟関係をむすぶことになった。

こうしてパルティアと友好関係にはいると、アンティオコスはさらに進んでバクトリア兵を破り、ここでも講和を受けいれた。ついで彼はヒンズークシ山脈を南に越えてアレクサンドロスの足跡をたどり、インド西北部に侵入して多額の償金を取り、ヒンズークシの南辺をまわって、ペルシアを経由し、ティグリス河畔のセレオキアに帰還した。

前二〇八～前二〇四年のアンティオコスの東方遠征の成功は、バクトリアをアンティオコスに攻撃させ、これを弱体化しようとしたパルティアの成功だといえよう。しかし、アンティオコスがバクトリアを温存させるにいたった理由はもう一つあった。

そのころ中央アジア北部、ヤクサルテス川流域にはスキタイ系遊牧民の侵寇が頻繁になりつつあった。つまり、セレウコス朝にとっては、バクトリアは野蛮な遊牧民の侵入に対するギリシア文明の最東端の防壁だったのである。バクトリア王エウティデモス（在位前二三〇～前二〇〇）は、アンティオコスに対して、バクトリアの弱体化は「ギリシアを野蛮な状態におちいらせる」ものだと指摘したと伝えられている。アンティオコスはまた、シリアとインドとの通商路を確保するには、バクトリアの存続は不可欠の条件であると考えたらしい。アンティオコスの西北インド侵入の目的はこの点にあったものと思われる。

バクトリアが東西交渉の中心地として繁栄の絶頂にあったのは、デメトリオス（在位前一九〇～前一六七）の治世であった。この前後のバクトリアは、南はインド、東は中国、西は西南アジア・エジプト・ローマをむすぶ国際交易に不可欠の中心地であった。そこには、東西の多くの国々からの商人が集まり、あらゆる商品が取引された。

当時すでに、絹は西方文明地域の支配階級にとっては不可欠の物資になっていた。西方からのモスリン、北方からの皮革・毛織物は、ここから東方へ流れた。香辛料・甘味料・金銀・宝石・貴石・ガラス・薬品・金属製品・象牙、その他あらゆる東西の物産がバクトリアを中継市場として取引され、隊商はつねに集まり、そして散っていった。

この時代のバクトラは、エジプトのアレクサンドリア、西北インドのサガーラとともに、世界貿易の大中心地であった。

一方、パルティアの東部でも、ユーラシア北部草原の遊牧民の圧力は、しだいに増大しつつあった。パルティア王アルタバヌスは、国境をさわがす遊牧民の一部族であるトガリ族の討伐に出陣して負傷し、まもなく死んだ。

トガリ人の侵入については、三世紀ローマの史家ユスティヌスがしるしているが、この部族は、前一世紀のアレクサンドリアの地理学者ストラボンがサカ人（スキタイ系）の一部族としてあげているアシイ・パシアニ・サカラウリなどの一つであり、これらの部族はあい前後してヤクサルテス川を越えてソグディアナやバクトリアを侵し、掠奪してまわったものらしい。

トガリ（大夏）によるバクトリアの滅亡

スキタイ系のトガリは、トハリすなわち『史記』の大夏で、中国後代の史料に都貨羅・吐火羅などと書かれている部族に比定されている。トガリは、ソグディアナを本拠として多くのオアシス都市を支配下におくとともに、バクトリアやパルティアにも侵入をくりかえしていたものと思われる。

トガリ人の侵入に対して、バクトリア王ヘリオクレス（在位前一五六〜前一三六）は有効な対抗手段をもたなかった。ヘリオクレス以前のバクトリア諸王は、インドへの侵入によって多くのギリシア兵を失い、また北インド征服後は、その支配のために多くのギリシア人をインドに移住させた。

これらがバクトリアの人的資源を涸渇させ、北方からの遊牧民の新たな侵寇に対する有効な抵抗力を失わせた原因と考えられる。さらには、もともと土着人口にくらべてきわめて少数であったギリシア人は、こうして広い地域に拡散し、土着社会に吸収・同化されていったのである。

こうして、バクトリアのギリシア人は遊牧民のあいつぐ侵寇に対して抵抗することが不可能となり、ついにバクトリアを放棄し、ヒンズークシ山脈を越えて南方に避退したのち、さきに北インドに移動していたギリシア人社会と合体したらしい。

張騫が、大夏すなわちソグディアナやバクトリアを訪れたのは、このギリシア人の撤退からまもなくのころであったと考えられる。

3 クシャン（貴霜）王朝

大月氏と貴霜（クシャン）

月氏は、『史記』によると敦煌《とんこう》と祁連《きれん》山脈のあいだにいたことになっている。敦煌は甘粛の西端、祁連山はその東南にある。月氏がこの比較的に狭小な地域にだけ住んでいたとは考えられないので、これは月氏の領域の東端を示しただけの記事であろう。おそらく、彼らは東トルキスタンの大部分をその勢力範囲として匈奴と拮抗していたものであろうし、西トルキスタン北部の烏孫・大宛・康居とも交渉があったものと推測される。

月氏がどんな民族であったかということについては、十九世紀以来、多くの説があって、トルコ系・イラン系、あるいはチベット系などといわれてきた。

月氏という名称については、月氏は戦国時代から中国の古書にみえる和氏・禺氏・牛氏などと同じことばの転写であるといわれてきたが、後代のいっそう確実な中国の書物にみえる、月氏のことばといわれるものの大部分は、イラン系言語に属するとも主張されてきた。また、月氏は玉（軟玉）の産地を占めていたので、月と玉は発音が似ていることから、玉氏が月氏になったのだ、という説もある。

しかし近来、別の説も出てきた。それは、つぎに述べるように、月氏の子孫である貴霜が西北インドを支配していた時代の彫像には、月の表徴《シンボル》が多くみいだされることから、月氏は月を崇拝のシンボルとしたものだという考えである。

『漢書』には、大月氏は大夏（ソグディアナ・バクトリア）を破ってその地を支配し、五人の翖侯《きゅうこう》があったとみえている。翖侯とは、領主・部族長の意味であろう。つぎに『後漢書』によると、月氏は大夏を五つの国に分けていたが、百余年ほど後代に貴霜の丘就卻《きゅうしゅけき》が他の四翖侯を統一して貴霜王になったとされている。丘就卻はギリシア語のクジュラ・カドフィセスで、カロシティ語のクジュラ・カダファサに当たると考えられる。

なお『後漢書』は、丘就卻は安息（パルティア）軍を破って高附《こうふ》を奪い、進んで濮達《ぼくたつ》と厳《げん》賓《びん》を占領・支配したとしるしている。高附はアフガニスタンのカーブル盆地であり、濮達と厳賓はガンダーラ・スワット・カシュミールをふくむ地域だろうと思われる。

丘就部は八十余歳で死去し、その子、閻膏珍《えんこうちん》が位を継いだ。この王は北インドを征服し、総督をおいて天竺（北西インド）を支配させて富強になったが、その王は貴霜王と呼ばれた。しかし漢では、そのもとの名を使用して大月氏といっていた。閻膏珍はカロシティ語のヴィマ・カトフィサ、あるいはカピシャに当たるとされている。以上がクシャンに関する『後漢書』の記事である。

クシャン＝イラン系説

アフガニスタンのカーブルからヒンズークシ地域の北部に出るあたりに、スルフ・コータルという場所がある。スルフ・コータルとは「赤い岡」という意味であるが、一九五七年、ここでフランスの考古学者D・シュルンベルジェの調査隊が驚異的な発見をした。ギリシア文字で刻された巨大な碑文である。

この碑文は多くの学者によって研究されているが、まだ決定的な結果はでていない。しかし、それが紀元二世紀中葉のものであり、トハラ語に近いイラン系統の言語によって書かれていることは、ほとんど確かだといわれている。もっとも、異論がないわけではない。ある学者は、「スルフ・コータル碑文の言語がトハラ語であるという確証はない。それはこの言語の発見地の地方語であって、クシャンによって採用された言語か、あるいは月氏自身の言語であったかどうか、という点は明らかでない」と主張している。というのは、インドに侵入し、支配したクシャン人は、その碑文ではつねにインドの土語を使用していたからスルフ・コータル碑文もその地方の土語であったろう、というのである。しかしながら、スルフ・コータル碑文の言語が、いわゆる中期イラン語の一種であるという可能性はきわめてつよく、このことばは、パルティア語・ソグド語・ホラズム語・サカ（塞）語などと密接な関係にあるといわれている。それに、このような言語の問題はどうであっても、多量に発見されているクシャン人の像がアーリアあるいはイラン系であることは疑うことができない。すなわち、それらは例外なく長頭・高鼻・深毛で、眼は二重瞼である。

そして現在では、古い学説であるクシャンのトルコ・モンゴル・チベット系説は、ほとんどまったく打ち破られたものといっても過言ではない。したがって、貴霜がイラン系であるとするならば、当然に、月氏もまたイラン系でなければならないということになる。

またクシャンの歴史には不明・不詳の部分が多い。この遊牧民は、ほぼ三世紀にわたってインド北部を支配していたが、この時代の年代に関しては依然として確定的なことはいえない。

クシャン朝諸王のうちで、もっとも有名なのはカニシカである。この王は仏教史上では、マウリア朝のアショカ（阿育）王とともに仏教の偉大な保護者とされ、わが国でも迦膩色迦王としてよく知られており、その即位は紀元七八年だというのが通説である。

しかし、クシャン王朝そのものは、これよりはるかにさかのぼる。大月氏はソグディアナとバクトリアにおよそ一〇〇年間にわたって住み、前三五年ごろまでにはクシャン族の覇権が成立し、オクサス川流域に国を建てていたものと推定される。そのころ、ヒンズークシ山脈地域はパルティア（安息）の勢力下にあったが、クシャンはしだいに強盛になり、この地域の中部からパルティア人を駆逐し、『後漢書』によると高附も占領したという。高附は現在のアフガニスタンのカーブルを中心とする地域である。

その後のクシャンの活動は明らかでないが、カニシカ王が出る前後には、この王朝は分裂状態にあったらしく、それをカニシカが再統一したものと考えられる。

ふつう、クシャン王朝は四つの時代に分けられている。第一王朝は大月氏のもっとも有力な五人の部族長（翖侯）を倒して統一王朝を建て、クシャンと称したころから、カニシカの即位までである。第二王朝はカニシカにはじまり、ペルシアのササン朝によるクシャンの征服までであるが、パルティアを滅ぼしてササン朝が成立したのは二二六年であるから、カニシカの即位はそれ以前のことであろう。第三王朝は三〜四世紀に滅亡し、最後の第四王朝は、五世紀の後半に北方から侵入してきた遊牧民エフタルに滅ぼされた。

クシャン時代の中央アジア

クシャン王朝の心臓部ともいうべき地域は、北はバクトリアから南はヒンズークシ山脈を越えてインド北西部にわたっていた。しかし、これはカニシカ王のクシャン朝の直接支配下にあった地域であって、そのほかに、まだ多少の疑問は残るにしても、さらに広大な間接支配地域、あるいは勢力圏があったものとみられている。これらの地域の北限は、アラル海・

バルハシ湖であったと考えられ、南はインダス・ガンジス両川の流域、東は東トルキスタンの西部、西はオクサス川を越えていたものと思われる。つぎにこれらのうちの中央アジアに属する部分について簡単に記しておきたい。

狭い意味での西域、すなわちタリム盆地の周辺に存在したオアシス都市国家は、前漢（前二〇二～紀元八）のころには三六国であったが、後漢（二五～二二〇）には五五国に増加した。紀元二世紀には、これらのオアシス都市に北西インドからバクトリアを経由して仏教が伝入し、その多くの地方に仏教文化が栄えたことは、二十世紀にはいってから多くの西洋の考古学者たちによって確認された。

クシャン時代には、この地域ではカロシティ文字で書かれたサンスクリット語が文書・記録に使用され、ギリシア・インド、ローマ・インド系の美術、すなわちヘレニズム文化が伝播し、それがさらに東伝して中国に伝入したことはよく知られている。

タリム盆地東南の祁連《きれん》山付近には、月氏が大月氏（貴霜）と小月氏に分裂して以後、小月氏が残留しており、小月氏は前一二一年に漢の有名な将軍霍去病《かくきょへい》によって討伐されたが、クシャン時代においても、まだ甘粛の敦煌からパミール高原にいたる地域には残存していた。しかし、クシャンがその勢力を東トルキスタンにまで拡大した時代に、大月氏（貴霜）と小月氏がどのような関係にあったかは明らかでない。

4　東西交流の進展

クシャン、東トルキスタンで班超に降伏

前漢は紀元八年に滅んで王莽《おうもう》が新という王朝を建てたが、その争乱のあいだに西域は中国の支配を脱した。紀元二五年に劉秀が漢を復興した。これが後漢の光武帝である。光武帝の時代には、まだ国内の統一・整備のために、西域に力を注ぐことができなかった。しかしつぎの明帝になると、匈奴を討つとともに西域経営にも乗り出すようになった。

後漢の西域政策の中心人物は有名な班超である。班超は『漢書』の著者班固の弟であったが、すぐれた武将で、匈奴の討伐に功があり、西域の回復に成功して、九一年には西域都護（総督）に任ぜられた。

班超が東トルキスタン西部のヤルカンド・カシュガルなどの経営に着手すると、当然に西トルキスタンの康居と衝突することになった。このころ康居とクシャンの王室は通婚関係をむすんでいたので、班超はクシャンに使者を遣わして多くの絹や錦を贈った。そこで貴霜の王は康居の王に対して漢と和平するようにすすめ、康居が兵を引いた結果、班超はほぼ東トルキスタン全域を平定することができた。

このようにクシャン王は漢に協力し、友好を示すために、紀元八六年には珍宝・符抜《ふばつ》・師子を贈って、漢の姫をめとりたいと申し出た。ここの珍宝というのは、おそらく宝石・貴

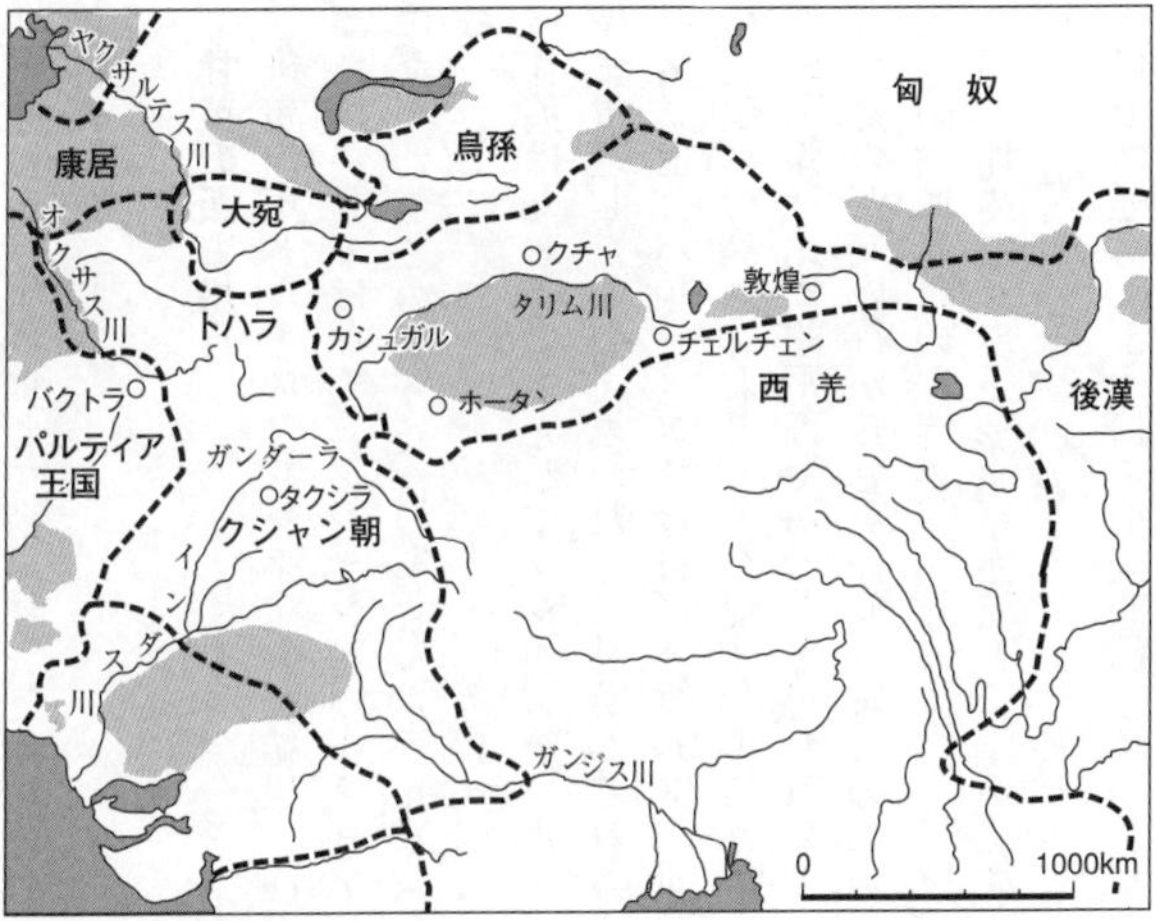

クシャン朝時代の中央アジア

石・金銀器・硝子器などと思われる。師子がペルシア語のライオンを意味することは疑いない。現代ペルシア語でもライオンはシールである。符抜は草原のカモシカの一種で、イラン系の言語でフバルという動物であろうと考えられている。

班超は漢と通婚関係をむすびたいというクシャンの提議を拒否した。クシャン王は怒って、九〇年に副王の謝に命じ、七万の兵をひきいて班超を攻撃させた。謝というのは、もちろんクシャンの人名を漢字で写したものであろう。クシャンの大軍はパミール高原を越えて東トルキスタンに侵入したが、班超はオアシスの防備を厳にしてクシャン軍の糧食の欠乏を待ったので、クシャン軍は降伏した。班超は降伏を受けいれて、クシャン兵が本国に帰還することを許した。

班超はこのようにして西域に三一年の歳月を送り、一〇二年に首都洛陽に凱旋して、その年に死んだ。

甘英の西方旅行

班超が東トルキスタンを平定した結果、漢と西トルキスタンとの交渉がきわめて密接になったばかりではなく、クシャン・パルティアを越えて、西南アジアやインドとの交易も盛んになった。このような情況のもとに、班超の命を受けて西方に使したのが有名な甘英である。

甘英は九七年に出発してクシャン・パルティアを訪れ、メソポタミアをとおって地中海沿岸まで達したものと思われる。甘英がこれらの地域を訪れたときは、クシャンではカドフィセス二世、パルティアではほぼパコルス二世のころであるが、この時代のパルティアは三つの王朝に分裂しており、その歴史は明らかでない。しかし、このころのパルティアとローマとの関係は比較的平穏であったと思われる。

張騫の西域旅行から甘英の旅行までのあいだには、およそ二〇〇年以上が経過している。張騫の西域旅行の限界は、おそらくソグディアナ・バクトリアをその西端としたものであろうが、甘英はクシャン領を通過し、すくなくともメソポタミアには達したものと考えられる。

以上に述べたように、前後四〇〇年のクシャン朝の歴史には不詳・疑問のところがすくなくはない。しかし、この王朝が中央アジアの全歴史を通じて、きわめてユニークな存在であったことには、なんの疑いもない。遊牧民が定着の農耕社会を征服して広領域帝国を建設したという点だけならば、クシャン朝よりも二百数十年も古いパルティア帝国がある。しかし文化史的にみるならば、パルティアはアケメネス朝の古代ペルシア文明とセレウコス朝のヘレニズムを破壊こそしたけれども、文明に貢献した点はほとんどないにひとしい。ところが、クシャンのばあいはそうではなかった。

クシャンは、ヘレニズムすなわちギリシア・ローマ文明・インド文明・中国文明が交錯する中央アジアのほぼ全土をその領域に収め、しかもその根底に異質的な北ユーラシアの遊牧文化をもつという複雑な構造にもかかわらず、安定した大帝国の建設に成功した。ながい期間に盛衰はあったにせよ、この遊牧民の帝国が四世紀にわたって生命を保ち、高度の文化を造成したことは、世界史上でも稀有な例だといわなければならない。

クシャン帝国は、仏教文化の伝播においてきわめて重要な役割を演じた。仏教はクシャンの膨張にともなって四方に流伝したが、とくに東方へ向かってはタリム盆地周辺を経て中国にはいり、その余波は、後代に朝鮮・日本にまでおよんだ。

クシャンを仲介とする文明の伝播は、仏教文化だけではなかった。それはインド・ペルシア・中国および間接的ではあったが、ローマとの接触・交流によって、紀元一世紀から数百年にわたって、当時の文明社会における文物の国際化にきわめて重要な地位を占めた。

東西海上航路の開発

紀元前後には、インドとローマとのあいだには、すでに数本の東西交易の陸路が確立し、中国の絹は、中央アジア・ペルシア・メソポタミア・小アジアを経由するこの交通路によってローマに流れていた。ところがパルティア遊牧帝国が成立し、ローマと西南アジアの覇権の争奪が激化するようになると、アジア大陸横断の通商路はしばしば切断され、東西貿易が杜絶することがあった。

そこでヨーロッパからエジプトを経由し、紅海およびペルシア湾を通ってインド半島の西岸に達する海路の開発が行なわれるようになった。この海上交通路が陸路とともに東西貿易の幹線として使用されるためには、モンスーン（季節風）についての知識が不可欠の条件であった。

貿易風といわれるモンスーンがローマ人に知られるようになったのは、前一世紀のことと考えられるが、ローマとインドをむすぶ海上貿易が盛んになったのは紀元一〜二世紀からのことで、ローマの貿易商人の船隊はアラビア半島の港とインドのマラバール海岸とのあいだを、このモンスーンを利用して往復していた。すなわちローマの航海者たちは、毎年七月あるいは八月に出帆して、約四〇日でマラバールの海港に到着し、帰りは一二月あるいは一月に出港することにしていた。南インドでは多量のローマ貨幣やローマ製の陶器・青銅器・ガラスの破片などが発見されているが、このことはローマ人がインドの海港に貿易基地をもっていたことを示している。

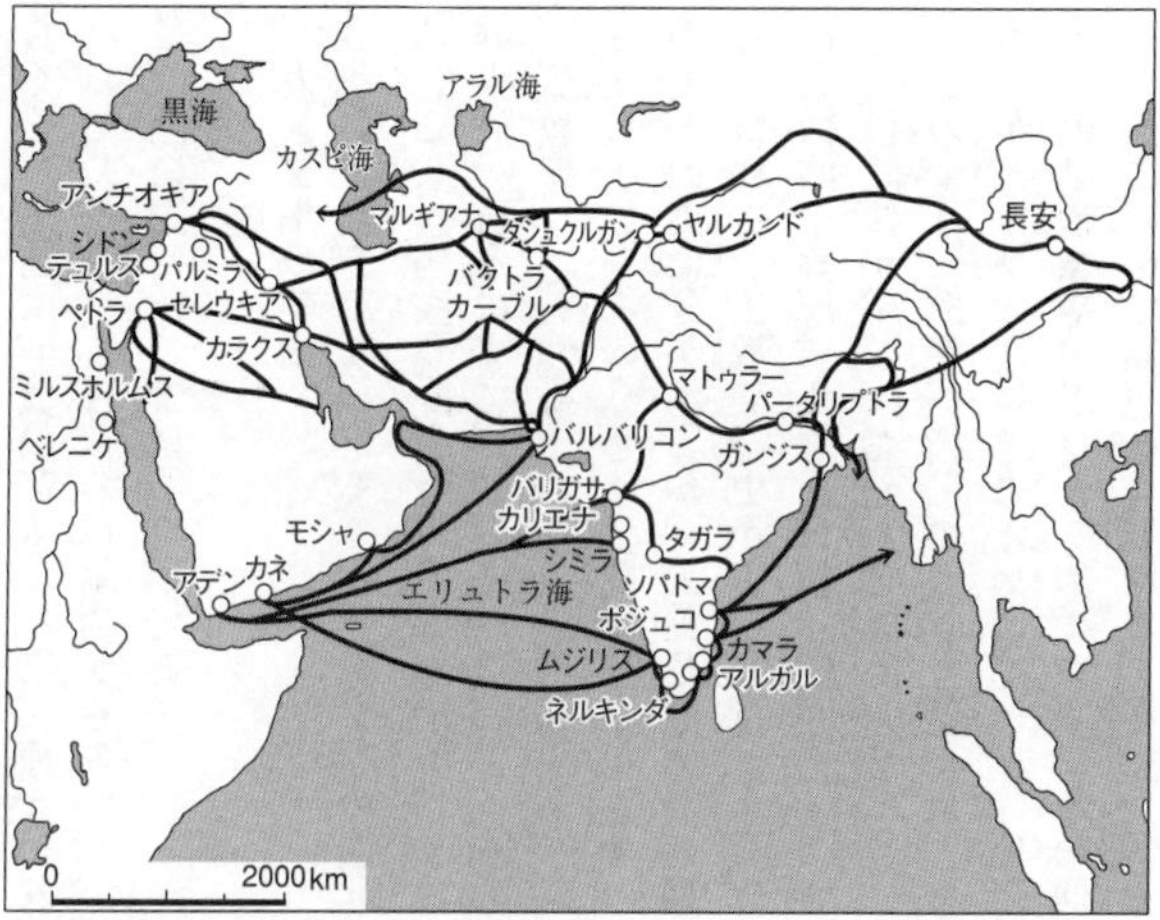

古代の海上交通

この貿易がいかに繁栄していたかということは、紀元一世紀の著作といわれるギリシア語で書かれた『エリュトラ海周遊記』という一種の貿易案内書が作成されたことによっても察知できるであろう。エリュトラ海とは紅海のことであり、この書物の著者はおそらくエジプト在住の商人であろうが、紅海からペルシア湾・アラビア海・インダス川にわたる当時の経済事情を詳細に記述している。

ついでであるが、後漢の桓帝の時代（一六六年）には、大秦王安敦が使を遣わして、象牙・サイの角《つの》・玳瑁《たいまい》（ウミガメの甲羅）などを朝廷に奉献した、という記事が『後漢書』にみえる。

大秦国とはローマのことである。安敦はローマ皇帝アントニヌス・ピウスだろう。この皇帝は一六一年に死んでいるが、おそらくそれ以前に、貿易商人に托して献上品を後漢の朝廷に贈ったものが、皇帝の死後に届いたのであろう。これらの貢献物からみても、使者は紅海から海路でインド・東南アジアを経て中国に達したことは明らかである。

ガンダーラ美術

ガンダーラとは、いまのパキスタンの西北端、ペシャワールを中心とする地方の古名である。この地方でクシャン時代に成立・発達した仏教美術が、中央アジアに伝播し、中国・朝鮮半島・日本にまで影響したことはよく知られている。

仏教は、その起源においては、宗教というよりはむしろ哲学といったほうが当たっている。しかし、そのうちに仏陀崇拝がはじまって宗教の形をとるようになった。仏教はのちに小乗と大乗に分かれるが、大乗仏教の最盛期はだいたい紀元二世紀、すなわちクシャン時代といわれる。仏教美術史からみれば、小乗と大乗のちがいは、前者には仏陀像はなく、それは象徴的な表現、たとえば椅子・足跡・天蓋などによって表わされている。ところが、大乗では仏陀像が中心におかれるようになった。

このような造型美術上の大きな変化は、カニシカ王とその大帝国の財力によって可能になったが、インドにはそのための造形上の原形と、その製作技術がとぼしかった。そこで、ローマの皇帝像やアポロ・ミネルヴァ、その他の神々、花飾りなどを原形とする彫刻が、ガンダーラにおいて発生・発展することになった。

ガンダーラにおいてこのような仏教美術が成立することになった重要な条件の一つは、この地方に、かつてギリシア人のバクトリア王国が存在しており、したがって西方のローマ文化を受容する素地がそなわっていたということである。しかし、ガンダーラ仏教文化の成立の直接原因が、ローマとの交流にあったことはいうまでもない。

すでに述べたように、東西貿易上、ローマ帝国のもっとも重要な基地はエジプトのアレクサンドリアであった。そして、現在知られている範囲では、この東西貿易のもっとも重要な市場の一つがガンダーラであったものと思われる。これは、タキシラから出土した地中海沿岸のアンフォラ（壺）、エジプトやシリアのガラス器、エジプトの青銅像、ディオニソス（バッカス）神の銀像頭部などからも知られる。

ローマの商品は、おそらくインダス河口の港で揚陸されて、ガンダーラに送られていたものであろう。これらの商品の一部はさらに北へ運ばれ、アフガニスタンのカーブル盆地の北部にあったベグラム、ヒンズークシ地域のスルフ・コータル・バクトラ・クンドゥツなどを経て中央アジアに流入したものと思われる。

前三世紀から北東アジアで猛威をふるっていた匈奴は、前漢と後漢という強大な帝国のあいつぐ攻撃によってしだいに衰えはじめた。前漢の西域政策の目的は、この地域のたんなる軍事的占領にあったのではない。むしろ西域のオアシス諸国家に圧力を加えて、匈奴に対する物資の供給を阻止すると同時に、さらに西方の地域とのあいだの交通・通商路を確保するというねらいであった。この政策は後漢によっても継承されて、東トルキスタンには漢勢力が確立され、また西トルキスタン以西への交通路も打通された。

5 中央アジア遊牧勢力の成長

遊牧国家の武力的優越性——騎馬兵力

まえにも述べたように、定着社会とちがって、遊牧社会の経済は、それ自身で完結的なものではない。それは、なんらかの手段で定着社会との物資の交流をもたない限り、生活水準を維持・発展させることはできない構造をもっている。それゆえ、遊牧社会としては、農産物と手工業品を畜産物と交換するか、あるいは武力による掠奪を行なうほかない。しかし、いっそう確実な手段は、定着社会を征服・支配することによって組織的に収奪することであった。

西トルキスタンにおいては、クシャンは定着社会を征服して広領域国家を建設することに成功した。それ以前のペルシアにおけるパルティア人も、同じようなパターンをもつ遊牧国家であった。

西方におけるこのような遊牧社会の武力的優越の重要な原因の一つは、自然的条件にあった。すなわち、乾燥地帯は騎馬兵力に大きな機動力をあたえる。多くの遊牧部族が有能な指導者によって統合されるならば、広範囲に散在するオアシス都市を分断、支配することは、それほど困難な事業ではなかった。

ところが、匈奴対漢のばあいは、これとは異なっていた。北中国でもその年間降水量は五〇〇ミリ以上で、その南は黄河・淮河・揚子江そのほか水量のすこぶる豊富な河川に恵まれ、連続した灌漑農業地域であり、したがって、その人口も巨大であった。

こういう地域が政治的に統一され、その人的・物的資源が動員されるならば、人口量が過少で、しかも相対的に不安定な社会・経済構造をもつ遊牧民が、これに有効に対抗できないことは明らかである。匈奴のように人口のすくない民族が中国を軍事的に苦しめることができた重大要因は、兵数はすくないが機動力が大きいという点にあった。

戦争の勝敗を決するものは、動員できる兵員の総数ではなく、主戦場に短時間で集結できる兵力の大きさである。そして戦場に集結できる兵力の多寡は、機動力の遅速による。また、軍隊の機動力はその軍隊の各構成部隊のうちで、もっとも機動力のおそい部隊によって決定される。

ところが、漢軍の主力はもちろん歩兵で、騎兵は補助的部隊にすぎなかった。それでは、当時における歩兵と騎兵の機動力には、どのぐらいの差があったろうか。

さいわいにして、紀元一世紀のパルティアの場合の騎馬の長距離スピードについての記録が残っている。ゴタルゼスが王位についたとき、その兄弟のヴァルダネスは貴族たちに擁立されて王位を奪うために急行した。そのときヴァルダネスは、約五五〇キロの距離を二日間で走破した。このような騎馬スピードは、むしろ稀有な例だとはいえるが、けっして不可能ではない。おそらく、アケメネス朝時代の道路網の、すくなくとも一部は、パルティア時代にも維持されており、ヴァルダネスはこれを使用したものと思われる。

このような速度を出すことができたのは、当時パルティアがすでに鉄器時代にはいってお り、蹄鉄が使用されていたことによるものであろう。これとほぼ同時代のローマ皇帝ティベリウスにも、一昼夜に約二五〇キロを走破したという記録がある。

漢の騎馬兵力の増強と匈奴帝国の崩壊

第一章で述べたアルタイ地域北西部のパジリクの出土品には鉄器がみられるし、中国では前五〇〇年前後に、すでに鉄器が使用され、漢代にはかなり一般化されていた。匈奴が西トルキスタンあるいは中国との接触によって、早くから鉄器を使用していたことも明らかである。ただし、蹄鉄に使っていたかどうかは明らかでない。

しかし蹄鉄の有無は別として、漢が匈奴の機動戦術に悩まされたことは事実で、匈奴は漢の兵力が圧倒的優勢なばあいには退避して戦わず、漢の形勢が不利と見たときは攻撃に出た。すなわち匈奴の戦術は、「利あれば進み、利あらざれば退く」という『漢書』の記事のとおりであった。

このような匈奴の機動戦術に対して、機動力の劣る漢軍はついていくことができず、したがって、徹底的、潰滅的な打撃を加えることは容易ではなかった。さきに、漢の武帝が大きな犠牲をかえりみず、大宛の善馬を求めた重要な理由の一つが、漢の騎兵力の向上にあったことは疑いない。

こうした武帝の積極的な対匈奴策は、漢の国力の充実とともに、しだいにその効果を挙げ、匈奴の勢力下にあったオルドス（黄河の北方への大湾曲部）、甘粛などから匈奴を駆逐することができた。宣帝（在位前七四～前四九）のときには、匈奴に内紛が起きて、その西方の王である日逐王が漢に降伏してきた。それに加えて、匈奴の東の烏桓・鮮卑や、北の丁零などという遊牧部族が匈奴を攻撃するようになり、匈奴の勢力にはいちじるしい後退がみられた。このようにして、ついに匈奴は東匈奴と西匈奴に分裂し、東匈奴王の呼韓邪《こかんや》単于《ぜんう》（単于は王のこと）は事実上漢に服属し、漢の力を借りて西匈奴の郅支《しっし》単于を攻めて、これを西トルキスタン北部に駆逐した。

前漢の末から新朝を経て後漢の建国にいたるまでの中国の内乱時代には、匈奴もやや勢力を回復したが、後漢になると和帝のときに将軍竇憲《とうけん》を遣わして北匈奴を討ち、九一年にはモンゴリアにあった匈奴の本拠を覆滅した。この打撃によって、国家としての匈奴は瓦解し、民族としては諸方に分散・吸収されてしまったらしい。

四～五世紀にヨーロッパに侵入して、全土を震撼させた、西洋でいうフン族は、西方へ逃れた匈奴の子孫だという説もあるが、これには確証はない。

ササン王朝の勢力範囲

二二六年にパルティアが滅んで、ペルシアにはササン朝が成立した。

パルティアは部族的封建制ともいうべき体制をもち、部族を単位とする多くの集団の連合体であった。したがって、その国家構造は、アケメネス朝のような中央集権的絶対君主制とはいちじるしく対照的なものであった。ササン朝はこのようなルーズな構造をもつパルティアとは異なって、専制君主をピラミッドの頂点とするアケメネス型の国家であり、アケメネス朝の皇帝以上に絶対専制的であった。ササン朝建国の目標は、野蛮・未開な外国出身のパルティア人を駆逐して、栄光あるペルシア帝国を復活することにあったが、こうして成立したササン王朝は、アケメネス以上に皇帝の絶対性、すなわち皇帝神権説にもとづく体制をとったのである。

ササン朝は偉大なペルシア帝国の復活と称したが、その領域においてはアケメネス朝にはおよばなかった。アケメネス帝国の最大の版図は、西方では黒海の西方・エジプト、東方ではアラル海からインダス川流域にまで達していた。これに対してササン朝は、西方ではメソポタミアは維持したが、地中海沿岸・エジプト・黒海地方までは進出できず、東方でもクシャンを服属させるにとどまった。

中央アジアの統一へ

クシャンはカニシカ王以後しだいに衰え、五世紀にはエフタルに滅ぼされた。エフタルは中国の史書には嚈噠《えんたつ》そのほかの文字で転写されているが、『魏書《ぎしょ》』によると金山（アルタイ山脈）から出てきたといわれている。しかし西方の史料によると、バダクシャンに住んでいた遊牧民だという。バダクシャンはパミールとヒンズークシの交錯点にある大高原地帯であ

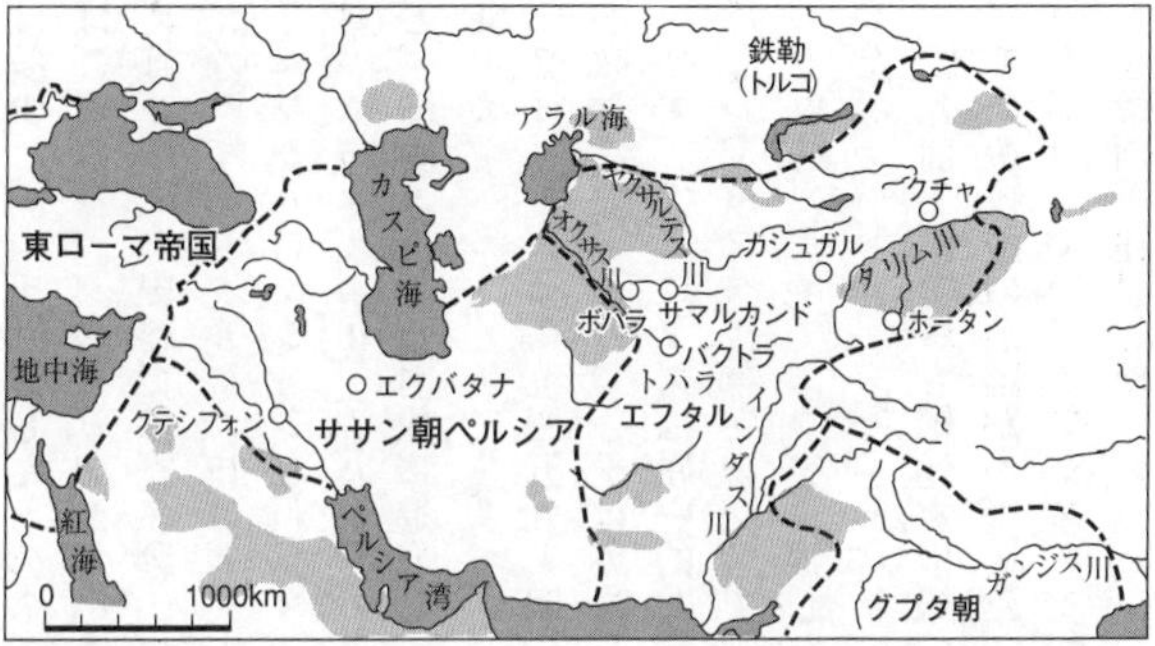

ササン朝とエフタル

るが、ウマの牧地としては中央アジアにおいても、もっとも好適な地だといわれている。

『魏書』は嚈噠を、大月氏と同じで、蠕蠕《ぜんぜん》・高車などの諸胡とは言語が異なるといっているが、これだけでは嚈噠がどんな民族に属するかわからない。他方、西方の史料では、エフタルは白いフン族とされている。その風俗・慣習などについても多少の記述はあるが、これらの史料だけで民族・人種を決定することはできない。

エフタルに関して確実だといえることは、それが中央アジアのイラン系遊牧民だということだけであろう。現在でも、バダクシャンからクンドゥツにかけてヤフタリという種族が住んでいるが、ヤフタリはエフタルにちがいない。また、貨幣にみられる彼らの風貌はイラン系と思われる。

クシャンはササン朝の圧力に屈して、三世紀の半ばごろにはその附庸国のような状態になったが、メソポタミアをめぐるローマとの抗争の激化は、ササン朝の東方政策にゆるみを生ずることになった。その機会にクシャンは多少は国力を回復したものの、こんどは北東からのエフタルの圧力が増大し、五世紀の半ばごろには、バクトリアから駆逐されてしまったらしい。クシャン朝最後の王キダラの名まえは、中国の史料では寄多羅・車多羅などとして現われ、魏とも通交したが、その子の時代になってエフタルに滅ぼされてしまったものと思われる。

エフタルはクシャンに侵入するとともに、カスピ海南東のササン領に攻撃を加えた。それはバフラーム五世（在位四二〇～四三八）時代のことで、バフラームは侵入の報に接すると、即時エフタル討伐に進発した。エフタルは不意を衝かれて敗走し、オクサス川北方に遁走した。

フィローズ（在位四五九～四八四）の治世になると、ササン朝東北辺境のエフタルの活動が激しくなったので、王はカスピ海東北に遠征してエフタルと戦った。しかしこの遠征は成功せず、フィローズは屈辱的な講和をむすばざるをえなかった。王は四八三年に再び遠征を行ない、エフタル軍との交戦で戦死した。しかし六世紀にはいると、強大なササン朝のあいつぐ攻勢によってエフタルはしだいに衰退し、五一三年には、この遊牧帝国は崩壊してしまった。

紀元前三世紀から紀元六世紀の初頭まで、サカ・パルティア・月氏・エフタルと、中央アジアの遊牧民の活躍がつづいた。これらの遊牧民は有能な指導者によって統一されると、その軍事力によってオアシスを支配下におき、遊牧経済と農耕経済を結合することによって強大な帝国を建設した。

しかし、まえにも述べたように、中央アジアはその中央に横たわる険峻な大山脈によって東トルキスタンと西トルキスタンに分断されており、その交通はけっして容易なものではなかった。このような地勢的制約によって東西二つのトルキスタンを一つの勢力が統一、支配するということは困難であった。

とはいえ、スキタイ以来の遊牧勢力は時代の経過とともに成長をつづけ、その威力は時代が降るにつれていっそう強盛になりつつあった。このような形勢に乗じて中央アジア全体の覇権を握ったのが突厥《とっけつ》である。

第四章　シルクロード

1　その地理と歴史

東から「絹の道」・西から「黄金の道」

シルクロードということばは、十九世紀のドイツの有名な地理学者フェルディナント・フォン・リヒトホーフェンが、その大著『シナ』で使ったのが最初であろう。しかしこの名称が一般的になったのは、この大地理学者の弟子で、中央アジア探検家として著名なスウェン・ヘディンが、その探検記の一つに『シルクロード』という題名をつけてからである。シルクロードとは、はじめはもっぱら、東トルキスタンを東西に走る交易路を意味していたものだが、現在では、中国から地中海東部沿岸に達する東西貿易路の全体を指すようになった。

狭義のシルクロードには、中華人民共和国の新疆ウイグル自治区の中央にあるタリム盆地のゴビ砂漠の北辺をまわる北道と、南辺をとおる南道とがあり、この交通路によって、古代の中国と西方の文明圏とのあいだの貿易、文化の交流が行なわれていた。

タリム盆地とロプ湖

この古代の交通路については、もっとも古くは、アレクサンドリアの地理学者プトレマイオス（二世紀）が記述している。シルクロードについてこの地理学者は、テュロスのマリノスから引用しており、マリノスはまた、当時の貿易商人マエス・ティティアノスから伝聞した。

プトレマイオスの記事によれば、この東西通商路は、地中海東北岸のアンティオキアからメソポタミアのヒエラポリスを経てパルティア領にはいり、パルティアのエクバタナ（現在、イランのハマダン）・ラゲス（テヘラン南方）・ヘカトンピュロス（？）・メルヴ（トルクメニスタン南東部）・バクトラ（アフガン・トルキスタン）などを経由して中央アジアに達していた。

中国人のいう西域を横断する主要な交通路には、天山山脈の北側を通る天山北路と、その南側を経由する天山南路の二つがある。北路は甘粛の嘉峪関《かよくかん》を出て北西に道をとり、ハミ（伊吾盧《いごろ》）・トルファン（高昌《こうしょう》）・ウルムチを経由してイシック湖方面に達していた。この交通路は途中でトルファン、ウルムチから南西に向かって分岐していたが、これが天山南路と呼ばれている。

南路はさらにタクラマカン砂漠の北辺に沿って西へ向かう北道と、この砂漠の南辺をとおる南道とに分かれ、カシュガル（疏勒《そろく》）で合してパミール高原北部の地峡を経由、西トルキスタンにはいっている。これがフォン・リヒトホーフェンやスウェン・ヘディンのシルクロード、すなわち狭い意味でのシルクロードである。

シルクロードは、カシュガルから西方へ向かってふたたび二本に分岐し、北西路はフェルガーナ・ソグディアナに達し、さらにアラル海・南ロシアまで通じていた。これに対し、南西路はバクトリア・クシャン・パルティア・シリア・ビザンティウムと、他方ではトハラ・バクトリアを経由してインドに達していた。

このように、カシュガル経由のシルクロードはパミール高原で連絡していた。プトレマイオスによると、この東西の接触点には「石の塔」があり、そこで東西双方からの隊商が出会い、絹を主要商品とする交易を行なっていた。

このパミール高原の峡谷にあった「石の塔」の所在は、西方へ流れるアム川と、東方へ向うキジル川の河源付近であったと考えられる。現在も、アフガニスタンの北東部のワッハン峡谷とヤルカンド川とのあいだに、タシュ・クルガンと呼ばれる巨大な岩盤上につくられた町がある。タシュ・クルガンとは「石の岡（塔）」という意味である。アレクサンドリアの古代の地理書にみえるイセドン・スキュティカ（スキタイのイセドン）は天山北路方面、イセドン・セリカは天山南路から中国西部を意味するものかと思われる。

シルクロードということばは、狭い意味に使っても、広い意味に使ってもさしつかえはないだろうが、シルクロードという以上は、絹を主要な商品とする貿易路を意味するはずである。そうだとすれば、すくなくともシルクロードの中心部分は天山南路であったといってよい。

一方、西方から中央アジアに達する交通路は、シルクロードよりもはるかに古くから存在したらしい。古代メソポタミアのアッシリア人は、黄金を獲得するために中央アジア北部への交通路をひらき、これを「黄金の道」と呼んだと伝えられている。

中央アジアの乾燥化説

現在のホータン（和闐）は、漢代や唐代にはヨクタン（于闐《うてん》）といわれていたが、その町の所在は現在とはちがって、もっと北の方であった。ホータンの位置が異なっていただけではない。南道の東西交通路そのものが、現代のそれよりもかなり北をとおっていた。于闐の遺跡をはじめ、東へ向かって、ニヤ・チェルチェンその他の、大小さまざまのオアシスもまた、その廃墟はみな北寄りにみいだされる。

このような事実によって、歴史時代にはいって以後、タクラマカン砂漠が南へ移動したものと推測した学者がある。これは一種の気象変動論である。具体的にいえば、中央アジアの乾燥化説である。

中央アジアの乾燥化説を理論的にはじめて構成したのは、アメリカの著名な地理学者エルスワース・ハンティングトンである。一九〇三～〇六年にわたり、この地理学者は中央アジアを広く旅行して調査を行ない、多数の資料によって、文明と気象を連結する一種の文明史論を発表した。彼の『アジアの脈動』は広く読まれたが、中央アジアの気象の長期的変動と歴史に対するその影響に関する彼の説の概要は、つぎのようなものであった。

(1)アラル海とカスピ海の水位の下降。

(2)湖沼および河流峡谷の台地化。

(3)農業の衰退と人口の減少を示す多数の遺跡の存在。

ハンティングトンは、カスピ海の水位低下は西トルキスタン西部における地方的な現象ではなく、また、一時的なものでもないとし、これは中央アジア全体における一般的な乾燥化への傾向を示すものであり、同時に循環的な現象であると主張した。

ハンティングトンは、東トルキスタンにおけるタリム盆地・トルファン盆地・ロプ湖地方にも、その乾燥化説を適用したが、これに対しては、中央アジアの専門家として有名なオーレル・スタインやスウェン・ヘディンは別な立場からみた反対論を提出した。

スタインは、歴史時代の遺跡に関する限り、オアシスの水源におけるある程度の水量の減少はみられるが、有史時代に長期的で大規模な変動があったという証拠は発見されないと述べている。むしろ反対に、過度な水量による灌漑水路の荒廃があった、といっている。

スタインの観察が正しいことは、乾燥地帯における灌漑の実際を知っている人びとにとっては明らかである。中央アジアの灌漑水路は、それが地上水路（ジューイ）であろうと、地下水路（カレーズ、カナート）であろうとを問わず、もっとも重要な問題は沈澱物と氾濫であって、そのために、水路が変化したり、破壊されたりする点にある。その防止のために、灌漑水路はつねに、じゅうぶんに整備されていなければならない。そうして、灌漑整備をさまたげる最大の要因は、つねに政治的不安定であったことを知っておく必要がある。

東トルキスタンにおける逓増的乾燥化の理論に対しては、一生を中央アジアの地理学的研究にささげたスウェン・ヘディンもつよい反対論を述べている。彼によれば、東トルキスタンのような広大な地域に存在する河川や湖沼の水量になんらかの変化をもたらすためには、非常に長い時間を必要とする。中央アジアに乾燥化の傾向があることは否定できないが、それは歴史的時間のような短い時間の問題ではありえない。このように主張している。

東トルキスタンにみられる多数のオアシス遺跡は、ハンティングトンのいうような自然の乾燥化現象を原因とするものではなく、むしろ政治的・社会的な原因にもとづくと考えるべきであろう。ついでながら、ヘディンがその最後の中央アジア探検（一九二七〜三五年）で確認した「さまよう湖」ロプ湖の移動の原因は、タリム川下流における沈澱物の堆積による河床隆起であった。

砂漠の廃墟は語る

高峻な北の天山山脈と南の崑崙《こんろん》山脈とのあいだにはさまれたタリム盆地の大部分は、タクラマカン砂漠とロプ砂漠によって占められ、遊牧に適した草原はむしろすくない。しかし、これらの大山脈から流れくだる内河の水量は豊富で、そのために、砂漠周辺には多くの肥沃なオアシスが成立した。

　東西に長く、南北に短いこの楕円形盆地の北部には、パミール高原に源をもつタリム川が西から東へ流れ、その末端はロプ湖に注いでいる。盆地の南半分には、このような大きな河流はないが、しかし崑崙山系から北へ流れくだる河水はすくなくなく、西部のヤルカンド川はタリム川と盆地内で合流する。ヤルカンド川から東へは、崑崙から直北に流れくだって砂漠中に消える多くの河流があり、その流域には大小多くのオアシスが散在している。

　タリム盆地南道のオアシス地帯にあっては、東部から西部へ向かうにつれて、オアシスとオアシスとのあいだの距離は短くなる。ということは、西になるほど南方の高原から流れくだる河水の量が多くなるということである。東部における大きなオアシスから、その西にあるつぎのオアシスまでの距離は、一〇〇キロ以上に達するものもある。しかし西に進むにしたがって、オアシス間の距離はちぢまり、大型オアシスでも、そのあいだの距離は三〇キロ前後になる。

　このような情況は、南道が隊商路としてきわめて好適であることを意味する。そのうえ、パミール越えは、中国西北部と西方の文明地帯をむすぶ最短の交通路であったから、南道が東西の通商と文化の伝播において大きな役割を演じたのも、まことに当然である。これは、つぎに述べるように、タリム盆地に多く発見された廃墟によって証明される。

　まえに触れたギリシア商人マエス・ティティアノスの貿易カラヴァンも、インドやクシャンの敬虔な仏僧たちの多くも、カシュガルからヤルカンドやホータンを訪れたにちがいない。ヨクタン（古代のホータン）の遺跡において、オーレル・スタインは、東ローマ皇帝ヴァレンティニアヌス一世（在位三六四〜三七五）の貨幣を発見し、また、ホータンの東のラワックでは、ガンダーラ式仏像や、ギリシア・ローマ的な華麗な壁かけを発掘した。

ホータンの東方一〇〇キロあまりのところにあるニヤの遺跡は、三世紀のすえごろに放棄されたオアシス町であるが、ここではローマの印章やカメオ石の彫刻などとともに、インド・スキタイ貨幣が発見されている。さらに東方の、ロプ湖の南西にある有名なミーランの遺跡は、漢代の鄯善《ぜんぜん》の都であるが、ここでは見事なギリシア・ローマ式フレスコが発掘され、仏陀や翼をもつ天使などがあり、それらは三〜四世紀のものである。

北道においても、クチャ（庫車）・トルファン（吐魯番）付近その他に存在する、この時代の遺跡はすくなくない。そこで、つぎに仏教伝入の初期の状況について述べよう。

2　仏教伝入の初期

二世紀半ばの西域の僧たち

いつ仏教が中国に伝入したかということについては、かつては後漢の明帝の永平一〇年（紀元六七年）といわれていたが、前漢の哀帝の元寿元年（前二年）だとされるようになった。とにかく、その伝入は紀元前後であったと考えてよいであろう。また、仏教の伝播がシルクロードによって行なわれたことは、さきに述べたような遺跡・遺物から明らかであるが、それでは仏教そのものは、どのようにして西域に伝入したのであろうか。

後漢の桓帝の建和二年（一四八年）ごろ、パルティア人仏僧が漢の宮廷を訪れた。この人はパルティアの王子であった。パルティアは中国では安息として知られていたので、この王子は安という姓を賜わり、名を世高と称した。

安世高は洛陽に住んで、主として小乗の経典を漢訳して布教したが、この高僧の所行については伝承的な要素が多く、たしかなことはわからない。その生没年も不詳であるが、彼が事実上、中国仏教の開基者であることは疑うことができない。

二世紀の半ばごろといえば、パルティア時代の末期で、トルキスタンから北インドにかけては、クシャン（貴霜）朝の支配下にあって、仏教の興隆時代であった。おそらく安世高はパルティアの東方領の人で、仏教に帰依したものと思われる。

安世高からすこしおくれて、支婁迦讖《しるかせん》という僧が洛陽にきて大乗の経典を翻訳した。この僧は大月氏の人だといわれているから、クシャン人であろう。

安世高や支婁迦讖のような人たちは、中央アジアから中国にきて、仏教史上に名を残したが、西方の仏僧で、そのまま中央アジアにとどまった僧がさらに多かったことはいうまでもない。安世高はパルティア人、支婁迦讖はクシャン人であるが、仏教史上でいっそう有名な鳩摩羅什《くまらじゅう》（クマラジヴァ）はインド人である。

クマラジヴァと僧法顕

鳩摩羅什は略して羅什として知られている。羅什の先祖はインド人で、亀茲《きじ》に住み、亀茲国の高官になった人もある。彼の父は敬虔な仏教信者で、世俗を捨てて僧になろうとしたが、亀茲王はその才能を愛し、その妹を妻としてあたえてこれをとどめた。この結婚によって生まれたのが羅什である。羅什の母は彼をインドに送り、カシュミールで修行させた。

羅什は、修行を終えて故郷亀茲に帰る途中、カシュガルに一年間滞在したが、当時のこのオアシス都市では仏教がきわめて盛んで、国王は羅什にその国にとどまることをつよく望んだ。しかし、彼はこの要請を謝絶して、亀茲に帰った。

このころ、中国は五胡十六国の時代で、国内は辺境民族の侵入によって四分五裂していたが、仏教はすでに相当浸透し、とくに上流階級では尊崇するものもすくなくなかった。『晋書』によると、西晋の武帝（在位二六五～二九〇）の時代に、亀茲王はその王子を晋に遣わして宮廷に仕えさせた。

当時の亀茲、すなわち現在のクチャは繁栄したオアシス都市国家で、三重の城壁をめぐらし、王宮は壮麗をきわめていた。市内には一〇〇〇以上もの寺院や塔があり、農耕と牧畜と手工業を営んでいた。その風俗は、男女とも前髪を短く切り、後髪を垂れている。やがて、チベット系の前秦が興ると、その王苻堅《ふけん》は呂光に七万の大軍をひきいさせてクチャを攻め、その王の白純をくだした。

鳩摩羅什は、このとき中国にいたものと考えられるが、この時代の西域の歴史には不明・不詳の点が多く、よくはわからない。前秦の滅亡後、羅什は長安（西安）にとどまり、彼の名声を聞いて全国から集まった僧は、前後三〇〇〇人に達したと伝えられる。また同時に、羅什は仏典の漢訳に力をつくし、三五部二九四巻を翻訳し、中国仏教史上に不滅の業績を残した。

中国における仏教の伝播・興隆には、西域人だけが貢献したわけではけっしてない。求法に熱心な中国の僧侶たちもまた、仏教の真諦をもとめてインドへ旅立った。そのうちで、もっとも有名な一人が五胡十六国時代の法顕《ほっけん》である。

法顕は、三三七〜四二二年ごろの人である。当時は、仏教が中国に伝入してからすでに数百年になるが、中国では戒律が完備しておらず、また、その解釈にも多くの疑問が残っているので、法顕はインドに赴くことを決意した。そして三九九年、数人の同志とともに長安を出発し、西域へ向かった。

長安から西域への関門である甘粛までの道には、匈奴や鮮卑や羌《きょう》(チベット)の部族が国を建てており、そこを無事通過するのは容易なことでなかった。法顕の一行は、この困難な異境の旅行中も、戒律にしたがって坐禅修行をおこたらなかった。そのため、敦煌に到着するのに二年あまりの時を費やした。

敦煌から西方へ向かってロプ砂漠を越え、鄯善(チャルクリック)についた。鄯善は小乗仏教の国で、四〇〇〇人もの僧侶がいた。法顕はここから北道にはいって烏夷《うい》国(焉耆《えんき》・カラシャール)を訪れたうえで、道を変えて南道を進み、ホータンに到着したが、途中は砂漠の旅の苦難を経なければならなかった。『法顕伝』(仏国記)に記するところによると、当時繁栄をきわめていたこのオアシス都市ではカラシャールとちがって大乗仏教が盛んで、城の西端には壮麗な大寺塔があり、法顕はここにも滞在してはなやかな祭礼を見物した。この町には一四の寺院があり、三〇〇〇人の僧徒がいたという。

法顕はさらに旅をつづけ、長安を出てから六年を西域についやし、北インドを経て中インドに達し、漢訳仏典では華子城《かし》として知られるパータリプトラ（現在のパトナ）で三年のあいだ、サンスクリット仏典を研究した。彼はさらにセイロン（スリランカ）に渡って経典を求め、二年後に海路で広州（広東）へ向かい、四一三年ごろになって、ようやく帰国した。これは長安を出てから一五年目で、その訪れた国は三十余国に達した。

玄奘三蔵と僧宋雲

法顕についで触れなければならないのは、宋雲であろう。宋雲は北魏《ほくぎ》の人で、甘粛の敦煌に生まれた。五一八年あるいはその前後に、勅命によって取経の旅に出た。洛陽から青海（ココノール）を経て、チベットから南道によって西トルキスタンにはいり、ガンダーラから北インドの仏跡を巡礼して、五二二年ごろ洛陽に帰着した。宋雲はインドからサンスクリット語の経典およそ一七〇部を将来したという。

宋雲が中央アジアを訪れたのは、エフタルの時代であった。当時、この遊牧民族は、大月氏国すなわちクシャン（貴霜）からガンダーラ地方を奪ってまもないころであった。宋雲によると、新しい征服者エフタルは都市には定着せず、その軍隊も遊牧的な冬ごもりと夏の移動をくりかえしていたらしい。彼らはテントを家とし、文字はもたなかった。宋雲はペシャワールでエフタルの王に会ったが、この王の支配下にある国は四〇以上に達し、それらの国から貢物を徴収していたという。

以上で仏教文化の西域伝来と、中央アジアを軸として来往した著名な僧侶について簡略に述べた。しかし、西域と仏教というと、だれでもすぐ頭に浮べるのは玄奘三蔵《げんじょう》であろう。玄奘は七世紀の唐代の人で、法顕や宋雲にくらべるとだいぶ後世の人であるが、便宜上ここで述べておくことにしたい。

玄奘三蔵（六〇二〜六六四）の実名は陳禕《ちんき》といい、河南の人である。一三歳のときに出家し、洛陽の浄土寺に住して修行し、各地に師を求めて遍歴した。しかし漢訳仏典には疑問が多いため、インドでの原典研究を志した。

六二九年、彼は国禁をおかして単身で玉門関を出た。そして天山北路により、トルファン・クチャ・アクスをとおって、ジュンガル地峡からイシック湖の南岸を経、タシュケント・サマルカンドを歴訪し、アム川に達した。ついでアム川を渡ってヒンズークシ山脈にはいり、カーブルを経てガンダーラ・カシュミールを巡歴し、中部インドの大仏蹟ナーランダにいたった。

当時、ナーランダは仏教学の大中心地であった。そこで、この地において五年を研究に費やし、大乗・小乗を兼学した。また、ほとんど全インドを歴遊し、多くの仏教原典を蒐集して、帰路はカシュガル・ホータン・ニヤなどを経て、六四五年（貞観一九年）に長安に帰着

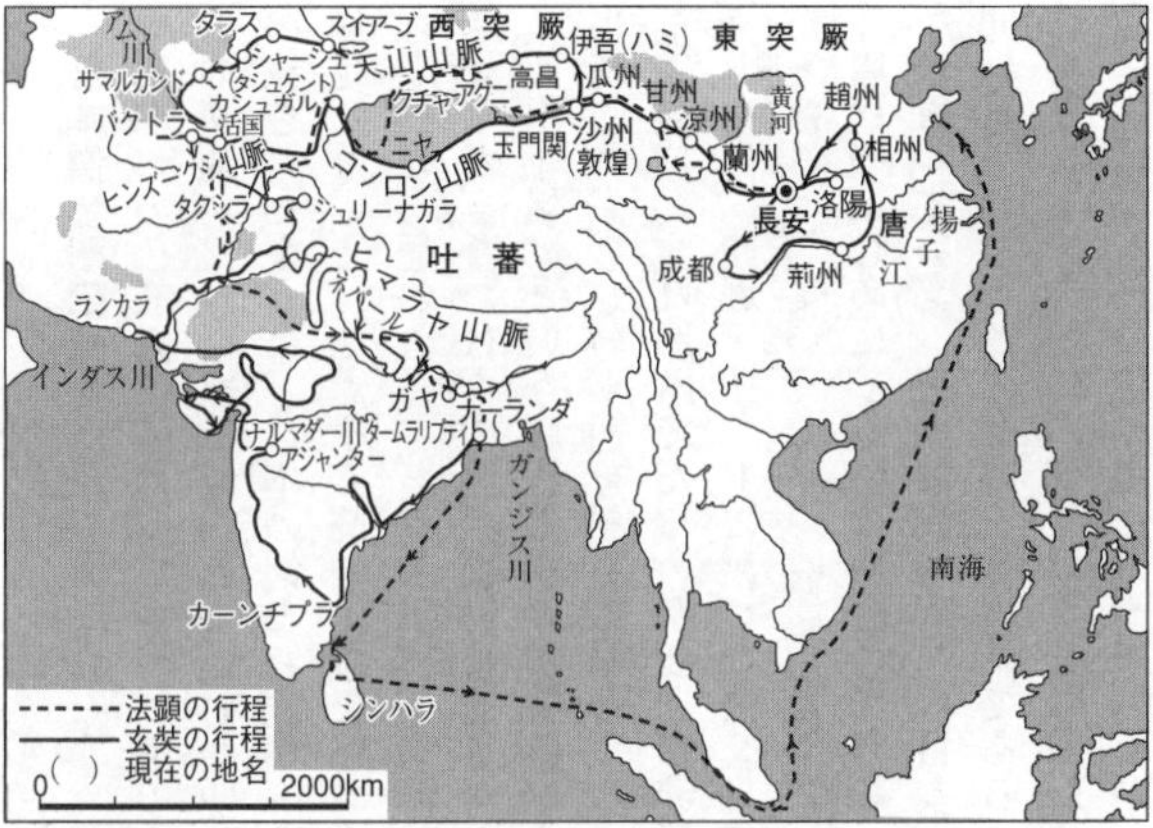

法顕と玄奘三蔵の旅程

した。出国以来、一七年目である。この大旅行では一一〇ヵ国を訪れている。帰国の翌年、弟子の弁機に命じてつくらせたのが、有名な『大唐西域記』一二巻である。

近代以前の中央アジアに関する紀行『西域記』は、それからおよそ七〇〇年後の『マルコ・ポーロ旅行記』とともに、中央アジアの歴史地理的史料として、きわめて高い価値をもつものとされている。中世の中央アジア地理書として、この二つの紀行は、たんに稀有な著作だというだけではなく、同時に、その鋭利な観察眼と簡潔な記述は、紀行文学としてもきわめてすぐれた作品だといわなければならない。

このように中国に仏教が伝入して以後、法顕・宋雲・玄奘三蔵のような有名な中国僧のほかに、歴史には伝わらない多くの無名の仏僧が西域をとおってインドを訪れたことは疑えない。

日本僧金剛三昧

日本への仏教の伝来は、六世紀以前の大陸からの帰化人にはじまるものと思われるが、唐との交通が盛んになるにつれて、いわゆる奈良仏教が興隆し、中国の僧侶がインドへの求法の旅をしたように、日本の僧たちは中国を訪れた。当然、日本の僧侶のうちには中国仏教に満足しないで、法顕や玄奘の足跡を追ってインドに求法の旅を思い立ったものもすくなくはなかったと思われる。しかし日本僧で西域によってインドに達したという記録は、わたくしの知るかぎりでは、中国の書物に記された金剛三昧のほかにはみあたらない。

『酉陽雑俎《ゆうようざっそ》』という唐代の随筆がある。これは唐末の詩人として知られる段成式《だんせいしき》の著述で、当時のめずらしい事柄を記したおもしろい書物である。一部の学者は、この書にみえる話は荒唐無稽、すなわちでたらめが多いと非難しているが、いちがいにそうとも限らない。そのうちには、西域・インドに渡った倭（日本）僧金剛三昧の話がみえており、これもでたらめだとはけっしていえない。『酉陽雑俎』の記事は、つぎのようなものである。

唐代のはじめに、玄奘は取経のためインドにいったが、西域の人びとは玄奘に大きな尊敬をはらっていた。著者（段成式）は日本人僧侶の金剛三昧に会ったとき、つぎのような話を聞いた。つぎはその金剛三昧の話である。

中インドの寺院の内部には玄奘の像が多く画かれており、玄奘の履物《はきもの》や匙《さじ》や筯《はし》もみえる。この高僧は五色の雲の上に乗っているが、これは西域にはほかに見えないものである。斎日には、僧たちはこの像に対して両手を挙げ、地に伏して礼拝している。

このように、段成式は金剛三昧に会って話を聞いており、この文中にみえる礼拝もインドふうのもので、この記事がつくりごととは考えられない。しかし金剛三昧という名まえは、もちろん仏語からとったものであり、この僧の本名は不明である。わたくしは数多い日本の仏書中に、このような人が出てくるか、どうかは知らないが、とにかく唐代に西域によってインドに巡歴した日本人があったことだけは、疑う余地はあるまい。

3　突厥の興起

北ユーラシアの三大勢力

中国では、後漢（二五～二二〇）以後ながいあいだにわたる分裂時代を経て、五八一年に隋《ずい》王朝（五八一～六一八）が統一国家として成立した。しかしこれは、わずか半世紀たらずで崩壊し、唐の時代（六一八～九〇七）になった。

一方、ペルシアでは、四〇〇年近い命脈を保ったパルティア（前二五〇年ごろ～後二二六年ごろ）が倒れ、ササン朝（二二六～六五一）の世になった。

このように、西方のササン朝の終末と、東方の唐のはじめとは、ほぼかさなっている。ところが中央アジアの情況は、後漢の末ごろから唐代のはじめごろまでの期間については、断片的なことよりほかはわからない。この時期において中央アジアの大部分を支配していたのはクシャン朝であるが、クシャン自体、その史料がとぼしく、中国の史料もまた断片的である。この時代のササン朝は、その全力を東ローマ（ビザンティウム）との抗争に傾けており、中央アジアに対してはそれほど力を注ぐことはできなかったため、この点に関する史料も多くはない。

六世紀半ばごろの北ユーラシア大陸は、大体のところ、蠕蠕《ぜんぜん》・エフタル・フン族の三大勢力割拠の情勢にあった。

蠕蠕は、東は満州の興安嶺から、西はトルファン盆地にいたる地域の覇権を握っていた。エフタル（嚈噠）は、東は西トルキスタン北東部のセミレチエ地方から、西はソグディアナ・アフガニスタン中部・イラン東部までを勢力下に収めていた。もっとも西寄りのフン族は、東はドン川から南ロシア草原にわたって支配していた。

突厥族の勃興

この三大勢力の一つである東方の蠕蠕の支配下に突厥《とっけつ》という部族があった。突厥ということばは、「トルコ」の複数形である。この部族は、北ユーラシア大陸を通じてみいだされるオオカミをトーテムとする部族の一つであったらしく、民族的には古代の匈奴、後世のモンゴルにつながるものと考えられる。中国の五胡十六国時代から、丁零《ていれい》・勅勒《ちょくろく》・狄歴《てきれき》・鉄勒《てつろく》などいう民族名が中国の史料にみえてくるが、これらもまた「トルコ」の異訳だといわれている。

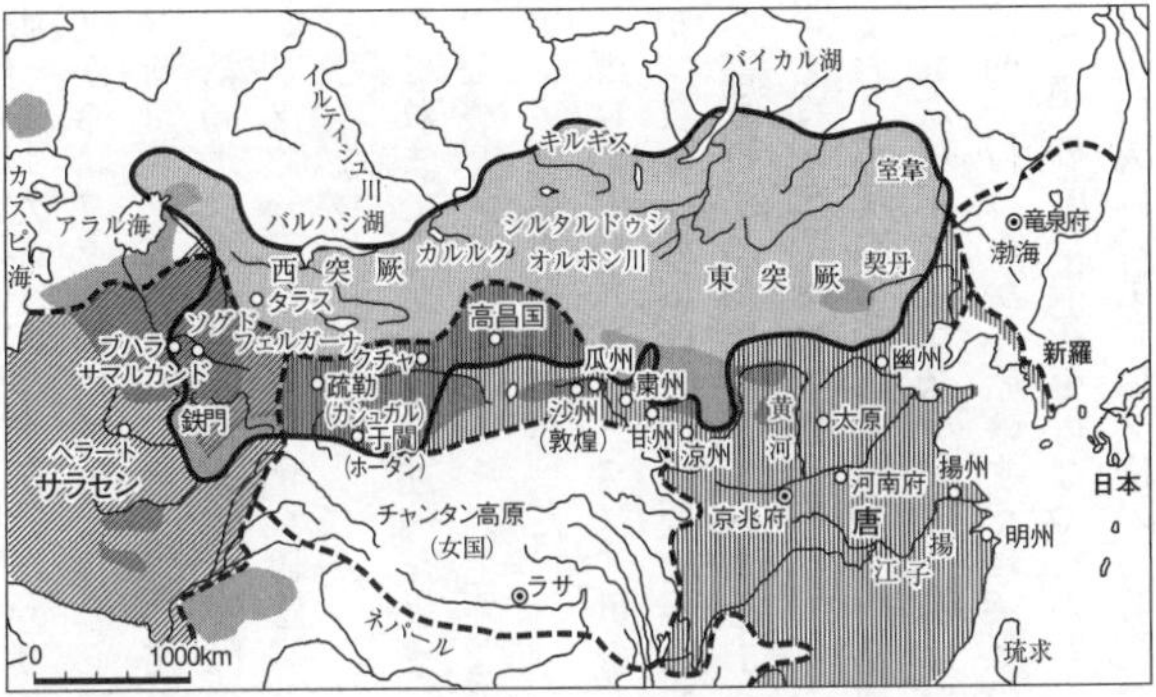

唐と突厥

六世紀ごろ、突厥はアルタイ山脈の南麓に住み、蠕蠕に従属して鉄工を業とする部族であったと、中国の史料にしるされていることからみて、突厥の急速な勃興は、鋭利な鍛鉄の使用にその原因の一つがあったものと思われる。

五五二年には、突厥のブーミン（土門）という首長が蠕蠕を破り、ハガーン（皇帝）と称し、モンゴリアのオルホン川付近をその本拠とした。これが東突厥の起源である。

このブーミンの弟にイステミ（室点密・木杆可汗）というものがあって西方の突厥を支配し、中央アジア西北部を勢力圏としてヤブグと称した。まえにも触れたように、クシャン（大月氏）では、この称号は諸侯の意味に用いられていたが、西突厥では副王というような意味であったらしい。ヤブグということばには、トルコ・モンゴル語で「行く」「治める」という意味がある。

このころ、西方ではエフタルがササン朝ペルシアと戦っていたので、イステミはササン皇帝ホスロー一世（在位五三一～五七九）と協力し、東西からエフタルを挟撃しようとして使者を派遣した。イステミは五六六年、東ローマ皇帝ユスティヌス二世にも使節を送って修交を求めた。

結局エフタルはササン朝と突厥の攻撃によって衰退し、その領土はササン朝と西突厥とのあいだで分割され、ササン朝はバクトリアを領有し、西突厥はソグディアナを支配下におくことになった。

これまでもしばしば述べたように、中国の絹はアジアにおけるもっとも重要な貿易品であったが、西方におけるその主要な消費地はペルシアとローマであり、貿易の中継経路は中央アジアとインド洋であった。

東ローマのユスティヌス二世のころには、養蚕はすでにビザンティウムで知られてはいたが、質量ともに西方の需要をみたすには足りなかったらしい。ユスティヌスはペルシア人に妨害されずに利用できる航路を求めたが、ペルシア人もまた絹貿易の独占を保持するためにあらゆる努力を傾けた。しかし、なんといっても絹の交易の大部分はシルクロードを利用しており、そのもっとも重要な中継地はソグディアナにあった。

五六八年に、ユスティヌス帝はシチリア島の人ゼマルコスを使節として突厥に派遣した。使節一行はながい旅のすえに突厥の王庭に到着した。突厥人はまず鉄を贈物として呈し、つぎに呪術的な儀礼を行なったのち、ディアザブルス（イステミ）王のもとに案内した。王の天幕は美しい文様のある絹で飾られ、王は黄金の椅子に坐していた。王は使者一行をきわめて歓待し、連日のように宴会を催し、また他の天幕も見せたが、そこには黄金でおおった天幕の柱があり、玉座は四羽の黄金製のクジャクの台で支えられていた。

こうした突厥可汗の王庭については、ゼマルコスのおよそ六〇年後に突厥の王を訪れた玄奘三蔵の『西域記』にも、同じような記述がみいだされる。

突厥王ディアザブルスは、ゼマルコスをペルシア征伐の遠征にともなって、これを見学させた。王はペルシア人の無礼・傲慢な行為を非難し、ローマとの友好を希望するといい、ゼマルコス一行とともに、ソグド人の使者をビザンティウムに派遣することにした。ゼマルコスはこのソグド人と同行して帰途につき、ペルシア人の妨害を避けるため、北方路をとった。この北方路とは、おそらくシル川流域によってアラル海・カスピ海の北方を通過し、黒海に出ていたものと考えられる。

突厥のペルシア化

突厥との友好関係によって、東ローマはササン朝との抗争において有利な立場を保つことができた。その反面では、突厥もまたこの形勢を利用してササン朝を牽制し、オクサス川南方のトハリスタンから、北はアラル海にいたる広大な地域を安全に維持することができた。

しかしながら、このような政治・軍事的な情勢は、けっして西トルキスタンに対するペルシア文化の影響を阻害するものではなかった。突厥はソグディアナ・トハリスタンを支配することによって、それ自身もまたペルシア化することになった。突厥のペルシア化の顕著な例の一つとしては、ゾロアスター教への改宗を挙げることができよう。

ササン朝は、その経済的・文化的影響力によって、ある意味では軍事力にまさる効果をあげたといえる。この事実は、玄奘の伝えているところからも明らかである。『西域記』によれば、仏教は、六三〇年ごろ、ソグディアナにおいては、すでにほとんど姿を消してしまっていたらしいが、東トルキスタンにおいては、玄奘の時代にはまだ繁栄していた。ところがソグディアナにはもはや仏教寺院はなく、トハリスタンにだけ残存していた。ソグディアナの首都サマルカンドにおいては、寺院そのものは存在したが、それは建物だけで僧侶も信者もいなかった。

ソグディアナのこのような状態は、ゾロアスター教による迫害の結果であった。ソグディアナの仏教時代には、サルトと呼ばれたインド商人が多く在住した。また、多くの仏典がソグド語に翻訳されたことも、近代の発見と研究によって明らかにされている。しかし七世紀以前までに、インド商人はペルシア商人によって駆逐され、仏教はゾロアスター教によってとってかわられてしまったらしい。

4　唐朝と中央アジア

唐と東西両突厥

四世紀以後、北方民族の侵入によって四分五裂した中国は、六世紀末になって、ようやく隋（五八一〜六一八）が天下を一統し、漢民族の帝国が成立した。しかし隋朝はわずか四〇年たらずで崩壊し、唐朝が成立した。唐朝は、後漢の滅亡後はじめて中国に成立した安定的な統一政権である。

短期の隋ではあったが、天下を統一するとまもなく、文帝（在位五八一〜六〇四）は、裴《はい》矩《く》に命じて突厥を征伐させた。

当時、西突厥のイステミは死に、その子タルド（達頭）がながくハガーン（可汗）の位にあったのに対し、東突厥ではブーミン（土門）の三人の子があいついでハガーンの位についた。このように、西方では政権が安定していたけれども、東方ではあいつぐハガーンの交替のために、その政局は不安定で、王位の継承権をめぐる内紛がつづいた。

唐はこの状況をとらえて、西突厥に使者を送り、西突厥をそそのかして、東突厥に反抗させる策略をめぐらした。西突厥のタルドは東突厥から離反し、ここに、東西二つの突厥政権は対抗することになった。タルドは東突厥の領土に侵入して甘粛の酒泉を攻撃した。

突厥の内紛がつづいているあいだに、唐朝では、第二代皇帝太宗が即位した。この太宗は中国歴代でもまれにみる英邁な君主で、一方では東突厥を撃破し、他方では東トルキスタンの諸オアシス国家の征服に着手した。しかし、この西域征服は西突厥を刺戟せずにはおかなかった。すなわち、カシュガルまで唐軍が進出したことに脅威を感じた西突厥は、チベットに接近することによって唐の牽制をはかることになった。

西突厥の本拠は、イリ盆地からイシック湖付近までの地域にあったので、唐の西域制覇に対してなんらかの対抗策をとらざるをえなかった。そこで六四六年、乙毘射匱《いつびしやき》可汗は唐に対して通婚関係の樹立を提議した。唐はそれを受け入れる条件として、クチャ（亀茲《きじ》）・ヨクタン（于闐《うてん》）・カシュガル（疏勒《そろく》）・朱倶波《しゆぐは》（？）・パミール（葱嶺《そうれい》）の割譲を要求した。この唐と突厥の交渉は、もちろん成功をおさめることはできなかった。

クチャは西突厥に対して救援を求めたが、六四八年、唐の遠征軍をひきいた東突厥の降将阿史那社爾《あしなしやじ》によって占領された。唐は、この将軍をはじめ、多くの突厥人を西域経営に利用している。七世紀の中葉までには、東トルキスタンのオアシス都市国家はすべて唐に服属したが、これらの小王朝はそのまま残され、ただ朝貢の義務を負わされるにすぎなかった。

唐の西域統治の最高機関は安西大都護府と呼ばれ、その管轄下に、都督府・州・県が置かれた。名は州・県といっても、実際は旧来のオアシス支配者がそのまま支配をつづけていたのである。安西大都護は西域全体を管轄する総督で、はじめ高昌（トルファン）に駐在したが、のちには亀茲にうつった。

この大都護府のもとに、亀茲・于闐・疏勒・焉耆の四都督府がおかれた。さらに占領地が拡大されるにともなって、月支（月氏）・条枝・天馬・高附・波斯そのほか合計一八の都督府が置かれたといわれているが、これらの地名には疑問が多い。しかしすくなくとも、ソグディアナ・バクトリアまでは唐の勢力下にふくまれていたものと思われる。

唐朝につけ入るウイグル人

六三五年、すなわち唐の太宗の時代にチベット（吐蕃）が使者を派遣して、唐に友好を求めた。この時代には、チベットもまたその勢力を拡大しつつあった。六六三年、青海（ココ・ノール）地方で吐蕃に敗れた吐谷渾《とよくこん》の王は甘粛の涼州にのがれた。唐は吐谷渾を復興させようとした。吐蕃はこれを怒ってタリム盆地の交通路を遮断した。

このために、中央アジアの東西交通路は、天山北路だけが唐の支配下に残されるにすぎなくなった。そのうえに、西突厥がチベットとむすんでいたので、唐は吐蕃に対してなんらかの対抗策をとらざるをえない情況になった。そして六九二年、唐軍は吐蕃を撃破し、その占領下にあったオアシス都市の大部分を奪回したが、カシュガルだけは七二八年ごろまではなお吐蕃の手中にあった。チベットに近いタリム盆地南道では、于闐（ホータン）だけは吐蕃の攻撃に屈しなかった。このころ天山北路の西突厥はなお唐に服していた。

モンゴリアの北部では、八世紀の前半から、トルコ系のウイグル（回鶻）という部族が活躍をはじめ、しだいに強盛となり、突厥の可汗を殺し、オルホン川流域に本拠をおいた。七五五年、唐の玄宗に仕えていた胡人（ペルシア系？）安禄山が唐に叛逆したとき、ウイグルは唐朝に協力してこの反乱の平定につくした。唐はこれにむくいるため、公主をウイグル王に降嫁し、また、多くの歳賜をあたえた。ウイグルは、この唐朝の弱体に乗じて勢力を加え、洛陽を掠奪し、過大な要求を行ない、しばしば北辺に侵入して唐を苦しめた。

このような、安禄山の乱とその後の唐の国内の紛乱を機として、一時は侵寇を休止していた吐蕃がふたたび西域に侵入しはじめた。ただ、当時はウイグルが甘粛からロプ湖付近までその勢力を伸張していたので、吐蕃はそれより東の地域を侵すことはできなかった。

九世紀にはいると、吐蕃の活動はますます勢力を増し、タリム盆地の南北両道のオアシス都市を攻撃し、前回はその攻略に失敗したホータンをも奪取した。このように、八世紀から九世紀にかけて、吐蕃は北上して東トルキスタンの大部分を支配下に収め、南下してくるウイグルと対立する形勢になった。すなわち八四〇年ごろ、モンゴリア北部のオルホン河畔にあったウイグルの本拠がキルギス族によって覆滅され、ウイグル人の大部分は南にのがれて、東トルキスタンのトルファン盆地と、天山山脈北部のベシュバリック付近に移動したのである。

東トルキスタンへのウイグル人定着

ウイグル族の南下は、九世紀以後の東トルキスタンの歴史にきわめて重大な意味をもつことになった。この民族移動の当時、カシュガルは同じトルコ系のカルルック族の支配下にあり、天山山脈南麓一帯はほとんどタクラマカン砂漠の北辺のアクスにいたるまで、この部族が支配していた。クチャからハミにいたる東トルキスタン北部の大きなオアシスも、吐蕃勢力の衰退とともに独立都市国家の形をとるようになった。

一方、タクラマカン南道の諸都市国家は、ホータンを中心としておのおの独立、あるいは半独立国家の形態をとるようになり、これらのオアシスは、十一世紀はじめのカルルック族のカラ・ハーン朝まで、そのままに推移していったらしい。

突厥と吐蕃のあいつぐ侵入は、東トルキスタンのオアシス社会を荒廃させた。これらの遊牧民は都市を掠奪し、市民を殺戮し、灌漑設備を破壊した。しかしウイグルのばあいはこれとは異なって、定着・農耕化し、また、都市ではペルシア人やインド人のように商業を営むものもすくなくなかった。同じく遊牧民の出身であったが、ウイグルがのちに東トルキスタンの多数民族として発展するのは、このような理由によるものと考えられる。

ウイグルが安禄山の乱に乗じて中国にはいり、洛陽に住んだときに、彼らは中国文化と接触する機会をもった。当時の洛陽には仏教が栄え、摩尼（マニ）教の寺院もあった。

マニ教は三世紀にペルシアに興った宗教で、ゾロアスター教に仏教的要素が混じて成立したものといわれるが、中近東からローマに伝播すると同時に、中央アジアを経て流行し、唐の則天武后（在位六九〇〜七〇五）の時代には中国にまで達した。ウイグル人の宗教は原始的なシャーマニズム（呪術的信仰）であったが、彼らはまもなくマニ教に帰依した。しかし、彼らが東トルキスタンのオアシスに定着するようになると、こんどは仏教を信じ、つぎにイスラム教がはいってくると、三転してイスラム教に改宗する。

5　文字と遊牧民

中央アジアに交錯する諸多の文字

言語は人間の象徴《シンボル》であるが、文字は文明の象徴である。文字は口頭言語と同じくコミュニケーションの手段であるが、両者のあいだにはいちじるしい相違がある。

口頭言語はコミュニケーションの手段として時間と空間が限定されているのに対して、文字すなわち書写技術は時間と空間の制約を受けない。したがって、文字なくしては、広域のコミュニケーションは不可能であり、時間的には現在と過去および未来とをつなぐこともできない。こういう意味で、文字は文明の荷い手《トレーガー》だといってよい。

中央アジアは人種・民族のるつぼであり、文明交流の十字路である。そこでは東西南北の民族が出会い、多種多様の文化が混合・融合しつづけた。したがって、そこには多くの文字が古い文明地帯から流入した。

中央アジアで発見された古い記録・文書の類に使用されている文字には、大別して、漢字・古代ペルシア文字・ギリシア文字、インド系のカロシティ文字やブラーフミー文字、シリア系のアラム文字などがあり、さらにこれから派生したトハラ文字・ソグド文字・マニ文字・突厥文字・ウイグル文字・チベット文字・西夏文字などがある。

これらの文字および文字によって表現されている古代の言語については、現在でもなお、じゅうぶんに解明されたとはいえず、不明不詳の点もけっしてすくなくない。

しかしながら、突厥時代以前の中央アジアのオアシス住民の主要な部分がイラン系であったということは、けっしていいすぎではあるまい。これは、たんに西トルキスタンだけに限らず、東トルキスタンにおいても同様の状態にあったものと思われる。

それでは、中央アジアにおいてオアシス社会とあい対する遊牧民についてはどうであったろうか。

突厥文字とウイグル文字

遊牧民は定着社会を征服して広域国家を建設しない限りは、ほとんど文字をもたなかった。パルティアやクシャンのように古代の文明圏を征服して王朝を建てたばあいには、その文明圏の文字を借用したことはあるが、たとえばスキタイ系の遊牧民が文字を使用したという証拠はない。

遊牧民が残した最古の記録の一つは、いわゆる突厥碑文と称される一連の碑文である。突厥碑文は、モンゴリアのオルホン川とトラ川の付近でほぼ完全な形のものが四つ発見され、そのほかにも断片が知られている。

四つのうち闕特勤《キュルテギン》碑が開元二〇年（七三二年）、毗伽可汗《ビルゲハガーン》碑が開元二三年（七三五年）で、他の二つは開元四年（七一六年）後まもなくのものと考えられる。いずれも君主の功業をしるした碑文である。突厥文字は、西南アジア起源のアラム系文字でしるされており、漢訳が裏面に付加されている。これらの碑が発見されたのは十九世紀のことだが、同世紀末にウイルヘルム・トムセンによって解読された。

ウイグル文字はアラム文字に発するもので、直接にはソグド文字にもとづいて作製されたものである。それは、ウイグル人が定着するようになってから広く使用されることになった。もともとは右から左に横書であったが、のちには縦書になった。

モンゴル文字はウイグル文字にもとづき、さらにのちの満州文字はモンゴル文字を多少変形したものである。しかし次章に述べるように、中央アジアのイスラム化につれて、ウイグル文字はアラブ文字によって取って代わられた。

中央アジアにおいては、漢字はほとんど漢人だけのもので、他の言語には使用されなかった。その理由は、漢字は多音節の言語を写すには不便であり、中央アジアには西方から伝来した表音文字システムがすでに存在していたからであろう。

第五章　イスラム勢力の展開

1　中央アジア侵入

分裂不統一の七世紀

アラブ人侵入の直前、すなわち七世紀中葉の中央アジアには、多くの独立あるいは半独立のオアシスが存在し、それらは西突厥に対して貢納していた。

この時代のソグディアナの中心はサマルカンドで、このオアシスは当時もなお、つよいヘレニズムの影響を残し、東西貿易の中心地として繁栄していた。サマルカンドの住民にはクシャン人もいたが、人口の大部分はペルシア人が占めていた。

しかしサマルカンドおよびその他の大型オアシス都市の支配階級は、大月氏すなわちクシャン人であった。そして、これらの多くのオアシス国家間の関係は、ルーズで便宜的な了解だけで、同盟というような組織的なものではなかったと考えられる。

玄奘の『大唐西域記』によると、七世紀前半の西トルキスタンは二七国に分かれ、そのおのおのには独立の王があったという。そのうちには、突厥《とっけつ》もおり、それ以前からの蠕蠕《ぜんぜん》も住んでいたと思われる。このような分裂あるいは地方的割拠の状態にあったので、アラブ人の侵入に対する組織的な抵抗は困難であった。ただバクトリアの中心であったバクトラだけは容易に屈しなかったため、イブン・アミールによって破壊された。一方、ヘラートのエフタルはアラブに対して抵抗することなく降伏した。

アラブの中央アジア侵入に対する最初の反撃は、ヘラート西方を流れるムルガーブ川付近における戦いで、アラブ軍の進撃は一時は停止させられた。しかし、まもなくアラブ人はホラズム地方を征服し、東へ進んでソグディアナにはいった。その後もアラブの侵入は間歇的に起こり、一方ではこれに対する住民のつよい抵抗もあったが、この時期のアラブ軍の行動は小規模なもので、むしろ前哨戦的な攻撃にすぎなかった。

アラブがホラズム地方を平定すると、その政策はしだいに計画的・組織的になり、ソグディアナに対する軍事行動を開始する以前には、すでに本国のバスラとクーファから五〇〇〇のアラブ人をこの地方に呼びよせて、アラブの植民地を建設しはじめていた。

この時代のブハラはサマルカンドにつぐ大都市で、その周囲には多数のオアシスがあった。そのうちでも、ブハラの南方七〇キロばかりのところにあるバイカンドは、オクサス川の渡渉点として中央アジアの交通上きわめて重要な位置を占め、商業の中心地でもあった。六七四年、このバイカンドは、ウバイドラ・ビン・ジャードにひきいられたアラブ軍によって占領され、ブハラは降伏した。ついで六七六年には、西トルキスタン最大・最富の都市といわれたサマルカンドも、サイード・イブン・オトマンによって占領され、三万人の捕虜と莫大な財宝がアラビアのメディナに送られた。

　これよりさき、唐軍は西突厥を破ってソグディアナまで進出したが、七世紀末、吐蕃がタリム盆地を脅かしたので、唐はソグディアナを放棄せざるをえなくなった。アラブはこの機に乗じてソグディアナに進攻することも可能であったが、ペルシア東部のホラサンにおいて、アラブ人のあいだの部族的な紛争が起こったため、これはできなかった。

　しかし、有名なクタイバ・ビン・ムスリムがホラサン総督に任命されると、中央アジアの局面は一変することになる。

将軍クタイバの遠征

　七〇五年、クタイバは当時のホラサンの首都メルヴに到着すると、ただちに同地のアラブ人を集めて、コーランを引用しながら、イスラムの聖戦《ジハード》を呼びかけた。この呼びかけに対し、在住のアラブ人は熱情をもって応じた。もっとも、彼らが、同時に、遠征による戦利品の魅力に引かれていたことは否定できない。

　クタイバは有能な将軍であったことはもちろんであるが、同時にすぐれた行政官でもあった。外国人にとりかこまれた遠い異境にあって、アラブ人の安全を保障するもっとも重要な条件は、現地住民の大多数、すなわちペルシア人の協力にあることを、クタイバはよく認識していた。彼はペルシア人に重要な行政的地位をあたえた。そして、それによってペルシア人の信頼はえたが、このようなクタイバの政策は一部のアラブ人の反感をかった。また同時に、これはペルシア人の民族主義者の反感を刺戟することにもなった。

同じく七〇五年、クタイバはトハリスタン（バクトリア）・ソグディアナに侵入し、ブハラに親アラブ的な支配者を擁立した。サマルカンドはクタイバの要求をいれて、人質を差し出し、貢物を納めるという条件で服属することになったが、数年後には新しい王が立ってアラブの宗主権を否認した。そこでクタイバはサマルカンドをながい包囲攻撃の後に降伏させ、ついでサマルカンドを援助したフェルガーナ地方の突厥を討伐した。

ブハラとサマルカンドは東突厥の黙啜可汗《カパガンハガーン》に救援を求めた。これに応じて可汗は兵を派遣したが、クタイバによって敗走させられた。

七一二、および七一三年、クタイバはソグディアナに侵入してきた東突厥も撃破し、七一四、七一五年には、コーカンドとタシュケントをくだした。そして翌年には、さらに東へ進んでフェルガーナに達したが、これがクタイバ最後の遠征になった。

クタイバのこの最後の遠征の目的は、フェルガーナ地方の確保にあったものと思われる。彼は、オクサス・ヤクサルテス両河地方の征服を完了したので、東西貿易路すなわちシルクロードを支配下にいれるために、フェルガーナ地方とカシュガルとをアラブの勢力圏におこうと考えたものであろう。

一説によれば、クタイバはフェルガーナ制圧後、さらに進んでカシュガルに侵入し、これに成功して帰った、と伝えられるが、これは後世につくりあげられた伝説だと思われる。中国の史料には、クタイバのカシュガル遠征を示唆するような記事はなにもない。

ただ、クタイバ以後にアラブ部隊が一時的にカシュガル地方に侵入したという可能性は存在しないことはない。また、そういうことがアラブの史家によってクタイバの遠征と混同されたということも考えられないことではない。

名将クタイバの最後は悲惨であった。ウマイヤ朝のカリフに、かねてから不和のスレイマン（在位七一五〜七一七）が即位すると、クタイバの地位は不安定なものになった。クタイバはスレイマンの即位を聞くと、この新しいカリフに反逆する決意を固め、麾下の部将を招集し、自分の武功と部下に対する手厚い待遇とホラサン統治の業績について演説し、反乱に参加するよう求めた。

しかし、部下の反応は冷たかった。クタイバは憤怒し、悪口を放って邸宅に帰った。すると、これに怒った部下はクタイバを襲った。クタイバは矢を受けたうえに、切りきざまれて死んだ。四六歳であった。

2　唐とアラブの角逐

玄宗朝の西方進出

唐の玄宗（在位七一二〜七五六）の時代に、突厥・ソグディアナ・トハリスタン（バクトリア）・ブハラは、しばしば唐に使節を派遣している。これらの使節の目的は、もちろんシルクロードの通商にあったが、同時に政治的使命を帯びていたことは明らかである。彼らの

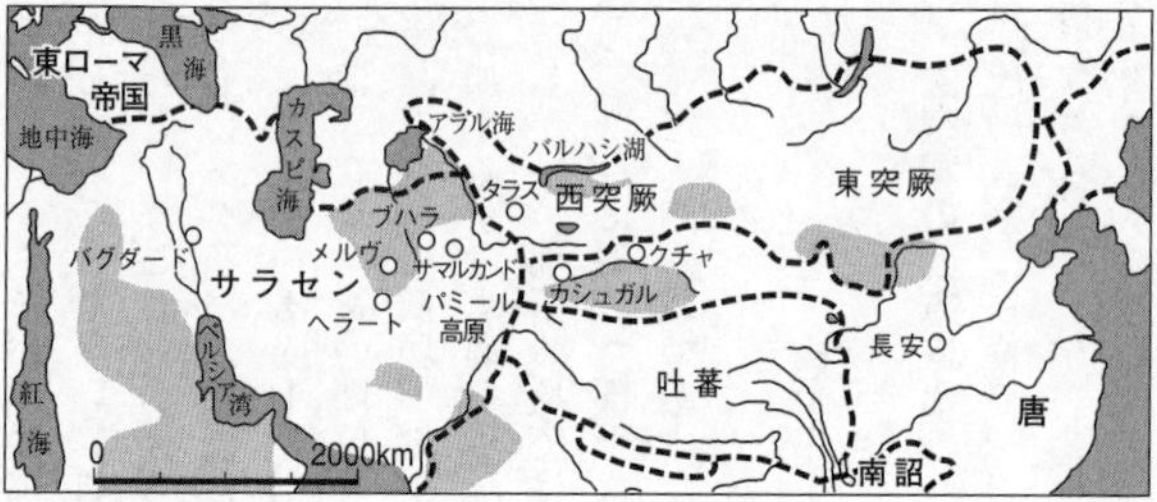

唐とサラセン

政治的使命のおもなものは、アラブ人の支配に対して唐の干渉を求めるものであった。しかし唐はこの要求には応じなかった。

とはいえ、唐がこれらのアラブの支配下におかれた諸国に対して、すくなくとも精神的支援をあたえたことを疑うことはできない。バルハシ湖・イシック湖付近に住んでいたトルゲシュ（突厥施）族の蘇禄《そろく》という首長が、七二八年にアラブの支配に対して反乱を起こしたのも、唐の支援を予期してのことであった。七三〇～七三一年には、トルゲシュ族の援助によってサマルカンド王が反乱を起こし、アラブはこれを鎮圧するために数年を要した。このような情勢にあるにもかかわらず、唐が軍事的干渉を避けた理由は、おそらく、シルクロード南方の吐蕃の脅威によるものであったろう。

玄宗は高麗出身の将軍高仙芝《こうせんし》に命じて、パミール高原の交通路をおさえていた吐蕃を討たせた。七四七年、高仙芝は一万の兵をひきい、疏勒（カシュガル）を出てパミールにはいり、ワッハン峡谷付近の坦駒嶺（ダルコット峠）によって、北インド（パキスタン）のギルギットにはいり、吐蕃の属国であった小勃律の王を捕えて凱旋した。七四九年には、仙芝はふたたびパミールに侵入して吐蕃を討った。

タリム盆地・イリ盆地を制していた唐の勢力は、こうして中央アジアの中部地帯に達し、仙芝はさらにタシュケントをもくだし、その王を捕えて長安に送った。その結果、唐の勢威はソグディアナ・トハリスタンの東部から、インドのカシュミールにまでおよんだ。

唐・アラブのタラス会戦

これらの事件前後の、アラブのホラサン総督はアブー・ムスリムであったが、唐の西方進出に対抗することを部下の将軍ザイード・ビン・サーリフに命じた。中央アジア史上に有名な唐軍とアラブの会戦はタラス（怛羅斯）川の付近で起こった。タラス川は、現在の中央アジアのキルギスにある。

七五一年に行なわれたこの会戦は、数万の兵によって戦われた大規模なものであった。そして仙芝はアラブに敗れ、多数の中国兵が捕虜になった。アラブの史料が伝えるところによると、これらの捕虜のうちに工匠がいて、彼らはサマルカンドで紙の製法を伝授したという。

タラスの会戦そのものについては、詳しいことは不明であるが、この戦いが中央アジア史に占める比重はきわめて大きい。すなわち、東方の大帝国唐と西方の大勢力アラブとの衝突は、同時に、アジアの二大文明のどちらが中央アジアを制するかということであった。結局タラスの敗戦によって、中国勢力はパミール・アライ山脈の線を越えることはできなかった。これに対して、イスラムの勢力は西トルキスタンに局限されず、のちには東トルキスタンをもおおうようになる端緒をつくったものといえよう。

唐の西域政策は、漢にくらべていっそう積極的で、大規模なものになった。その原因は、中国の統一国家としての唐朝の実力が、漢よりもいっそう充実していたという事実にあることはいうまでもないが、同時に東西交渉の軸としての中央アジアの重要性がいっそう大きくなったことにもある。いいかえれば、漢から唐にいたる五世紀の期間における歴史の発展の結果であったといえよう。

ネストリウス教の東漸

中央アジアには古くから仏教・ゾロアスター教・マニ教などがインド・ペルシアから伝入し、繁栄していたことは、これまでにも触れてきた。しかし、時代はすこしおくれるが、ここでネストリウス教について記しておかなければならない。

ネストリウス教はキリスト教のいわゆる東方教会の一つで、現在でも少数ながらイラク・シリア・小アジアなどに残存している。この教派はネストリウス（四五一年ごろ死去）の教条に由来するものである。ネストリウスはビザンティウム（コンスタンティノープル・現イスタンブール）の総主教であったが、カトリック教信仰の重要な柱の一つであるマリアの神性を否定したために、宗教裁判にかけられて有罪となり、エジプトの荒地に追放されて死んだ。

ネストリウスの教えはローマ帝国領における布教を禁止され、その結果として、東方への布教に指向した。それは、唐代には中国にまで達し、景教という名称で、すくなくとも長安には相当の信者が住んでいたらしい。景教はまた、波斯《ペルシア》経教とも呼ばれ、その教会堂は波斯寺、のちに大秦寺と改められて公認された。しかし唐の武宗（在位八四〇～八四六）が道教を除く他のあらゆる宗教を禁止したので、それ以後ネストリウス教は中国本土から表面上は姿を消してしまった。

ネストリウス教がペルシア・中央アジアを経由して、中国にはいってきたことは明らかである。二十世紀になって西安（長安）で有名な「大秦景教流行中国碑」が出土し、また西北辺境においては、甘粛の敦煌から景教の漢訳経典が発見され、東トルキスタンのトルファンでは景教寺院の遺跡が発見された。

景教碑によれば、この碑の寄進者はトハリスタンのバルフの伊斯という人となっているが、この名まえはイエスドブージッドを漢字で表わしたものと考えられている。

一方、イスラム側の史料によると、西トルキスタンではサマルカンド・ブハラ・タラスそのほか広い範囲に、ネストリウス教の寺院が存在し、またシル川流域にはこの教徒のオアシス村落が散在していたことが知られている。しかし、中央アジアのイスラム化によって、それらはしだいに消滅していったものと思われる。

この時代に、西域を経由して中国に伝来したいろいろな宗教のうち、もっとも重要なものは仏教で、そのほかにゾロアスター教・マニ教・ネストリウス派のキリスト教などがあることは、以上で簡略ながら触れてきた。

しかしこれらのうち、仏教を除いては、その他の西方宗教の信者の大部分は西域人であって、中央アジア経由の東西交通が衰退するとともに、ほとんど消滅してしまったらしい。仏教でさえ、支配者・君主・支配階級、社会の上層部・知識階級などのあいだに流行したにすぎず、一般社会には浸透するにいたらなかった。いいかえれば、仏教の盛衰は、主として政治によって左右されてきたといえる。仏教は近代にはいると、急速に衰退してしまった。ところが、イスラム教のばあいはすこし異なった経緯をとった。そこで、イスラム教の伝来とその弘布について、概略を述べておかなければならない。

3　中央アジアのイスラム化

イスラム教の弘布と税制

クタイバの中央アジア侵入はドラマティックなものではあったが、その軍事的成功は、イスラム教そのものの弘布には、それほど大きな貢献はしなかった。また、イスラムの中央アジア伝播は、ゾロアスター教や仏教のように文化的媒体を通じて自然に波及・伝播したものでもなかった。

中央アジアにおけるイスラムの弘布は、むしろ政治・経済的な手段、いいかえれば、支配者としてのアラブ人の統治政策によるものといえる。ウマイヤ朝カリフのオマール二世（在位七一七～七二〇）による有名なことば「聖地メッカに向かって礼拝する改宗者に対しては、人頭税を免除せよ」にもとづき、地方のイスラム支配者たちは、改宗者に対して免税の特典をあたえなければならなかった。この免税は新征服地の政府財政に重大な収入減をもたらすものであったので、ホラサン総督ジャラーフはこれに反対したが、オマールはこの総督を更迭して免税政策を強行させた。

　イスラムの宗教的信仰と政府財政との相剋は、中央アジアの征服地が拡大するにつれて、重大な問題になった。中央アジア経営の責任者であるホラサン総督としては、占領地域のイスラム化の手段としての免税はきわめて好ましいものであったし、またアラブ人布教者にとっても望ましい条件であった。

　しかし一方、この免税は現場の為政者にとってはきわめて迷惑な措置であったし、さらにまた、土着の村長《デッカン》や部族長などにとっては、中央政府の免税指令は個人的に不利益なものであったにちがいない。

　新征服地のペルシア・中央アジアに駐在するアラブの財政担当官は、もし人頭税を厳重に施行するならば、現地における税収で維持しているアラブ兵団は飢えなければならないと抗議し、これを回避するためには、たとえ割礼を受けた正しい信者に対しても、担税能力の範囲において住民には土地税（ハラージ）を賦課すべきであると主張した。

　税制と財政に関する右に述べたような混乱は、中央アジアにおける反乱の頻発をまねき、サマルカンドとその付近を除いては、ほとんど全占領地を巻きこむことになった。しかし結局は、イスラム信者からは人頭税は徴収せず、その他の住民でもゾロアスター教徒などには免税措置をとるということになって、このさわぎは一段落した。

アラブ人が中央アジアにおいてようやく安定した地位を築くと、サマルカンドやブハラのような大都市には、イスラムの教理や法制に関する学者や教師が続々と訪れ、『コーラン』の解釈を明瞭にし、イスラムの本質に関する知識を広めることにつとめた。その結果、この新しい宗教はしだいにその基礎を固めることになった。

西トルキスタンにおけるイスラム化の進行は、このようにして八世紀の中葉までには、すくなくとも都市やオアシスでは安定化した。しかしすでに述べたように、中央アジアには、オアシスの定着民以外に、遊牧社会という定着社会とはまったく異質的な勢力が厳然と存在していた。

これらの遊牧民は固定的な住地をもたず、容易に移動できるので、彼らを軍事的に屈服させることは容易でなく、まして、定期的に彼らに税金を支払わせるというようなことは不可能であり、また、彼らをイスラムに改宗させることはきわめて困難であった。したがって、中央アジア遊牧民の完全なイスラム化には、その後なお数世紀の時間を必要とした。おそらく、中央アジアの完全なイスラム化は、十八世紀になってからのことであろう。それでは、ここで東トルキスタンの状況にうつることにしたい。

ウイグルの定着化

前章ですでに述べたように、ウイグルは北魏の時代（三八六〜五三四）に現われる高車すなわち鉄勒の一部族らしく、のちには突厥に従属したが、七世紀のはじめには自立した。ウイグルは、隋代には韋紇と書かれていたが、唐代には回鶻といわれていた。はじめは唐に対してむしろ友好的であったが、勢力を増すと辺境に侵入を開始して唐を苦しめた。安禄山の乱が起こると、ウイグルが唐の要請により鎮定に援助したことは、まえに触れた。また吐蕃の撃退にもウイグルは協力した。

このような唐との関係は、ウイグルの社会と経済に大きな変化をもたらすことになった。ウイグルの政権が安定し、東トルキスタンのオアシス都市および唐との交渉・交流が密接になるにしたがって、ウイグルはしだいに定着生活に魅力を感じるようになった。その理由の一つは、いうまでもなく定着社会の安定した生活と、その高い文化であったが、もう一つの原因は宗教そのものにあったと思われる。

他の北方遊牧民の多くと同様に、ウイグルもまた原始的なシャーマニズムを信じていたが、仏教・マニ教のような高等宗教に改宗すると、これらの宗教が規定している宗教的儀礼の実行のための寺院が必要になる。寺院の建造のためには、これらの宗教が代表するインド文明・ペルシア文明・中国文明などの建築・彫刻・絵画などの技術を吸収しなければならなかったし、そのためには定着化が必要であった。

ウイグルの王は、しばしば唐と通婚関係をむすび、唐の公主（姫）をめとったが、このような情況がウイグルの定着化を促進する重要な要因になったものと思われる。ウイグルの定着化への傾向は、八四〇年にエニセイ川上流に遊牧していたキルギス遊牧民に敗れて南下し、東ウイグルと西ウイグルに分裂する以前から、すでに存在したものと考えられる。キルギスに敗れると、ウイグルの一部は南下して黄河の大湾曲部（オルドス・河套）にいたったが、また唐軍の討伐を受けて四散し、カルルックや吐蕃に投じ、あるいは甘粛に移動した部族もあった。しかし他の一部はカシュガリア（タリム盆地）北部に遁入した。

このようにウイグルが草原地帯からオアシス地帯に移動したことは、中央アジアの民族構成に画期的な影響をもたらした。すなわち、ウイグルはオアシス地帯に侵入すると、先住のイラン系定着社会を征服し、これと混血した。さきにも述べたように、ウイグルは東トルキスタンの征服者として定着する以前に、すでに文字をもち、ある程度の文化を所有していたので、先住のペルシア系の高文化民族との融合に、それほどの抵抗は感じなかったものと思われる。

サーマーン朝とカラ・ハーン朝

やはりウイグル王国の一つといわれる西トルキスタンのカラ・ハーン朝について述べるまえに、サーマーン朝について触れなければならない。

サーマーン朝の祖先は、ペルシアのササン朝につながっているともいわれる。この王朝の開祖サーマーンは、バルク（バクトラ）のペルシア系貴族であったが、アラブの侵入後イスラムに改宗し、カリフ・マームーン（在位八一一〜八一八）に仕えて一族が繁栄し、バルクからヘラートにわたる地域の支配者となった。九〇〇年には、この王朝は西トルキスタンからペルシアにいたる広大な帝国を建設して、サマルカンドに首都をおいた。

一方、十世紀の半ばごろになると、西方のウイグルの部族にブグラ・ハーンという首長が興り、カシュガリアに王朝を建てて勢力を振った。この王朝の先祖はサトック・カラ・ハーンという人であるといわれるので、カラ・ハーン朝あるいはイリク・ハーン朝と呼ばれる。ブグラ・ハーンは、カシュガル・ホータンなど、タリム盆地の主要オアシスを根拠として、北東はモンゴリアのカラコルム、西方はタラス・オトラルなどを支配下に収めた。ブグラ・ハーンはウイグルの王としては、最初にイスラムに帰依した人だといわれるが、その領土の位置からみて、おそらく西トルキスタンのアラブ人に接触した結果であろう。

このカラ・ハーン朝は、イリク・ハーン・ナースルの時代になると、南西へ向かって侵攻し、サーマーン朝を破り、ブハラを首都として西トルキスタンをほとんどその支配下におさめた。このようにして、ウイグルはイスラム圏の東部に強大な王朝を建設し、アラブ人の本拠であるバグダードやエジプトとも密接な関係をむすぶことになった。

イスラムが東トルキスタンに弘布したのは、右に述べたカラ・ハーン朝の時代であると考えられる。ブグラ・ハーンはイスラムに改宗すると、その領内の住民に武力を使用してイスラムを強制したので、その結果としてイスラムは、すくなくとも東トルキスタン西部には確実な地歩を築くことになったものと考えられる。

ウイグルはまた、中国へのイスラム伝入についても非常に大きな役割を演じた。わが国でもイスラムを回教・回回教、ムスリム（イスラム教徒）を回教徒と呼ぶが、中国のムスリム自身はイスラム教を清真教といっている。

回教という名は「正しい教えに回《か》える」という意味だとする語源説もあるが、これはのちにこしらえられた俗説である。ウイグルは中国の史料では回鶻・回紇・畏兀児などと写されているので、この回という字をとって回教・回回教といったもので、ウイグルをもってイスラムを代表させたものといわれている。しかし唐代には多くの西域人が中国に来訪し、定住していたものもすくなくなかった。ウイグルのほかに、突厥・トハラ・ソグド・ペルシア・アラブ・インド人などもあった。これらのうちのかなりの数がイスラム教徒であったにちがいないので、なぜウイグルにイスラム教徒を代表させたかという説明はつかない。

回回をイスラム教徒の意味に使用したのは、はるか後世のことで、『遼史』にみえるのが、おそらく最初であろう。唐代にはアラブ人を大食といった。ペルシア人がアラブをタージあるいはタージックと呼んでいたので、大食とはこの名前の転写である。タージックはアラブの一種族で、ペルシアの近くに住んでいたので、ペルシア人はアラブ人全体をこの名で呼ぶようになったものである。

大食については、『唐書』にかなり正確な記事があるが、イスラムについては触れていないし、イスラムやムスリムに当たる名称はみあたらない。このように回回の語源は、よくわからない。

現代でも、回民あるいは回教人といわれるムスリム（イスラム教信者）の人口は、中国本土においても数百万に達するものと思われるが、このように清真教（回教）が盛んになったのは、元代以後のことである。

セルジューク王朝の興起

アフガニスタンのヒンズークシ山脈東南部のガズニ付近に、アフガンあるいはプシュトという部族が遊牧生活をしていた。そして、十一世紀のはじめごろは突厥に服属した。アフガン族はしだいに勢力をひろげ、まもなくカーブルを支配していたインド人の王（ラージャ）を駆逐して、ヒンズークシ南部までその支配権を拡大した。

スルタン・マームードがこの部族の王になると、一方では北方のカラ・ハーン朝とむすび、他方ではインド北西部を占領し、また西方のイラン・イラクにまで侵入した。このマームードは一〇三〇年に死んだが、その後まもなくトルコ系のセルジューク族が勢力をえて、ホラサンをガズニ王朝から奪った。

この部族の王はトグリル・ベックといい、ガズニのプシュト（アフガン）王朝をインドに駆逐すると、西方に進出してペルシアにはいり、アジェルバイジャンを占領してビザンティウム帝国を脅かし、東ローマ皇帝に貢物を納めることを約束させ、一〇四八年にはメソポタミアと小アジアの大半を手中に収めるにいたった。

トグリル・ベックは、一〇五五年にはイスラム帝国の首都バグダードに入城して、カリ

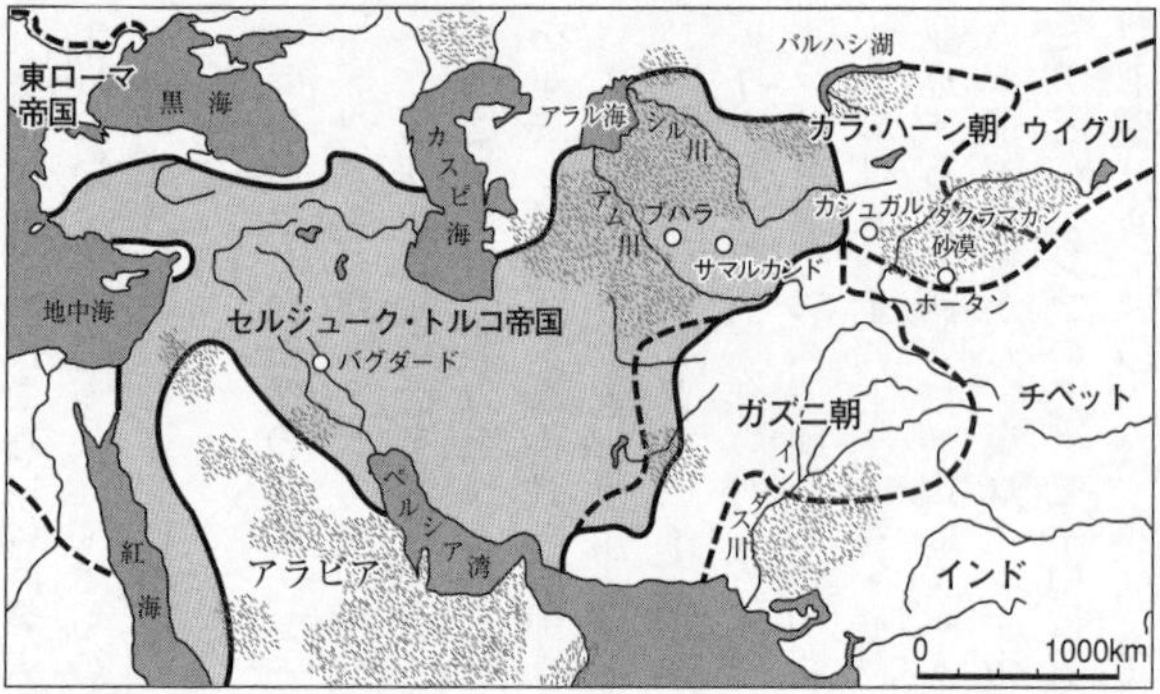

セルジューク・トルコ

フ・カーインを擁立したが、一〇六三年に死んだ。トグリルの位は、その弟で親密な戦友であったチャキルの子アルプ・アルスランによって継承されたが、この時代のセルジューク帝国は、西はエウフラテス川から東はオクサス（アム）川、北はカスピ海から南はペルシア湾まで領有、支配していた。

アルプ・アルスランは、まず東ローマ帝国に侵入してローマ軍を撃破すると、つぎに東へ向かってオクサス川流域に兵を進めた。しかし、戦傷を受けて一〇七二年に死んだ。その位はその子メリック・シャーが継いだ。

メリック・シャーは父の遺志を継いでオクサス川を渡り、ブハラ・サマルカンドを確保し、さらに進んで東トルキスタンのカシュガル王の領土に侵寇しようとした。カシュガルはセルジューク朝の宗主権を承認することによって、その攻撃を回避することができた。

このようにして、セルジューク朝はその最盛期には、東は中国の辺境から、西はメソポタミア・小アジアにわたる大帝国になった。一〇九二年、メリック・シャーが死ぬと、帝位をめぐって内紛が起こり、帝国は分裂の兆候をみせた。しかし一一一八年になってホラサン総督をしていたメリック・シャーの末子サンジャールがスルタンの位についた。

アム川の下流左岸の地はホラズムといわれ、セルジューク族が最初に征服した地方である。セルジューク朝は、その征服地の総督にはトルコ系の奴隷の出身者を多く任用したが、ホラサンの総督もこのような奴隷の系統を引くクトブ・エッディン・ムハマッドというもので、一〇九七年に総督になると、みずからホラズム・シャー、すなわちホラズム皇帝と号した。

このホラズム帝クトブ・エッディン・ムハマッドは有能な支配者であり、学芸の熱心な保護者であったが、この時代に東方のモンゴリアに興り、中国北部に国を建てた契丹《きったん》、すなわち遼の分枝であるカラ・キタイ（黒契丹・西遼）の中央アジア侵入が行なわれたのである。そこで、つぎに契丹について述べよう。

4　カラ・キタイの制覇

カラ・キタイの中央アジア侵入

キタイ族はモンゴリア北東部のシラ・ムレン川流域に遊牧していた民族で、多くの部族に分かれていた。中国の史料には四世紀ごろから現われるが、六〜七世紀になると人口が増加し、部族数もふえ、八〜九世紀には部族連合の徴候がみえてきた。

十世紀の初頭に唐が滅び、北方に対する中国の圧力がよわまると、キタイ族の動きはいっそう活発になり、耶律阿保機《やりつあぼき》という有能な指導者をえて部族の統合が実現した。九一六年、阿保機は中国風に国号を遼と称して帝位につき、年号を神冊《しんさつ》と定めた。以後、キタイの勢力は急速に発展し、北はモンゴル高原から南は中国北部、東は満州から西は中央アジアの東辺にいたるまでの地域を支配下におくことになった。

しかし十二世紀にはいると、新しく満州に興ったジュルチェン（女真）族が強盛になり、一一二五年には遼を滅ぼした。遼朝が滅びる以前に王族の耶律大石というものが、部下をひきいて東トルキスタンに亡命して遼を再興した。これが西遼、あるいはカラ・キタイ（黒契丹）である。

耶律大石は、亡命のときには、わずか二〇〇騎をひきいたにすぎなかったが、途中で参加するものが多く、ゆくゆくウイグル人の投降者も加えて相当の兵数に達した。ついで西トルキスタンにいたり、サマルカンド郊外に近づくとホラズム・シャーの大軍が迎撃したが、大石はこれを破り、ホラズムを降伏させて、一一二四年ごろみずから王位につき、グール・ハーンと称した。グール・ハーンとは偉大なハーン（君主）という意味である。

その後、大石は北方のキルギス人を撃破し、カラ・ハーン朝をくだして、東トルキスタンの全部と西トルキスタンの北部、アラル海にいたる広大な帝国の建設に成功した。中央アジアに移動したキタイ人のうちには、東方における遼の故地への復帰を願うものが多く、大石は麾下の将軍を派遣して金朝を攻撃させたが、この遠征は不成功に終わった。

しかし大石の西方経略は成功であった。一一三七年、大石は西方へ向かい、セルジューク朝のスルタン・サンジャールとサマルカンド付近で会戦した。このとき、サンジャールの兵は一〇万と号する大軍であったが、キタイ軍はこれを撃破した。大石はそのままシル（ヤクサルテス）川付近にとどまり、一一四三年ごろに死んだ。カラ・キタイは、モンゴルの一部族ナイマン（乃蛮）人の侵入によって滅ぼされた（一二一一年ごろ）。

このカラ・キタイ滅亡の経緯については、次章でナイマン人の中央アジア侵入を述べるときに触れることとして、つぎにカラ・キタイの中央アジア支配の特異性について簡単に述べておきたい。

複雑な社会と文化

キタイ人はもともと遊牧民族であったが、二世紀にわたって中国北部に国を建てて、中国風の文物・制度を採用した。

このような事情によって、キタイ人は、一方では支配民族としてのキタイ社会を保存するために、他方では中国人を統治する必要上、二重構造の制度をつくらざるをえなかった。しかしカラ・キタイのばあいは、事情がさらに複雑であった。遼すなわちキタイのばあいには、キタイ社会と中国社会という二つの異質的パターンをもつ社会をどうして並存させるかという問題であった。ところが西遼すなわちカラ・キタイのばあいは、カラ・キタイそのも

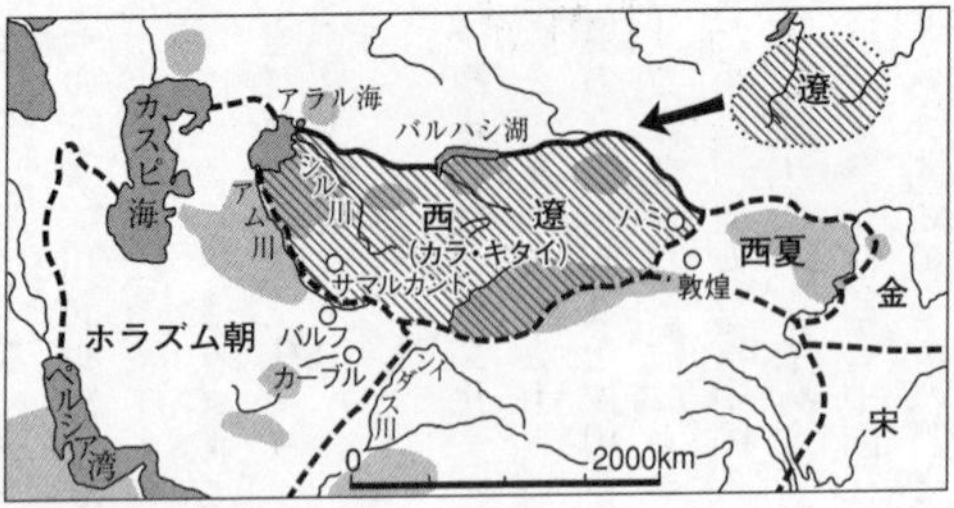

遼と西遼

のが、すでに多分に中国的な文化パターンをふくんでいたところへ、中央アジアのトルコ・ペルシア・西南アジア・インドなど、多くの異質的なパターンに当面することになった。具体的な例をあげてみよう。

　耶律大石は、中国の史料では、しばしば林牙《りんが》耶律大石と呼ばれている。林牙とは、漢語の翰林のキタイ語訳である。翰林とは文章・経学にすぐれた人のことであり、唐代以後は官名になった。

　大石は、キタイ語と中国語に通じていたことはいうまでもなく、高度の中国的教養をもつ人であったが、彼の部下のキタイ人の多くも中国語を解したことは疑えない。中国語は、東トルキスタンでは、すでにキタイ人の侵入以前にも相当の程度まで行なわれていたが、カラ・キタイ時代にこの傾向が急速に促進されたことは、その貨幣に漢字が使用されていることなどからも明らかである。

　キタイ人が漢字にならって製作した、いわゆる契丹文字も使われていたことは、いうまでもない。しかしウイグル語その他のトルコ系のことばも広く使用され、ウイグル文字が公式文書に使われていたし、さらに古くからのイラン系の諸方言が行なわれ、パフレヴィ（中世ペルシア語）文字も残存していた。このころには、パフレヴィ文字はアラブ文字によってとってかわられつつあったものと思われる。

宗教もまた複雑であった。カラ・キタイにキタイ固有の信仰儀礼であるシャーマニズムが残存していたことは、『遼史』によれば、出征に当たって「青牛と白馬をもって天を祭る」とあることでも知られよう。のちにモンゴルの西方部族であるナイマン族の王子グチュルクは、チンギス・ハーンに追われて中央アジアにはいり、カラ・キタイを滅ぼした。このグチュルクはネストリウス（景）教の信者であったが、カラ・キタイの女と結婚して仏教に改宗し、イスラム教を迫害した。

カラ・キタイ時代は宗教に対してきわめて寛容であったので、ネストリウス教は東トルキスタンでも盛んになり、カシュガルには主教が駐在していた。また、サマルカンドそのほかでもかなりの教徒がいたといわれる。イスラム教徒はカラ・キタイと戦ったが、カラ・キタイは彼らを迫害するようなことはなかった。カラ・キタイ人でイスラムに改宗したものは、なかったか、あるいはきわめて例外であったと考えられる。

シルクロードの繁栄

カラ・キタイは中央アジアのほとんど全部にわたって覇権を握っていたし、また、その指導者たちは遊牧民出身であるとはいえ、中国の文物・制度をじゅうぶんに吸収していたので、異民族の統治については、かなりの知識と経験をそなえていたものと思われる。

経済政策においては、カラ・キタイは土着の経済構造（オアシス農耕と牧畜）には干渉することなく、主として、いわゆるシルクロード貿易の保護と促進に力を注いだ。しかし中央アジアは、この時代にはたんなる中継貿易地としての機能だけに限らず、それ自身の輸出商品をすでに開発していた。たとえば塩（岩塩）・玉・ラピスラズリ・銀のような一次産品だけではなく、武器や武具・織物・銀器・ガラス器などが生産された。

しかしなんといっても、中央アジアの経済的機能の重要なものは東西の通商貿易であったことに疑いはない。カラ・キタイはサマルカンドその他では伝統的なアラブ貨幣を鋳造させるとともに、中国貨幣にならって漢字を刻した貨幣も作製している。

通商と経済は多くアラブ人・ウイグル人・ペルシア人によって運用され、彼らのうちにはカラ・キタイの中央政権で重要な地位についたものもあった。トゥデーラのベンジャミンとして知られるユダヤ教の僧《ラビ》は、十二世紀に広く東方を旅行したが、その紀行によれば、中央アジアには多くのユダヤ商人が活動しており、キヴァには八〇〇〇人のユダヤ人が住み、サマルカンドやブハラにもユダヤ人社会があったという。

とにかくカラ・キタイの支配下にあったサマルカンド・ブハラ・カシュガル・ホータンなどにおける国際商人の活動は、東は中国から西は地中海沿岸にまで達していたらしい。

ペルシアのキタイ王朝

すでに述べたように、カラ・キタイは一二一一年ごろに滅びるが、これでカラ・キタイの歴史は終わったのではない。

一世紀近くのあいだ中央アジアを支配していたカラ・キタイは、ナイマンのグチュルクの簒奪によって王朝としては崩壊してしまったが、キタイ人はその後も中央アジア・西アジアにながく残存した。そういうキタイ人の一人が、イラン高原東南部のキルマンにキタイ人の王朝を建てたブラークである。

ブラークは、一二一〇年のカラ・キタイとホラズムとの戦いで捕虜になったが、ホラズムのスルタン・ムハマッドに仕えて宮廷の高い地位であるハージッブ（宮廷長官）に任ぜられた。そして一二二一年ごろ、彼はイラン東部の重要な地方であるキルマンの総督に任命された。

チンギス・ハーンの西方遠征は一二一九年に開始され、キルマン地方もモンゴル人の侵寇によって混乱した。ブラークはこのような事態の渦中にあって、ホラズム帝国から離脱して事実上の独立国を建設した。一方、モンゴル軍によるホラズム占領の結果、スルタン・ムハマッドの王子の一人とその生母がキルマンに避難した。ブラークはこの婦人と結婚して、王朝を建て、みずから王位についた。

ブラークは一一年のあいだ位にあって、一二三四年に死んだ。このキルマンのキタイ王朝第二代の王には、ブラークの娘婿タヤングがなったが、まもなくブラークの子ムバラークに王位を奪われた。

このころ、チンギス・ハーンはすでに死に、オゴダイ・ハーンが全モンゴル人の帝位についていた。オゴダイはムバラークの政権を承認したが、第三代のモンゲ・ハーンはムバラークをしりぞけて、タヤングを復位させた。一二五七年にはタヤングが死に、その妃クトルグ・タルハーンが政権を握り、以後一五年にわたってその座にあった。

マルコ・ポーロが、その東方旅行の往路にキルマンを訪れたのは、一二七一年ごろのことと思われるが、彼の記事によると、キルマンは美しい国で七日間、町や村や住み心地のよい家がつづく地方を旅行した、といっている。

クトルグ・タルハーンの死の数年後、その娘のパディシャー・タルハーンが王位につき、ペルシアのモンゴル王国イル・ハーン朝のガイカトゥの妃の一人になったが、そのままキルマンの女王としてとどまった。キルマンのキタイ王国は、一三〇三～〇六年ごろに、イル・ハーンの命で廃止されたが、それまでおよそ一〇〇年の命脈を保った。

第六章　地上最大の征服者

1　西トルキスタン征服

西夏と金そしてカラ・キタイを討つ

一二〇六年、チンギス・ハーンはモンゴルの諸部族を統一して皇帝の位についた。チンギスによる統一以前のモンゴリアには、東部にオノン・ケルレン両河流域のモンゴル部があり、その北にはメルキット・オイラートが住み、南部はタタール・ケレイトの地であり、西部にはナイマンなどの部族が割拠していた。

ハーンの位についたチンギスの最初の征服対象になったのは、ゴビ砂漠の南に接する西夏であった。西夏は寧夏・甘粛に国を建てていたチベット系のタングット人の王朝である。一二〇九年ごろには、チンギスは西夏の首都であった興慶に侵入して、西夏を降伏させた。十三世紀のはじめごろの中国は、満州から黄河流域に達する地域を支配していた女真（ジュルチェン）の金朝と、黄河以南の宋とに分かれていた。チンギスにとっては、西夏の征服はこの金に対する攻撃の前提にすぎなかった。

西夏への遠征をおえたチンギス・ハーンは、その本営をおいたケルレン河畔に帰還して兵を休養し、一二一一年の春になると軍の主力をあげて金への侵入に着手した。そしてわずか数ヵ月のあいだに、黄河以北の金の領土の大半を蹂躙したが、堅固な城壁をめぐらした大都市燕京（北京）は容易に陥落しなかった。

そこで、チンギスは金の申入れを承諾し、莫大な償金その他の物資を取り、休戦を約して撤退した。ところが金は、この協定に反してモンゴルに抵抗の姿勢をみせた。ここにおいて一二一五年、モンゴルはふたたび金に侵入して、ついに燕京を占領した。金の皇帝は黄河の南の汴京《べんきん》に避難した。

このように、やがて展開するチンギスの大規模な征服事業は、まず金に向けられたが、しかしこの大征服者は、同時に、中央アジアに対しても大きな関心をはらっていた。そして一二一一年には、対金作戦と並行的に西域の北東部に対して一部隊を派遣した。このモンゴル遠征軍は西トルキスタン北部のバルハシ湖付近に侵入して、カラ・キタイの北西部を征服し、これをモンゴル領に加えた。

これよりさき、チンギスのモンゴル部族統一に最後まで抵抗したのは西部のナイマン部族である。このナイマンがチンギスに撃破されたとき、その最後の王ダヤン・ハーンの子グチュルクは険阻なアルタイ山脈中にのがれ、一二〇八年ころカラ・キタイ（西遼）に亡命した。

カラ・キタイ王はグチュルクを厚遇し、その姫を妻としてあたえた。そこでグチュルクはチンギスに追われて西トルキスタン北西部にのがれていたナイマン人と、やはりモンゴルに追われたメルキット部の残党を糾合して、かなりの兵力を集めることに成功し、西方のホラズムと結んで、彼を厚遇した義父カラ・キタイ王を廃位し、みずから王位についた。

チンギスは、その中国遠征の作戦中に起こったこのような中央アジア情勢に対処するため、一二一八年に勇将ジェベに二万の兵をあたえてグチュルクの討伐を命じた。ジェベは容易にグチュルクの軍を撃破した。グチュルクは敗走してパミール高原地方にのがれたが、モンゴル軍に捕われて殺された。

このようにして、さきにも述べたように、耶律大石以来ほぼ一〇〇年にわたって繁栄したカラ・キタイは滅亡したのである。

大帝国ホラズムとの確執

カラ・キタイの崩壊は、中央アジア西部を占めるホラズム朝に大きな衝動をあたえずにはおかなかった。当時のホラズム皇帝アラー・ウッディン・ムハマッドは、西トルキスタン・アフガニスタン・ペルシアをふくむ大帝国の支配者であり、カラ・キタイとは敵対関係にあった。ムハマッド帝はカラ・キタイの滅亡とチンギス・ハーンの北中国征服を知ると、この未知の新興国に対する警戒心を強め、モンゴル人に関する確実な情報を収集するために使者を派遣した。この使者はチンギスの本営に到着して多くの贈物を献じ、両国の友好と通商関係を希望すると伝えた。

この提議に対してチンギスはこころよく応じ、答礼として使者を派遣し、高価な贈物と交易品をたずさえた隊商を送った。チンギスは使者と四〇〇人に達するこの隊商の指揮者としてイスラム教徒を任命した。一二一六年、一行はホラズム帝国の東方国境、タシュケント付近のオトラルというオアシス町に到着したが、突然この地方の総督イナルジュク・ガイールの兵士に襲撃された。商品はすべて掠奪され、一行は総督の命によって処刑された。

しかしこの暴行は総督の独断によって行なわれたもので、ムハマッド帝の関知するところではなかったといわれる。この事件が伝えられると、チンギスはホラズム帝に釈明と賠償を要求し、責任者である総督の引渡しを求めるために、バグラという使者と数人のモンゴル人を派遣した。

ところがホラズム帝はこの使者を殺し、副使のモンゴル人のひげをそり落して追いかえした。このころモンゴルの一部隊が、チンギスに反抗したメルキット部の残党を掃討するため、西トルキスタン北部で作戦中であったが、ホラズム帝はこのモンゴル部隊をも襲撃した。これらのあいつぐ事件は、その後のチンギスの戦略にきわめて大きな影響をおよぼすことになる。

チンギスは、オトラル事件の結果、西方遠征を決意し、東方における金の討伐をその信頼する将軍ムハリに託して、カラコルムの本営《オルダ》に帰還した。そして主要な指導者たちを招集して大会議（クリルタイ）を開き、西征の戦略を決定した。チンギスは、末子トゥルイに不在中のモンゴリアの留守役を命じ、他の四人の子および百戦練磨の将軍たちをひきいて遠征の途についた。

一二一八年の春、チンギス・ハーンはカラコルムの本営を出発し、その夏は西トルキスタン北部イルティシュ湖畔の牧地にとどまってウマを肥えさせたのち、軍を三つに分けて主力をみずから指揮し、一隊は次男のジャガダイに、もう一つの隊は長男のジュジに指揮させて、ホラズム領へ向かって進発した。

これに対してホラズム帝ムハマッドは四〇万の大兵を動員したといわれている。これは多少誇張された数字であろう。しかしとにかくモンゴル軍をはるかにうわまわる大軍を準備していたことは事実である。当時、チンギス・ハーンが西域討伐に使用できた兵力は、おそらく十数万にすぎなかったものと思われる。

しかしホラズム帝ムハマッドが、名目では厖大な兵数を誇っていたとはいえ、その大部分は急遽徴募した兵員で、訓練はゆきとどかず、大規模な組織的戦闘の経験はもたなかった。とくに野戦ではまったくモンゴル軍の敵ではなかった。

これに反し、チンギスは部下の将帥に多くのすぐれた指揮者をもっていた。彼らはことごとく歴戦の勇士で、チンギスの作戦に絶対の信頼をいだいていた。しかも野戦におけるモンゴル兵は、その機動力をきわめて有効に生かし、不敗の偉力をほこる精鋭であった。

三つの要衝を破壊

このような情勢のもとで、ジャガダイとオゴダイの指揮するモンゴル軍は、一二一九年の秋には、その第一の目標であるオトラルに達してこれを包囲した。同時に、右翼軍をひきいるジュジは、北部の要衝ジェンドに攻撃を加え、また左翼軍は、三人の宿将の指揮下にベナケットへ向かい、チンギス自身は西トルキスタンのもっとも重要な都市の一つであるブハラへ進撃中であった。

この時点において、ムハマッドは野戦による迎撃を完全に放棄して、各都市に守備隊を派遣し、みずからは本拠のサマルカンドに帰還してしまった。

オトラルはホラズムから一万騎の増援を受けたが、到底モンゴル軍の敵ではなく、城市の防備を強化して籠城策をとった。しかし五ヵ月の抵抗ののちに陥落し、チンギス西征の直接の原因をつくったイナルジュクは捕えられ、その眼と耳に溶かした銀を注ぐ刑によって殺された。モンゴル軍はオトラルを徹底的に破壊した。老幼男女の別なく虐殺し、ただ壮年男子だけを捕虜として、ブハラへ向かって進撃をつづけた。

一方、ジュジのひきいる隊は、ジェンド城外に到着すると、ただちに降伏を勧告した。しかし市民は、城内にはいってきたその使者を殺戮した。ジュジは七日七夜にわたって連続的攻撃を加えてついにこれを占領し、兵士、市民の別なく、いっさいの生命を屠りつくした。

コージェンドはフェルガーナのシル川上流左岸にある都市で、ティムール・メリックという名だたるイスラムの勇将が守備していた。彼は野戦においてモンゴル兵に対抗することの不可能を知り、一〇〇〇人の精兵だけをひきいてシル川の中の島に防塞を築造して、これにたてこもった。

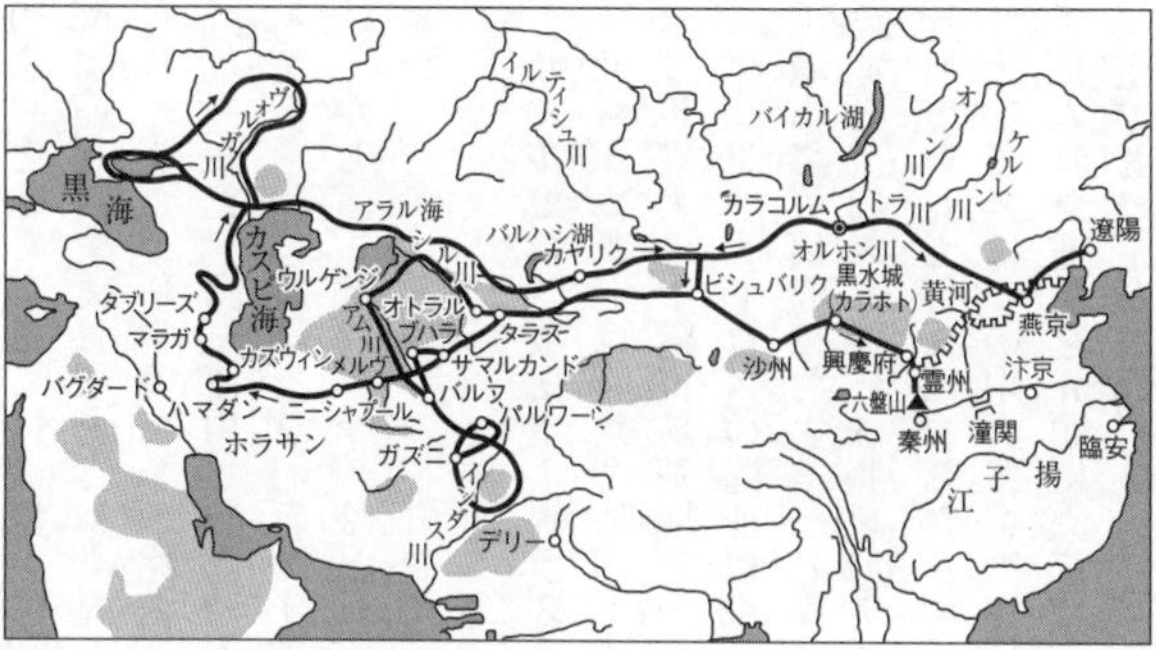

モンゴルのホラズム侵攻

モンゴル軍は付近のオアシスの住民五万人を強制してこの島を攻撃させ、モンゴル兵はその後方に督戦隊として控え、守備兵の疲労を待って最後の打撃を加える戦術をとった。ティムール・メリックは長期の防衛は不可能とみて、七〇隻の舟と筏を使用して島を脱出、遁走した。

チンギスの親率する本隊はブハラ城の前面に到着した。この城には外城と内城があり、数十万の人口を擁し、守備の戦闘員は二万に達した。数日間の抵抗ののちに外城は陥落したが、内城はなおしばらくもちこたえた。しかし、その内城もまもなく陥落し、市民と兵士は郊外に駆り出され、工匠だけは捕虜にされたが、他はことごとく殺戮された。

ブハラはサマルカンドほど有名ではないが、エジプトのカイロ、メソポタミアのバグダードに対応する東方のイスラム文化・学芸の一大中心地であった。中世において、ギリシアの哲学・医学を復興したアヴィケンナ（九八〇～一〇三七）は、ブハラの大図書館に対して最大級の讃辞を呈し「そこには世上に知られていない書物が多く蔵されており、自分はこのような図書館を、まえにもあとにも見たことがない。わたくしはこれらの書物を読んで大いに教えられ、また、科学者たちの比較をすることができるようになった」としるしている。また、近代ペルシア語を使用した大詩人オマトル・ハイヤーム・サーディ・ハーフィズなどは、すべて彼らの一時期をブハラですごしている。

しかし、古都ブハラの壊滅は、モンゴル人による、史上未曾有の荒廃の前奏曲にすぎなかった。

サマルカンド攻略——ホラズム帝国の崩壊

サマルカンドは、たんに西トルキスタン最大の都市であるばかりではなく、当時の世界における最大の中継貿易基地の一つであった。

アレクサンドロスの遠征以来、世界に知られたこの巨大なオアシスは、一二の城門をもつ大城市で、周囲はおよそ一六キロあったといわれる。これはほぼ、金代の北京の大きさに匹敵する。チンギス・ハーンがサマルカンドを包囲したとき、この首都の守備隊は一〇万人に達していたと伝えられるから、人口は五〇万を超えていたものと考えられる。

チンギスはこの中央アジアで最も富裕な大都市に遠征軍の大部分を集中し、進軍の途中で手に入れた捕虜を先頭に立てて攻撃を開始した。守備兵の半数以上はトルクメン人やカンクリ族であったが、彼らはモンゴル軍の威力に恐れをなし、城を捨てて逃亡してしまったので、サマルカンドは抵抗らしい抵抗をみせずに降伏を提議した。チンギスは市民に城外への退去を命じ、モンゴル軍は市内を掠奪し、徹底的に破壊した。そしてそのあと、市民中の五万人には、この廃墟と化した市中に帰還することを許可し、三万人の工匠を捕虜とした。しかし、市民と守備兵の大半は殺戮された。

一方、ホラズム・シャー・ムハマッドは、モンゴル軍の到着以前にサマルカンドを捨てて逃亡し、バルク（バクトラ）を経てペルシア東部のホラサン地方にはいっていた。しかし、チンギスの命を受けたジェベ・スブタイの両将が追跡してきたので、さらに西方へのがれ、カスピ海中の孤島に逃げこんで、まもなくそこで死んだ。

2　ジャラール・ウッディンの反抗

タリカン高原での作戦指導

このようにして、一二二〇年の春までには、チンギスは西トルキスタンの中心部を制圧し、しばらくはサマルカンド付近に軍をとどめていたが、その間、四人の皇子および諸将軍を、中央アジアのみならず、ペルシアにまで派遣した。夏が近づくと、チンギスは暑を避けて、サマルカンド南方の山地に移動し、秋がくるとアム川北岸の要衝テルメズを攻略して川を渡り、バルク（バクトラ）を破壊した。

一二二一年の春までのあいだは、チンギスはアフガン・トルキスタン、すなわちヒンズークシ山脈とアム川とのあいだにとどまって、ペルシアに派遣した部隊の行動に命令をあたえたり、狩猟を楽しんだりしていたらしい。

アフガン・トルキスタンからバダクシャンに通じる交通路に、タリカンという地方がある。そこはヒンズークシ山脈の北西方高原にある険阻な地で、その城塞は堅固に防備されていた。モンゴル部隊はこの城を攻撃したが、七ヵ月をへても攻略できなかった。しかしペルシアのホラサン地方を平定したトゥルイの兵が増援され、ついにこの城も陥落した。

チンギスはこの高燥なタリカンを好み、ここに本営を設けて、ヒンズークシ山脈の中部・南部における作戦を指導した。

しかしまもなく、チンギスの中央アジア・ペルシア遠征中のもっとも劇的な事件であるジャラール・ウッディンの反攻が開始された。この事件の結果、チンギスはタリカンの本営を出て、みずから前線の指揮をとり、さらにインド北西に侵入することになる。

連勝モンゴル軍初の敗戦

ジャラール・ウッディンはホラズム皇帝ムハマッドの子で、勇猛な戦士として知られていた。

彼は父のムハマッドがモンゴル軍の進撃に直面して、はやばやとサマルカンドを放棄し、ペルシアにしりぞくことに強硬に反対したが、戦いに敗れてやむをえず父帝にしたがってカスピ海の孤島にのがれた。そしてムハマッド帝が死去すると、ジャラール・ウッディンはわずか三〇〇騎をひきいてモンゴル兵の警戒線をくぐってのがれ、アフガニスタン中部のガズニに達した。そして、ここで彼は、ゴール族・カンクリ族・トルクメン族などを糾合して六万と称する大軍を指揮し、モンゴル軍に対して攻勢をとった。

両軍の最初の衝突は、アフガニスタンのカーブルからバーミアンへ向かう交通路にあたるパールワンで起こった。この会戦でジャラール・ウッディンは一〇〇〇人のモンゴル前衛部隊を殲滅して勝利をえた。

ジャラール・ウッディン反撃の報が、タリカンの本営に伝えられると、チンギスはただちに側近の若い将軍シギ・フトクトに三万の兵をあたえてその討伐を命じた。しかしジャラール・ウッディンはこのシギ・フトクトをも大敗させてガズニに凱旋した。

中央アジア・ペルシアに侵入以来、モンゴル軍は百戦百勝で、このような敗戦は、ほとんど知らなかった。チンギスはただちに大軍をひきいてバーミアンへ急行した。この親征には、ジュジ、ジャガダイ、オゴダイ、トゥルイの諸皇子がしたがい、ヒンズークシ山脈中央の有名な仏教遺跡のあるバーミアン盆地についた。しかしバーミアンの城市は盆地中の孤立した丘陵にあり、堅固な防備が施されて、モンゴル兵の突撃にもかかわらず容易に陥落しなかった。この攻城中にジャガダイの子で、モアトガンというチンギス最愛の孫が戦死した。

激怒したチンギスは総攻撃を命じ、強襲してついに落城させたが、チンギスはその孫の復讐として「人間から動物にいたるまで、生きとし生けるものはことごとく屠りつくせ。捕虜にするなかれ。母の胎内の子をも容赦するなかれ。城中に生命あるものを残すべからず」と厳命した、と伝えられる。

バーミアン城の巨大な廃墟はいまも見られる。土地の人々は、この廃墟をシャーリ・ゴルゴラ（亡霊の都）と呼んでいる。

追跡と逃走

パールワンに到着したチンギスは、シギ・フトクトが敗れた戦場を視察し、敗戦の戦術的原因を指摘して、シギ・フトクトはじめ諸将を戒めたといわれる。ついでチンギスはジャラール・ウッディンを追跡してガズニに達したが、その到着の二週間前にジャラール・ウッディンは、すでにインドへ向かって退却を開始していた。モンゴル軍はただちに追撃し、インダス川上流のアトック付近でついにジャラール・ウッディンに追いついた。

ジャラール・ウッディンは、インダス川をうしろにして背水の陣をしき、モンゴル軍はこれを三方から包囲した。包囲陣が縮められ、逃げ道がなくなったとき、ジャラール・ウッディンは武装のまま騎馬に鞭を加えて、高い懸崖からインダスの激流に飛びこみ、泳いで対岸にのがれようとした。モンゴル兵が矢をあびせようとしたとき、チンギスはこれを制止し、左右の皇子・将軍たちをかえりみて、ジャラール・ウッディンの勇敢さを賞讃した、と伝えられている。ジャラール・ウッディンは、インダス川を越え、ゆくゆく敗兵を集めて北西インドに侵入した。

チンギスはインダスの右岸に沿って北に引きかえし、ヒンズークシ山中で一二二一年の夏をすごしながら、アフガニスタンの各地方で作戦中のモンゴル部隊を指揮した。

チンギスがインドから引き上げたのち、ジャラール・ウッディンはデリー領主の姫をめとり、まもなく失地の回復をめざしてアフガニスタン南部を通過し、ペルシアのケルマン地方にはいった。ケルマンではカラ・キタイ（西遼）の王ボラックの歓迎を受け、また、その姫を夫人に迎えた。

この勇将はペルシア北西のアジェルバイジャン地方を占領したが、結局はモンゴル兵に追われて、いまのイランとイラクのあいだの険峻な山岳地帯クルディスタンに逃げこみ、そこでクルド人に殺されてしまった。一二三一年のことである。

3　西夏への侵入と死

中央アジア遠征後の作戦

チンギス・ハーンは、一二二二年の夏から翌年の冬までをヒンズークシ山脈の高原ですごし、中央アジアの征服を完遂し、他方では、しばしばペルシアに侵入して、中央アジアに対する西方からの脅威もほぼ排除した。そして一二二三年にはモンゴルへの帰還を決意した。はじめチンギスは西北インドからチベットを経由して本国へ向かったが、このルートはあまりに険阻で、大軍の通過に不適当であることを知って、ふたたび中央アジアに引きかえし、一二二三〜二四年の冬はサマルカンドに滞留したのち、春になると北方路をとって東方へ向かった。このときのチンギスの行路は悠々としたもので、途中しばしば狩猟を楽しみ、一二二五年になってようやくモンゴリアの本営に帰着した。じつに七ヵ年におよぶ中央アジア遠征であった。

チンギス・ハーンの中央アジア遠征の経緯については、とくにペルシアの史料に詳しくしるされているが、同時にモンゴル語で書かれた『元朝秘史』や『元史』にも、断片的ではあるが、ある程度の史料がふくまれている。しかしチンギスの遠征や、当時の中央アジアに関しては、この遠征中、チンギスの側近として従軍した耶律楚材の『西遊録』や、チンギスにまねかれて中央アジアに旅行した道教全真派の祖師長春《ちょうしゅん》真人《しんじん》(邱処機)の『西遊記』にも、きわめて重要な興味深い記述がみいだされる。

チンギス・ハーンは、中央アジア遠征からモンゴリアの本営に凱旋すると、次子のジャガダイに中央アジアを所領としてあたえ、彼自身はただちにつぎの征服事業にとりかかった。それは、まえにも触れたチベット系タングット族の西夏に対する攻撃である。

西夏はゴビ砂漠の南、黄河の北流する地域を中心とした広大な地域を占め、そのかなりの部分は砂漠と草原であるが、東部の黄河に沿う地帯は水利に恵まれ、また西方には、エチナ(居延)湖にチベット高原から流れくだる川水の利用によって多くのオアシスが成立していた。

西夏を建てた拓跋氏は、もと四川省の西北部に住む部族であったが、唐代に強盛になった吐蕃に追われて北へ移動し、オルドス・甘粛方面に住みついた。以後、拓跋部はしだいに勢力をつよめ、唐とは友好関係をむすんだが、事実上は独立国で、この状態は唐末、五代の争乱時代を経て宋代におよんだ。しかし宋代になると、西夏との関係はむしろ悪化し、西夏は遼（契丹）とむすんで宋と対抗しようとした。遼が金によって取って代わられると、西夏は金に接近し、宋を攻撃した。

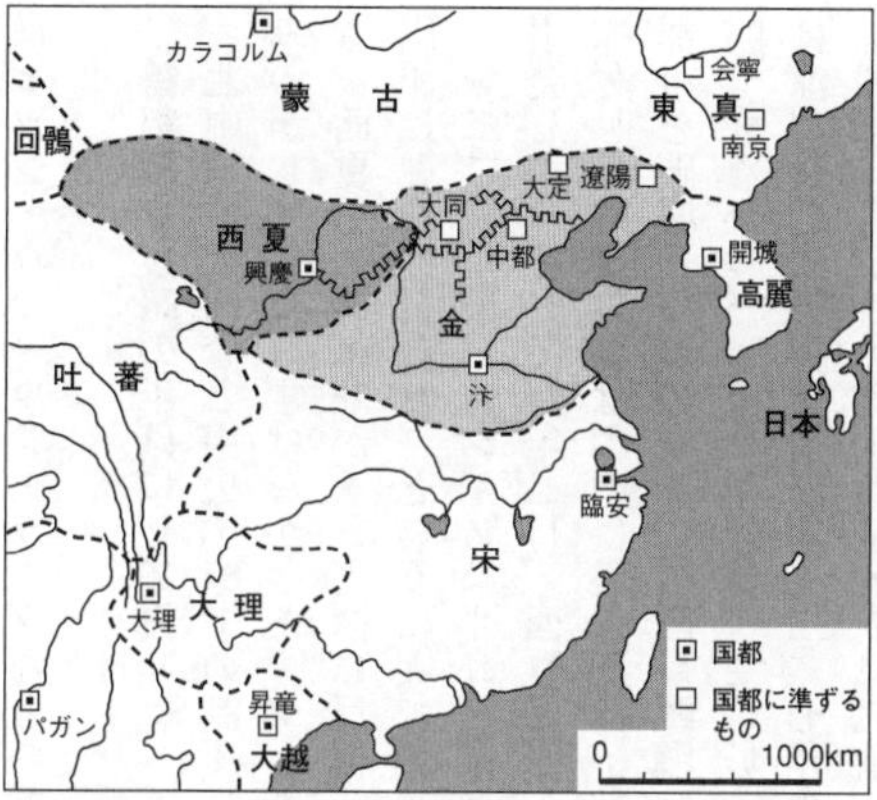

金と西夏

以上で明らかなように、西夏はつねに中国の政治情勢によって左右されてきたが、その国の地理的位置のために、完全には中国の一部にははいらず、つねに独立、もしくは半独立の状態を保つことができた。

このように、西夏はもともとチベット起源であったが、チベット仏教の強い影響下に、中国文化も大いに吸収して、西夏文字といわれる独自の文字も創造した。同時に、中国と中央アジアの中間に位置しているので、貿易の中継地として国際通商に大きな役割を演じ、経済的繁栄を享受した。

このような経済力の発展は、国内の水利、灌漑の整備を可能にし、ムギ・コメその他の穀類の栽培による農業も発達した。同時に、この国の地勢はヒツジ・ウマ・ウシ・ラクダなどの飼養に好適で、畜産品にも恵まれていた。

首都寧夏攻略の半ばにして没

北中国の大部分と中央アジアの制圧に成功したチンギスが、そのあいだに介在する西夏をみのがしておくはずはなかった。チンギスの西夏攻撃の口実は単純なものであった。すなわち、西夏王の李徳旺がチンギスに反抗した敵をかくまい、王子を人質としてチンギスに差し出すことを拒否した、という口実であった。

一二二五年末、チンギスはオゴダイとトゥルイの二皇子をしたがえて、タングット征伐に出発した。そして翌年二月、西夏に侵入してエチナ（黒城《カラ・ホト》）その他のオアシス都市を攻略・掠奪して、その夏は山中に暑を避け、秋になると甘粛の甘州・涼州を占領し、住民を殺し、都市を破壊しつづけた。この西夏蹂躙は、翌二六年もつづけられたが、首都寧夏は容易に攻略できなかった。チンギスは、この城市の包囲のために一部隊をとどめ、チンギスみずからは涼州付近に駐留したが、一二二七年の夏は六盤山脈中に避暑した。

同年八月、この偉大な征服者は六盤山において病死した。その臨終に側近にあった皇子はトゥルイだけであった。死にのぞみ、チンギスはトゥルイと諸将軍に対して金朝討滅を命じ、自分の死は外部にもらすことなく、もし西夏王が降伏してもこれを処刑し、寧夏の住民はすべて殺戮せよ、と遺言したと伝えられる。

チンギスは、その生年がたしかではないので、何歳で死んだかはわからない。おそらくは六十数歳と思われ、帝位にあること二二年であった。その遺骸は極秘のうちにモンゴリアに移され、ケルレン河源の本営《オルダ》に安置されたのち、はじめて喪が発せられた。遺骸はオノン・ケルレン・トーラ川の源流であるブルハン・ハルドゥン山中深くに埋葬された。しかし、墓の所在地は不明である。

4　アレクサンドロスとチンギス・ハーン

建設者アレクサンドロス

チンギス・ハーンの中央アジア遠征の成功は、それより一〇〇〇年以上まえのアレクサンドロスの中央アジア征服を思い起こさせる。紀元前の時代から、中央アジアは、その地理的位置、すなわち東西南北の交通路の中軸に当たっていることから、しばしば民族移動や侵入をこうむってきた。そのうちで、もっとも大きなものはアレクサンドロスの侵入で、これに比肩するのがチンギス・ハーンである。しかし、この二大征服者がそれぞれ中央アジアにあたえた影響は、いちじるしく異なる性質のものであった。

アレクサンドロスとそのギリシア人たちは、ギリシア文明、あるいはもっと広い意味でヘレニズムの荷い手《トレーガー》であった。彼らの行動に、征服者としてまぬかれることのできない破壊がともなったことは否定できない。アレクサンドロスは、ときには矯激な挙動におちいったこともないではない。しかし若くして哲人アリストテレスの教えを受けた彼の行為は、理性と調和、知識への愛と探究の精神を原則とした。彼の征服は破壊ではなく、むしろ建設であった。彼はアジアの都市を滅却したのではなく、多くの新しい都市、すなわちアレクサンドリアを建設した。美を愛し、女性に慇懃であり、部下には寛大、被征服者の取り扱いも人道的であった。

アレクサンドロスが建設した都市（アレクサンドリア）は、現在その場所が知られているだけでも一五に達する。これら諸都市にはギリシア人が住みつき、これらのギリシア市民がアジアにあたえた影響にはきわめて深いものがある。そしてヘレニズムはさらにバクトリアやセレウコス王朝を通じて、地中海沿岸から中央アジア・北インドにいたるまでの、アジアの大部分に拡散された。

アレクサンドロスのこのような大征服の軍事的機構は、どのようなものであったろうか。アレクサンドロスの戦術はきわめて単純であったし、彼が使用した兵力もまた、けっして大きなものではなかった。彼がマケドニアを出発したときには、ギリシア歩兵三万、騎兵五〇〇〇をひきいたにすぎなかった。その後の戦闘による兵員の消耗は本国から補充し、地方兵の徴募は少数にすぎない。その戦闘部隊の構造はつぎのようなものであった。

部隊の主力は有名なファランクス（密集隊形）で、その基本的な型は方形である。ファランクスを中央において、右翼は重装騎馬隊、左翼には弓兵や軽装騎兵を配置した。この陣形は地形によって変化したが、一般的にはファランクスが軸となり、右翼は敵の攻撃にそなえ、敵兵をファランクスの正面に誘導し、左翼に突撃の機会をあたえる役割を演じた。

ファランクスの兵員《ホップリット》は重装歩兵で、兜《かぶと》・鎧《よろい》・脛当《すねあて》・楯《たて》・長槍・剣を装備していた。このようなファランクスを軸として、右翼の重装騎兵と左翼の軽装部隊を形勢に応じて使い分けるというのが、アレクサンドロス戦術の基本であった。これは野戦のための戦術で、この天才的指揮者のもとに、数においてはつねに少数であったにもかかわらず、ギリシア軍はほとんど敗れることを知らなかった。

アレクサンドロスは、ペルシア・中央アジアではしばしば城壁に囲まれた大きなオアシス都市や険阻な丘陵上に築かれた砦を攻撃しなければならなかった。そういうさいには、近代の火砲にあたる投石機《カタパルト》や弩弓《バリスタ》を使用した。また、アレクサンドロスの軍隊には、おそらくは有名な医学者ヒポクラテスの影響によったものと思われるが、従軍医師も同行していた。

チンギスの戦略組織

アレクサンドロスの軍隊がこのようないわゆる少数精鋭主義をとったのと対照的なのは、チンギス・ハーンのモンゴル軍である。チンギスの戦術はあくまでも圧倒的な機動兵力の集中的使用であった。ペルシアの史家によると、チンギスは、その中央アジア遠征に一八万の兵力を動員したという。

また、アレクサンドロスの軍隊はほとんどギリシア（マケドニア）人によって構成されていたが、チンギスの兵は、モンゴル人以外にトルコ人・中国人・チベット人・インド人・ペルシア人、そのほかいろいろな人種・民族をふくんでいた。

チンギスは西域遠征にあたって、ジャガダイに四万、ジェベとスブタイに三万、イレンクにホラズム兵四万、ベラにインド兵二万、バードル・ウッディンにキプチャック人その他のトルコ兵三万、ダニシュマンドにホラズム兵三万をあたえて指揮させた。もちろん、このほかにモンゴルの本拠および金討伐のために数十万の兵力が動員された。西洋の史料には、チンギスの総兵力を五〇万としているものがある。

このような多くの異民族によって構成される軍隊は、兵数は多くても団結力のよわい烏合の衆であるばあいが多い。アレクサンドロスの一撃によって脆くも崩壊したアケメネス朝末期の軍隊もその例といえよう。しかしチンギスの軍隊は、けっしてそうではなかった。彼の巨大な軍隊は、一方では厳重な規律と、命令への違反に対する容赦のない処罰によって、他方では戦利品の分配による過大な恩賞によって統制された。

しかしこれらのほかに、もう一つの重要な点がある。それは、この厖大な軍隊の中心としての、きわめて高度に組織化された中核としてのモンゴル人部隊の存在であった。

チンギス・ハーン時代のモンゴルの人口はわからない。したがって、チンギスが動員できたモンゴル人部隊の兵員を推定することは困難である。現代の外モンゴリア、すなわちモンゴル人民共和国は、ほぼチンギスの本国であった地域に符合するが、その現在の人口は約一四〇万人である。この事実からみて、十二〜十三世紀のモンゴル人口が、これをうわまわっていたとは考えられない。社会主義革命前の外モンゴリアの人口は、およそ六五万と推定されている。かりに動員可能率を二〇パーセントとすると、一三万人ということになる。したがって当時、一〇万前後の動員はできたと考えてよいであろう。

しかしこれだけの動員を実施するためには、完全な組織が必要である。それでは、チンギスが実施したその組織がどのようなものであったかをつぎに述べよう。

チンギス・ハーンの軍隊

チンギスの軍隊は十進法で構成されていた。十戸すなわち十人隊から、百戸・千戸・万戸まであった。モンゴル社会は部族組織であったが、チンギスは部族組織はそのままとして、その内部構造として十進法の戸制をしき、十戸のうちの一戸を十戸長とし、他の九戸にはその指揮を受けさせた。そしてこのシステムを百戸・千戸・万戸を通じて行なった。

モンゴルの兵員は軍人としての俸給は受けず、逆に租税を納付しなければならなかった。ハーンの命令によって出征しても、その家族は納税の義務を負っていた。武装や乗馬もまたすべて兵の自己負担であった。

武具としては、防御用には鎧と兜が使用され、鎧は革製であるが、兜は革の上に鉄板を張っていた。攻撃用武器としては、主兵器は弓と湾曲形の太刀である。弓は馬上からの射撃に適した短弓であるが、この弓は合板弓で、その中心には動物の角《つの》が使われ、その両面に硬質の木をはりつけたもので、その射程と打撃力は長弓に較べて、はるかに大きいものである。

出征に当たって、各兵士は必ず数頭のウマをともなうことが規定されていた。モンゴル兵は全員が騎兵で、歩兵は全然なかった。これがモンゴル軍の驚くべき機動力の原因である。

攻城にあたっては、主として捕虜を使用し、モンゴル兵は督戦隊として後方に配置された。

以上に述べたように、モンゴルの軍事組織はきわめて単純であり、全部が軽装の騎兵隊で、その戦闘は機動力と騎射によって決せられた。このモンゴル部隊が決戦の主力で、異民族によって構成される厖大な兵力は、すくなくとも野戦においては補助部隊の役割をもったにすぎない。

アレクサンドロスは戦闘にはしばしば、みずから先頭に立ち、ときには重傷を受けるようなこともあった。これに反してチンギスは、先頭に立って戦ったというようなことは、若いころを除いてはほとんどない。彼は本営あるいは後方にあって、全体としての戦線の指揮をとることを常例とした。これは金の討伐や中央アジア、ペルシアへの遠征を一見すれば、明らかである。

チンギスの戦略の最大の特徴、あるいはその常勝の原因はすこぶる簡単で、つねに特定の戦場において敵に対し圧倒的な兵力を使用するという原則である。いいかえれば、必勝の成算がない戦いは戦わなかったという点にあった。

5 チンギス・ハーン以後の中央アジア

ジャガダイ・ハーン国

チンギス・ハーンには皇后ブルテが産んだジュジ、ジャガダイ、オゴダイ、トゥルイの四

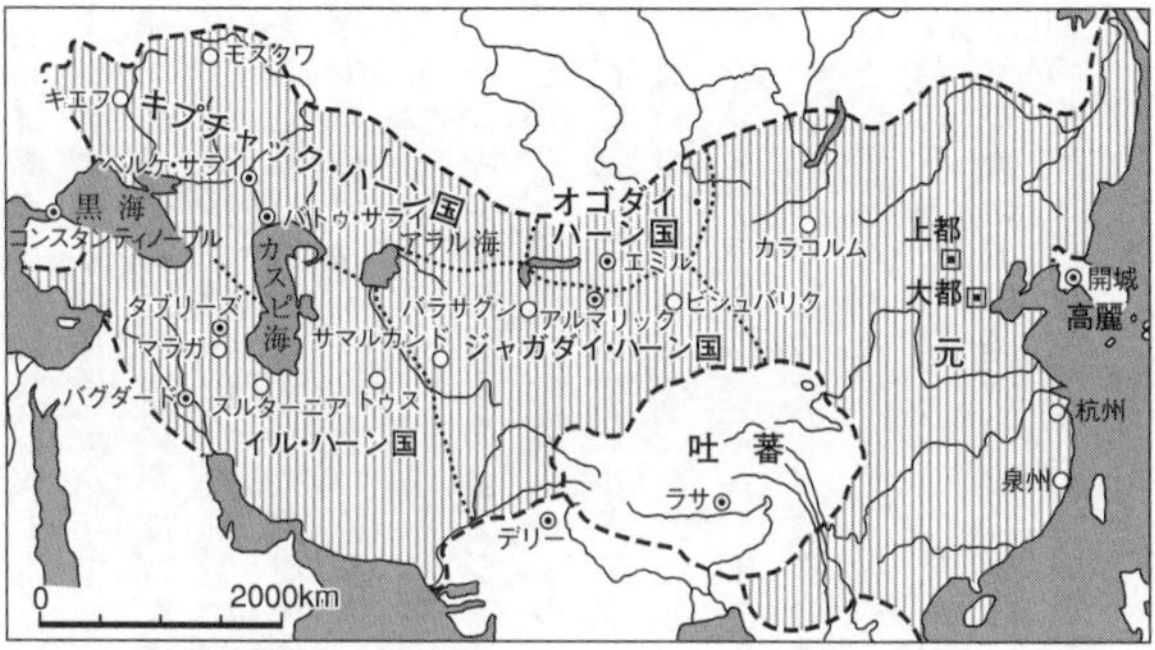

モンゴル帝国

人の皇子があった。そのおのおのには広大な領地があたえられ、中央アジアは次子ジャガダイの所領になった。ジャガダイ・ハーン国の領域は、北はバルハシ湖から南はヒンズークシ山脈、東はロプ湖から西はアラル海にいたる中央アジアのほとんど全域をふくんでいた。いいかえれば、東西両トルキスタンがその所領になっていたのである。

ジャガダイ・ハーンの本拠は、東トルキスタン西部のイリ川上流のアルマリック付近にあったらしい。それは、首都としては、いちじるしく北東方に偏していたが、おそらくモンゴル人は、サマルカンドやブハラのような都市に住むことを好まず、草原を選んだものと考えられる。

ジャガダイは有能な軍事的指導者であったが、政治的才能にも恵まれており、中央アジアのイスラム勢力を無視することはなかった。彼は西トルキスタン出身のイスラム教徒ジュミラット・アル・ムルクというものを宰相に任じ、イスラムの寺院《モスク》や学校《マドラッサ》を保護した。しかし彼自身はイスラム教には改宗しなかった。

ジャガダイは在位一六年で一二四二年に死んだが、その前年には全モンゴルの皇帝としてチンギスのあとを継いだオゴダイ・ハーンもまた崩じた。全モンゴルの支配者としてのオゴダイの死後、その位の後継者に関して紛争がおこり、オゴダイの皇后トラキナが摂政となった。これと同様に、ジャガダイの位の後継者についても争いがあり、皇后が摂政となって、年少の孫カラ・フラグが位を継いだ。

チンギス後継者らの全アジア的抗争

しかし、第二代のカラ・フラグの時代になると、このハーンの実際上の支配権は西トルキスタンに限られ、東トルキスタンは事実上、独立してドグラート部族の国になり、中央アジアは二つに分割されることになった。

カラ・フラグは一二五二年ごろに死に、その皇后オルガナ・ハトンが摂政になった。しかし一二六一年、カラ・フラグの子アルグに攻められて、アルマリックから駆逐され、アルグが支配者となった。

ところがまもなく、このアルグもまたトゥルイの子フビライ（元朝の世祖）に追われて、サマルカンドに逃げたのち、ついにフビライに屈服し、ジャガダイ・ハーン国は事実上、元朝の支配下にはいった。しかも中央アジアにおけるチンギス・ハーンの子孫のあいだの葛藤・紛争はまだつづく。

アルグが死ぬと、王位はその子ムバラックによって継承されたが、フビライはこの若年の王を補佐するために、やはりジャガダイの孫であるボラックを摂政に指名した。ところがボラックは、逆にムバラックを駆逐して、みずから王位についた。

この前後、オゴダイの孫ハイドが勢力をえてボラックとむすび、東方の元朝皇帝フビライ・ハーンと鋭く対立することになった。しかしボラックが一二七〇年に死んだので、すくなくとも西トルキスタンはハイドの独壇場となった。

これよりさき、第三代の全モンゴル皇帝マング・ハーンは、フビライの弟フラグに命じてペルシアを征服させた。

一二五三年、フラグはモンゴリアを出発し、ペルシア全土を席捲して、一二五八年にはバグダードを攻略し、カリフ・ムスタッシムを殺して、七世紀以来の伝統を誇るカリフ朝を断絶させた。そしてフラグはそのままペルシアにとどまって、イル・ハーン王朝を建てた。

フラグ・ハーンは一二六五年に死に、その位は長子アバガが継承した。このイル・ハーン朝は、つねに元朝のフビライの宗主権を認め、ハイドには反対の態度をとった。

さてボラックの死後、ジャガダイ朝の王位継承についてはいくつかの紛争が生じたが、結局、ボラックの子ドワが勝利をえて、一二七三年ごろ位を継いだ。ドワの在位はおよそ三二年におよび、その間、西北インドのペシャワール・ラホール・デリーなどにしばしば侵入したが、一方ではハイドに加担して元朝の西北部をさわがせた。

一二九四年、元朝ではフビライが死に、その孫ティムール・ウルジャイト（成宗）が位を継いだ。ハイドとドワの連合軍は依然として元朝の辺境に攻撃を加えつづけたが、ハイドは一三〇一年ごろ、元軍と交戦中に死んだ。ついでドワもまた一三〇六年に没した。

中央アジア、二つの世界となる

ドワの位はその子グユクによって受け継がれたが、グユクは在位二年で死に、ジャガダイ系統のタリックが位についた。タリックはジャガダイ朝の君主としては最初のイスラム教徒であったが、タリックの改宗に憤激した部下のモンゴル人によって殺害され、ドワの子のカバックが擁立された。

一三〇九年にカバックが位につくと、ただちにハイドの一子チャパールがオゴダイ系統の首長たちを糾合して攻撃を加えてきた。しかしこの連合軍は敗退し、一部は元朝の領土に、一部は西方のキプチャック・ハーン国にのがれた。カバックは即位後一年もたたないうちに、位をその兄イサン・ブハに譲った。

イサン・ブハは元朝の西方境域に侵入したが、たちまち撃退されて逃げかえり、つぎに西方へ向かってイル・ハーン国に攻撃を加えた。しかしこの遠征もまた失敗して、イサン・ブハは退位し、一三二一年ごろカバックが再び位についた。

ジャガダイ・ハーン朝の後裔は、その後も数代はつづいたが、まったく実権をもたなかった。事実上、ジャガダイ・ハーン国はチャパール・カバック前後は、完全に東西の二つに分裂したものとみられる。のちにティムールが西トルキスタンを再統一して、ジャガダイ系統の一人を王位につけたが、これはまったく名目的なものにすぎなかった。

チンギス・ハーンによって統一された中央アジアは、ジャガダイ・ハーン国の滅亡によって、ふたたび二つの世界、すなわちパミール・アライ山脈を境界として、西のマワランナール（西トルキスタン）と、東のモグリスタン（東トルキスタン）に分裂し、その後、現代にいたるまでこの区分がつづくことになった。

6　ティムール朝の興亡

「緑の町」に生まれた「鉄の男」

ティムールは、トルコ語・モンゴル語で「鉄」を意味する。この大征服者の名は、西洋ではタメルランとして知られ、タメルランの名はチンギス・ハーンよりも、むしろ一般により広く知られている。この名まえは、ティムール・イ・ランク、すなわち「足の悪いティムール」がなまったものである。彼は若い時代に戦いで負傷して足に障害が残ったので、こう呼ばれた。

英雄の出生や系譜には、虚構や伝説がつきものである。ティムールはモンゴルのバルラス部族に属するハラチャル・ノヤンという首長の子孫で、ハラチャルはチンギス・ハーンの子ジャガダイ・ハーンの宰相であった、という伝説があるが、これは現代の多くの学者によって否定されており、彼の出身はトルコ系であったとされている。

ティムールの父はタラガイといい、一三三六年にサマルカンドの南のケシュで生まれた。ケシュは、現在はシャーリ・サブツと呼ばれている。シャーリ・サブツとは「緑の町」という意味である。タラガイはケシュ地方のアミール（支配者）であった。

ティムールは若い時代から行政と狩猟に非凡な才能を示していたという。彼が青年期に達しようとしていたころの中央アジアは、ほとんど無政府状態にあった。そこで、そのころの情勢を簡単に説明しておきたい。

ティムールが生まれたころ、ガザン・ハーンがジャガダイ・ハーン国の王位についたが、この支配者は最悪の暴君だといわれ、その残忍非道な行為は貴族たちのつよい嫌悪の的となっていた。その結果、一三四五年には貴族・有力者たちはアミール・ガズガンというものを指導者に推戴し、ガザン・ハーンに対して反乱を起こした。ガザンはただちにみずから討伐に出征して反乱軍を撃退したが、その冬は大雪に見舞われ、多数のウマ・ヒツジを失った。

これを聞いたガズガンは、反撃してガザンを破り、この暴君を戦死させ、ジャガダイ系統のバヤン・クーリを擁立してハーンの位に即《つ》かせ、実権は自分が握った。

ガズガンは、一三五七年、いまのアフガニスタン北東部の名邑クンドスで暗殺されたが、その子アブドラがアミールを継承し、それまでアム川付近の牧地サーリ・サライにあった本営をサマルカンドに移した。それからまもなくバヤン・クーリを殺害し、傀儡君主としてティムール・シャー・オグランを擁立した。

アブドラのこの行為に怒った貴族たちは、反乱を起こしてサマルカンドに進撃した。アブドラはヒンズークシ山脈中部の険峻なアンダラーブ峡谷に逃げこみ、そこで一生を終わった。

このような混乱の結果、西トルキスタンは有力な貴族の割拠状態におちいり、収拾のつかない内乱がつづいた。

一方、当時の東トルキスタンでは、トグルック・ティムール・ハーンが王位にあった。彼は西トルキスタンの分裂状態を利用してこれを併合しようと考え、一三六〇年、大軍をひきいてカシュガルを出発し、コージェント川を渡り、シャーリ・サブツへ向かった。これを聞いたケシュのハッジ・ビルラスは敵しがたいことを知ってペルシアのホラサン地方へのがれた。

ティムールの興起

このとき、二四歳に達したティムールは、ハッジ・ビルラスにともなわれていたが、彼は故郷のケシュが苦境にあるのを見るに忍びず、ビルラスに懇願して故郷の地にかえった。ケシュのアミールたちは、この若いティムールの才能とその熱意に感じて、ケシュとアム川にまたがる地域の軍事指揮を一任することになった。

翌一三六一年になると、いったん西トルキスタンから撤退したトグルック・ティムール・ハーンは、ふたたび侵入してサマルカンドを攻略・占領し、その子イリアス・ホージャ・オグランを総督の地位につけ、その補佐役にティムールを任命した。しかしティムールは同僚の将軍たちの態度に不満をいだいて脱走し、義兄弟のアミール・フセインの軍と合流、一三六三年までには相当の兵力を集め、イリアス・ホージャ・オグランの軍を破って、これをオクサス地方から駆逐した。

こうしてティムールは、一三七〇年までには、この地方一帯を平定して確固とした地位を築いた。しかし、みずからはジャガダイ・ハーン国の王位にはつかず、かわりにジャガダイ系統の王を位につけた。

このようなティムールの態度は、一つにはチンギス・ハーンの血統であるジャガダイ系統に対する畏敬の念を表わすものであったが、同時に彼自身が虚名をきらい、自己の実力で満足していたことによるものであった。こうしたティムールの人柄は、部下のすべての将兵の絶対的信頼をえただけではない。多くの学者・詩人・音楽家ならびにイスラムの宗教人たちは、きそってサマルカンドに集まるようになった。

また、彼は一般民衆に対して、当時としては寛大な待遇をあたえたので、あいつぐ兵火のために衰えた古都サマルカンドはその繁栄を回復し、当時の世界で、もっとも殷賑で美しい都といわれるようになった。しかしティムールの活躍はなおつづく。

詩人ハーフィズとティムール

征服者の行動はとどまるところを知らない。中央アジアの統一が実現すると、ティムールは、一三八四年にはまずペルシアに侵入し、ほとんど大きな抵抗を受けることなく、その北

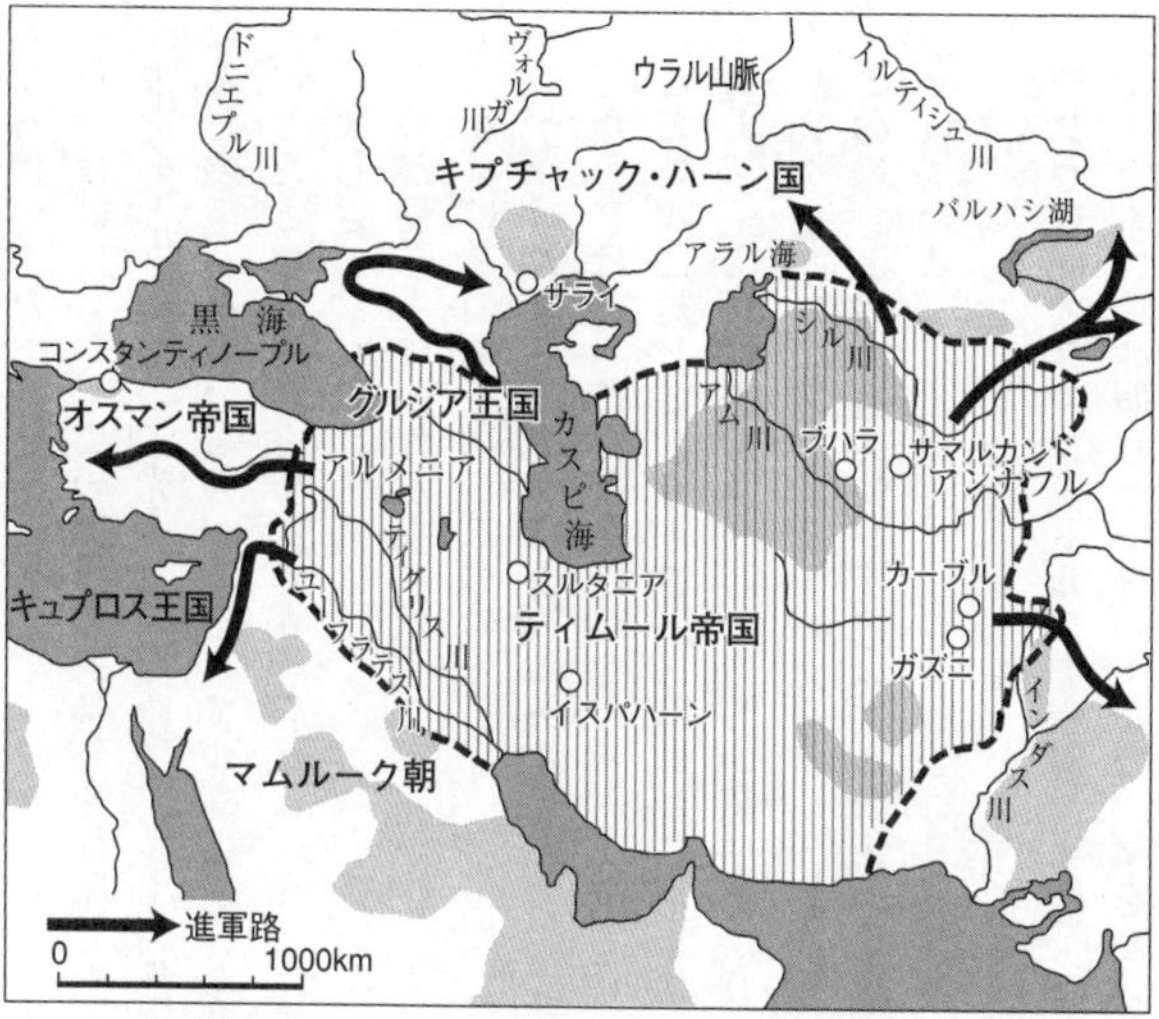

ティムール帝国

部を征服した。

ついで一三八六年にはアジェルバイジャン地方を通過してジョルジャにはいり、これを平定したが、ペルシア西南部のファルス地方が反したので、急遽その中心地のシーラーズへ向かい、この古都を攻撃して降伏させた。しかしこの都に駐屯していた三〇〇〇人のティムールの将兵がペルシア人に不意を襲われ、虐殺されたので、ティムールは憤怒して、復讐のため七万のペルシア人を殺し、その頭蓋骨でピラミッドを築いたといわれる。

このような残酷な行為もあったが、しかしティムールはシーラーズが降伏・開城すると、まず この都に住む大詩人ハーフィズを呼びよせて謁見を命じた。伝えられるところによるとティムールはいった。

「自分は剣によってこの世界の大部分を征服し、わが都であり、わが帝国の首都であるサマルカンドとブハラの栄光と富のために、多くの都市を征服、あるいは滅却した。しかるに、なんじのような弱いものが、あえてつぎのような詩をつくってこの二つのわが都をないがしろにしたとはなにごとであるか、答えよ。

美しき乙女シーラーズよ。
わが愛を受けいれるならば、
われはその頰《ほほ》を飾る二つの黒子《ほくろ》、
サマルカンドとブハラを汝にあたえん。

と、なんじは誇ったではないか」

この詰問に対して、ハーフィズは地にひざまずいて答えた。

「ああ、王よ。このようなわたくしの思いあがりが、いまのわたくしの、このみじめさをまねいたのです」

この当意即妙の答えに、ティムールは大いに喜んで、この詩人に厚い待遇をあたえた、といわれている。

モスクワ、オスマン・トルコを撃破

シーラーズを征服したティムールは、軍をかえして北方へ進み、ロシア東部のモンゴル王朝のトクタミッシュ・ハーンを攻めくだし、モスクワを掠奪し、滅却してしまった。ついでペルシア南部を征服し、インドではインダス・ガンジス両河の流域に侵入して多くの戦利品をえた。しかしこの大征服者の西方遠征での最大の勝利は、オスマン・トルコ軍を大敗させ、スルタン・バヤージッドを捕虜にしたことであろう。

これよりおよそ一世紀以前、オスマン・トルコ人はチンギス・ハーンのモンゴル兵に追われて、中央アジアから西方へ遁《のが》れ、西南アジアに一大帝国を建設した。ティムールとバヤージッドは、一四〇二年、いまのトルコの首都アンカラ付近で会戦し、トルコ軍は大敗を喫した。スルタン・バヤージッドは捕えられ、鉄製の檻にいれられてサマルカンドに送られたという。

アンカラの会戦には、スペインのカスティラ王の使節ルイ・ゴンザレス・デ・クライホがティムール軍に随行していた。クライホの旅行記はこの大征服者の言行とその領土について、きわめて正確な資料を提供している。とくにティムールの首都サマルカンドとその宮廷の壮麗さは、この使者によって生き生きと描写されている。

そのとき、サマルカンドの宮廷には中国の明朝から派遣された使節がきており、ティムールに謁見のさいの席次はクライホの上席を占めていた。これを見て、ティムールはスペインの使節と中国の使者の席次をただちにいれかえさせたという。

アンカラの会戦に大勝して本国に帰還すると、ティムールはまもなく中国征服の準備を始めた。この遠征の名目は、偉大なチンギス・ハーンの子孫を中国から追った明朝に復讐することと、邪教徒を征伐するためのイスラムの聖戦《ジハード》だということにあった。ティムールは一族・将軍を招集して大会議をひらき、明朝討伐を決定した。そして二〇万の精鋭をひきいて出発し、オトラル付近でシル川を渡ったが、まもなく病気を発して死んだ。ときに一四〇五年、六九歳であった。

ティムールとチンギス・ハーン

まえにアレクサンドロスとチンギス・ハーンとを比較した。この二人の世界征服者のあいだには時間的にも、その背景においても、あまりに大きな差がありすぎた。しかしチンギスとティムールとの時代差は、わずか一世紀半しかない。しかもこの二人の一人はモンゴル人であり、他はトルコ系である。

しかしながら両者の背景と、彼らがもつ伝統は、けっして同じではない。チンギスは純粋な遊牧民の出身であり、およそ文明とは縁の遠い環境にあった。これにくらべて、ティムールは中央アジアのオアシス市民であり、古いペルシア文明の伝統のうちに育った。したがってチンギスにくらべて、ティムールの行動や政策は、より開明君主のタイプに近いといえるであろう。無用の破壊や殺戮は行なわなかった。

チンギスとティムールの軍事的指導者としての型もまた異なる。前者はみずから第一線に立って戦うということはほとんどなく、どちらかといえば戦略家であり、よりつよく政治家タイプであった。ティムールはチンギスにくらべると、よりアレクサンドロス型で実戦にも勇猛果敢であった。しかし部下から絶対的信頼をえていたという点では同じである。用兵においては、チンギスは騎兵集団による機動作戦で、歩兵は使用しなかったが、ティムールは歩騎併用であった。

チンギスは中央アジアでイスカンダール（アレクサンドロス）という名まえを聞いてはいなかったかも知れない。しかし、かならずしも聞いていなかったと断言することもできない。イスカンダールはアレクサンドロスのなまった形で、非常に古くから中央アジアに伝えられていたものと思われる。イスカンダール説話として現存するもっとも古いものは、ペルシアの有名な詩人フィルドゥシ（九三五〜一〇二五）の『イスカンダール・ナーマ』（アレクサンドロス物語）であるが、この説話がそれよりはるかに古くから、いろいろな形の口頭伝承として存在したことは明らかである。

チンギス・ハーンは、一二一九年から一二二五年まで、およそ六年間を中央アジアですごしている。そのあいだにイスカンダールについてなにも耳にしなかったとはいえない。のちに触れる中央アジアのシャイバニ王朝に、イスカンダール・ハーンという名まえをもつ君主も出ている。しかしいずれにせよ、ティムールのばあいはチンギスを敬慕し、みずからチンギスにならったことに疑いはない。

ティムール朝の滅亡

ティムールのあとは長子のジャハン・ギールが継いだが、早く死んだので、孫のピール・

ムハマッドが即位した。しかし彼には祖父が残した広大な帝国を支配する力はなく、従兄弟のハリールに位を奪われ、ハリールもまた部下によって廃位された。ついで、ティムールの末子シャー・ルックが即位すると、彼は反逆者を討伐して、その子ウルック・ベックをサマルカンドの総督に任命し、みずからはヘラートにうつって、ここを首都とした。

シャー・ルックもまた開明君主型の支配者で、そのほぼ半世紀（一四〇九〜四七）にわたる在位期間に、戦争によって荒廃した都市を復興し、とくに古都メルヴとヘラートを改修した。ヘラートの宮廷は華麗をきわめたもので、いまのヘラート付近になおその面影をとどめている。

しかし開明君主としては、このシャー・ルックよりも、むしろそのあとを継いだウルック・ベックのほうが名高い。ウルック・ベックは父帝の位をつぐまで三八年にわたってサマルカンドを統治し、たんに学芸を奨励しただけではなく、みずからも好学の人で、天文学を研究し、いまも遺跡としてサマルカンドに残っている大天文台を建設して、みずから天体観測を行ない、有名な天体位置表を作製した。この天体位置表の正確さは、のちの西洋の天文学者を驚嘆させ、オックスフォード大学のジョン・グリーヴスによってラテン語に翻訳された。

ウルック・ベックが位につくとまもなく、おいのアラ・アル・ダウラが反乱を起こし、これはまもなく鎮定されたが、子のアブダルによってこの開明君主は殺害された。アブダルは一四五二年にはそのいとこのアブー・サイドによって殺され、このころからティムール朝は衰退しはじめる。

その後のおよそ三〇年間の中央アジアは、ふたたびティムールによる統一以前の混乱状態におちいり、帝位をめぐって骨肉あいはむ内乱がつづいた。アブー・サイドはペルシアのアジェルバイジャン地方の反乱の鎮圧に出征したが、敗れて捕えられ、彼と敵対関係にあった親戚の者に引き渡されて斬首された。

アブー・サイドの子スルタン・アフマッドが帝位をついだが、このころにはティムール朝の権威は地に落ち、東トルキスタンは分離し、このような情況にあって失望したアフマッドは、飲酒・安逸にふけり、弟のムハマッドによって暗殺された。しかしムハマッドもまた、まもなく殺害され、このようにしてティムール朝はますます混乱を深めつつあった。

ムハマッドのつぎのバイスンクールは年少であったし、利害の衝突する多くの党派の勢力争いに苦しんで隠遁し、一四九九年に死んだ。バイスンクールが死ぬと、ティムール朝の領土は二人の若いティムールの子孫に分配されたが、これはまったく名目的なものにすぎなかった。

こうしてティムール朝は一四〇年で滅びてしまった。そして中央アジアには、また新しいモンゴル系統の勢力の台頭がはじまるのである。

第七章　ウズベク王朝と帝政ロシア

1　ウズベク諸王朝の興亡

シャイバニ王朝の中央アジア支配

チンギス・ハーンの長子ジュジは父帝にさきだって死んだが、その子バトゥには、所領として東はバイカル湖の北東部から西はロシアをふくむ広大な地域があたえられ、バトゥ・ハーンはカスピ海に注ぐヴォルガ川下流に沿う地にあるサライを根拠地とした。この地方はトルコ系キプチャック人の国であったので、バトゥの領地はキプチャック・ハーン国と呼ばれ、あるいは金帳ハーン国ともいわれた。金帳とはハーンの天幕が黄金でおおわれていたからだという。

ジュジの第五子にシャイバンというハーンがおり、その所領はアラル海付近にあった。このハーンの大天幕は白色であったので、白帳ハーン国と呼ばれた。白帳ハーンのモンゴル部衆は、十五世紀にはウズベクとして知られるようになったが、この名称の起源には異説があって、はっきりしない。

ウズベク族のシャイバニ王朝は、シャイバンの六世の孫アブル・カイヤールによって建設された。アブル・カイヤールは一四六三年ごろ部衆をひきいて、モグリスタンすなわち東トルキスタン北部に移動し、その王イサン・ブハに迎えられてチュー（砕葉）川の付近に牧地をあたえられた。この部族はその後ウズベク・カザック、あるいはたんにカザックとも呼ばれるようになった。一五〇一年、アブル・カイヤールの子ムハマッド・シャイバニ・ハーンは、サマルカンドを占領してシャイバニ王朝を建てた。シャイバニは西トルキスタンの大半を征服したのち、ペルシアのホラサン地方にも侵入した。このころ、シャイバニはのちにインドのムガール朝の始祖になったバーブルを撃破して、アフガニスタンに追いはらった。

その後も、シャイバニはイラン・イラクに侵入して活躍したが、ペルシアのサファヴィ朝のシャー・イスマイルとホラサンで戦って敗死した。

シャイバニ・ハーンの死を知ったバーブルは、一五一一年にカーブルを出発して西トルキスタンに侵入し、シャー・イスマイルと共同作戦をとり、ウズベク族を破って、これを北方へ駆逐した。

こうしてバーブルはサマルカンドに入城し、西トルキスタン南部の支配権を獲得した。しかし一五一二年には、バーブルはウズベクに敗れてカーブルに帰還し、北方への進出を放棄し、もっぱらインドの征服に力を注ぐことになった。

ウズベク族のシャイバニ朝は、およそ一〇〇年のあいだ西トルキスタンの支配的勢力であったが、このモンゴル部族は元来の遊牧的な生活慣習にしたがって移動し、一定の首都をもたなかった。彼らの社会は、基本法としてチンギス・ハーン以来のジャサックといわれる慣習法にしたがい、君主であるハーンやハガーンを選挙によって決定し、政治的には地方分権的な封建制を採用して、サマルカンド・タシュケント・ブハラその他の地方は、各部族の首長の領地になった。

シャイバニ朝の時代には、ウズベクは、東方ではフェルガーナを越えて東トルキスタンのカシュガル・ホータンまでを領有し、南方ではムガール朝のバーブルの活動をヒンズークシ山脈の南部に抑え、ペルシアのサファヴィ朝のヘラート以東への進出を許さなかった。

しかしながらウバイドラー・ハガーンの死後、ウズベクには強力な指導者がなく、分裂への傾向を生じ、シャイバニ王朝はおよそ一〇〇年にわたる中央アジアの支配的地位をアストラ・ハーン朝に譲らざるをえなかった。

アストラ・ハーン王朝

ヴォルガ川下流のアストラ・ハーン地方には、チンギス・ハーンを祖先とするモンゴルの首長が古くから住みついていた。十六世紀末、この部族のヤール・ムハマッド・ハーンという首長は、西方から進出してきたロシア人に圧迫されてトルキスタンに移動したが、シャイバニ朝のイスカンダール・ハーンは、これを優遇して、その姫をムハマッド・ハーンの子ジャーニ・ハーンにあたえた。

ジャーニ・ハーンは、そのすぐれた軍事的才能を認められて、シャイバニ王朝が崩壊すると貴族階級によって王位に推戴された。しかし、彼はこれを固辞して、その子ディーン・ムハマッドを推挙した。まもなくムハマッドはホラサン地方においてペルシア軍との衝突で敗死したが、その後もアストラ・ハーン朝には有能な王がつづき、ペルシアのサファヴィ朝に対抗して西トルキスタンを確保することができた。

一六一一年ごろ位についたイマーム・クリ・ハーンも有能な王で、国内の治安と経済の発展をはかり、首都ブハラはこの中央アジアの暗黒時代における唯一の光明となったという。この君主はまた各地から著名な学者をまねいて、学芸の振興につとめた。そして在位三八年に達したとき、みずから退位して、その弟ナージル・ムハマッドに譲り、敬虔なイスラム信者として聖地メディナに巡礼し、そこで死んだ。

クリ・ハーンの死後、アストラ・ハーン王朝には、例によって王位継承をめぐる紛争がつづいた。この王の系統からはキヴァの領主アブル・ガディ・バハダール・ハーンのような勇敢な戦士であり、有名なモンゴル史家としても知られる学者が出た。アブル・ガディはその祖先チンギス・ハーン以後のモンゴル史を書いたが、この歴史は、とくに一五〇六〜一六六四年の中央アジア史の資料として、きわめて重要なものといわれている。

ナーディル・シャーの侵入

「最後のアジア的征服者」といわれるペルシアのナーディル・シャーは、ジョルジアのオスマン・トルコ軍を撃破すると、一七三六年には、中央アジアのモンゴル系のハーンたちに対して「自分はチンギス・ハーンの後裔とは友好的でありたい」と申し入れ、多くの黄金を贈ってウズベクの首長たちの歓心を買った。

こうして北方からの脅威を緩和したのち、ナーディル・シャーはインドに侵入して掠奪をほしいままにした。そしてインドを引きあげて中央アジアにはいり、ブハラへ向かった。彼はブハラのハーンに莫大な贈物をおくり、婚姻関係をむすんだが、その目的はキヴァに対する攻撃を容易にするための手段にすぎなかった。

ブハラの懐柔に成功したナーディル・シャーは、つぎにキヴァに使者を派遣して即時降伏を求めた。キヴァのイルバルス・ハーンはこの使者を死刑に処した。そこでナーディル・シャーは圧倒的な兵力でキヴァを攻略し、ハーンを殺してペルシアに帰還した。これが最後の打撃になって、まもなくアストラ・ハーン王朝は崩壊した。

2　最後のアジア的暴君

マンギット王朝の暗と明

ウズベクにマンギットという部族があった。その首長ラーヒム・ベイは、シャイバニ王朝の宰相として大きな貢献をした。彼は無能なアブル・ファイズ王が死ぬと、その王子アブドル・ムーミンを暗殺してみずから王位についた。このとき、ラーヒム・ベイはすでに老齢であったが、死去する直前に、さきに触れたアストラ・ハーン朝のアブル・ガディ・バハダールを王位に指名した。しかしこの有名な歴史家もすでに老年だったので、その子マスームが代わって政権を握った。

一七八四年ごろ、マスームはシャー・ムラードと名乗って王位につき、ペルシアのホラサンに侵入して古都メルヴをかこんだ。当時のメルヴは付近を流れるムルガーブ川の水を利用し、西トルキスタンでもっとも富裕なオアシスの一つであった。シャー・ムラードは、この水利設備を破壊して、市民の糧食源を絶ち、メルヴを降伏させた。そして莫大な戦利品を獲得し、そのうえ市民の大部分をブハラに強制移住させた。

シャー・ムラードの征服欲はこれにとどまらなかった。彼はペルシア領に侵入してホラサンを掠奪し、多数のペルシア人男女を奴隷としてブハラに送った。そのため、奴隷の価格が暴落したといわれている。シャー・ムラードが東部ペルシアにもたらした荒廃は、十三世紀のチンギス・ハーンの侵入に匹敵すると伝えられている。

彼は一七九九年に死んだが、このような征服地に対する容赦のない行為とは反対に、彼自身の部衆のあいだでは、敬虔で有徳なイスラム君主とされていた。このムラード支配下のブハラは、イスラムの楽園といわれ、イスラム教の隆盛と経済的繁栄には著しいものがあった。シャー・ムラードの治下では、イスラムの法規・規定の違反は厳罰に処され、酒とタバコの使用は厳禁され、また窃盗と売淫は死刑をもって罰せられた。

シャー・ムラードは、その子サイード・ハイダール・トゥラを後継者に指名したが、例によって王位をめぐる紛争がはじまった。このころには、中央アジアにも大砲が導入され、アミール・ハイダールはこの近代的武器によって反乱軍を撃破した。この新しい君主は即位初期には成功したが、その後は対立していたキヴァの攻勢に対抗できず、ブハラ周辺への侵入を防ぐことに失敗した。

しかしまもなく、ハイダールは三万の軍を集めてキヴァに反撃する。これに対しキヴァの支配者イルトザール・ハーンは、少数の精鋭を指揮して後方をおびやかしたが、ブハラ軍はこれをも撃退した。ハイダールはこのキヴァとの戦いにおける一応の成功に満足してブハラに帰還し、以後は無気力なイスラム信者として、後宮の女たちにとりかこまれた生活のうちに一八二六年その生涯をとじた。

一方においては敬虔なイスラム教徒であり、他方においては狂暴な君主でもあったハイダールは、ティムール王朝崩壊後の西トルキスタンの混乱した情況の代表者だといえよう。しかし西トルキスタンの悲劇はハイダールをもって幕をとじたものではけっしてない。それはつぎのナースルウラー・ハーンにおいて、その絶頂に達する。

暴君ナースルウラー

ナースルウラー・ハーンはアミール・ハイダールの第三子で、王位につく可能性はほとんどなかった。

しかし彼は、父王の在世中から、野心のためにはあらゆる機会をのがさなかった。宮廷の宰相であり、彼自身の義父であったアヤーズ・トプチバーシはもちろんのこと、有力な軍隊指揮者たちに対しても、彼らの歓心を買うためにあらゆる手段を弄した。ハイダールが死ぬと、その長子フセイン・ハーンがアミールの位についたが、ナースルウラーはこの新しい君主に対し、表面ではきわめて忠誠の意を表していた。しかしフセインが在位わずか三ヵ月で死去すると、彼はただちに仮面をぬぎすて、サマルカンドでみずから即位した。

ところが、その兄弟の一人オマール・ハーンは、ナースルウラーの不在に乗じてブハラの支配権を奪取した。ナースルウラーは急遽ブハラに引きかえし、これを包囲攻撃して降伏させた。オマールはブハラの陥落以前に脱出・逃亡したが、彼を支持した人びとは容赦なく処刑された。

ナースルウラーは、こうして政権を完全にその手中におさめると、つぎにはその義父であり有力な支持者であるアヤーズ・トプチバーシを監禁し、また、軍の指揮者をつぎつぎに処刑した。もっとも忠実なナースルウラーの擁護者であったイスラムの宗教的指導者たちも、ナースルウラーにとっては権力への道のためのたんなる道具にすぎなかったのである。絶対権を握ると、彼は宗教的指導者の権威を剝奪し、すべてを王権のもとに集中した。

近代の中央アジア探検史上の悲劇として有名なイギリスのチャールズ・ストッダードとアーサー・コノリーの遭難事件が起こったのは、このナースルウラーの時代である。十九世紀の前半には、中央アジアをめぐってイギリスとロシアの鋭い対立がはじまった。一八四二年、イギリスは外界にはまったく未知の、とざされた地ブハラに使者を派遣した。その一人、イギリス・インド軍のストッダード大佐はたちまち捕えられ、つづいて出発したアーサー・コノリー大尉もまた同じ運命に陥った。

これらの使者を派遣したイギリス政府の意図は、ロシアの使者がすでにナースルウラーと接触したという情報にもとづき、その対応策として、この暴君を懐柔し、ロシアの進出をくいとめることにあった。一方、ロシアの使者バタニエフは一八四〇年にブハラにはいり、ナースルウラーに多額の贈物をしたが、結局、なにもえられないままに、翌年帰国せざるをえなかった。ところがストッダードとコノリーの運命はさらに不幸であった。すなわち、ストッダードはイスラムへの改宗を拒否したため、ただちに斬首された。生命を救う代償として、コノリーも改宗を要求されたが、彼がこれを拒絶すると、たちまち首をはねられた。

この狂暴ではあるが、きわめて策謀に富み、多分に狡猾な君主は、一八六〇年に死んだ。病床における最後の命令は、彼の命に服従しなかった義弟の本拠シャーリ・サブズを屠り、その妻子をすべて殺せ、ということであった。

ナースルウラーの位を継いだのは、その子サイード・ムザッファル・ウッディン・ハーンである。彼の征服欲と残忍性もまた、父王に劣るものではなかった。ムザッファルは三八歳でアミールの地位についたが、ただちにシャーリ・サブズとコーカンドの奪取をはかり、さらには東トルキスタン侵入の野望をいだいた。しかしキプチャック人の強い抵抗に会して、この征服計画は進捗しなかった。

このころロシアの中央アジア経略は加速され、タシュケントはチェルナイエフ将軍麾下のロシア軍によって占領された。ムザッファルはロシア軍に対してその撤退を強硬に要求し、もし拒否されたばあいには、全イスラム教徒の聖戦《ジハード》によって対抗すると通告した。

しかしこの時代の西トルキスタンにおけるロシアの勢力は、もはや抜きがたいものに成長していた。ここでさかのぼって、つぎにロシアの中央アジア進出の経緯について述べておかなければならない。

3　ロシア帝国の進出

コサックの活動とロシア移民

十六世紀の前半になると、ロシア帝国の勢力はウラル山脈地帯にまで進出し、コサックの移動がはじまった。コサックということばは、トルコ語のカザックから出たもので、もともとは放浪者・冒険者・自由な民というような意味であった。

ウクライナ地方の農民・農奴の一部は、ポーランド人地主の搾取をのがれてドニエプル川下流に移住したが、これらのウクライナ人たちはコサックと呼ばれた。このコサックはウラル山脈を越えて、キルギス・サモエード・オスティヤック人などと戦いながら東方に進出し、一五八七年にはイルティシュ川流域のシビル・ハーン国の本拠で、シベリアの語源になったシビルを占領した。

コサックはさらに南方に進出して、バルハシ湖とアラル海とのあいだの草原に遊牧していたキルギス人と戦いをまじえていたが、アム川流域に富裕なオアシス国家が多いことを聞き、まずウルゲンジに迫り、そのハーンの不在に乗じてこのオアシス都市を占領・掠奪して帰った。

コサックの遠征につづいて、ロシアの移民は続々と東方へ向かい、一六六一年には、バイカル湖南岸にイルクーツクを建設した。こうして十七世紀のすえには、ロシアの東方領土は北は北氷洋に、南はトルコ・モンゴル系諸民族の地と境界を接することになった。

ピョートル大帝のねらいと遊牧民キルギスの抵抗

ピョートル大帝の中央アジア政策には二つの目的があった。その一つは当時の西トルキスタンのもっとも有力な国であったサマルカンド・ブハラ・キヴァをツァー政府の宗主権のもとにおくこと、もう一つは西トルキスタン経由によって、インドおよび中国との貿易による利益の獲得であった。この政策の第一歩として、ピョートル大帝はキヴァ・ハーンの即位式に使節を派遣した。

このころキヴァはブハラと争っていたので、ハーンはロシアの宗主権を認め、その援助によってブハラと対抗する策をとった。ピョートルはこの機会をとらえて、トルコ系の親ロシア首長ベコーヴィッチ・シルカッシをロシアの公爵に叙してキヴァに派遣した。ベコーヴィッチの使命はキヴァのハーンに即位の祝賀を奉呈すると同時に、シルル川とアム川の流域を調査し、インドとの交通の可能性を探索することにあった。

一七一七年、ベコーヴィッチは四〇〇〇の兵をひきいてキヴァへ向かった。しかしこのときには、親ロシア的なキヴァのハーンは死に、あとを継いだハーンはロシア勢力の進出を警戒し、ロシア軍を奇襲して、ベコーヴィッチをはじめ全軍を一人残さず殺害した。

このようにピョートルは最初の計画に失敗したので、つぎの目標として選んだのが、ヴォルガ川とイルティシュ川のあいだに横たわる大草原地帯であった。しかしこれに成功するためには、この地方を遊牧しているキルギス族の屈服を必要とした。

アンナ女帝の時代になると、キルギスとタタールとのあいだに紛争が起こり、一七三二年にはキルギスはロシアへの服属を代償として援助を求めた。その機会に乗じてロシアはキルギス草原に進出し、その結果キヴァとブハラとの境界に接することになり、オレンブルク要塞を建設した。オレンブルクはロシアから中央アジアへの隊商路の起点になった。

しかしこのようなロシアの進出は、中央アジアの諸ハーン国に不安を感じさせ、ブハラやキヴァのハーンはロシアの隊商に対する襲撃をくりかえし、他方ではキルギスやトルクメンなどの遊牧民たちがロシアおよびブハラ双方の隊商に対して掠奪を行なうようになった。そこでロシア政府は討伐を強化し、タタール人をオレンブルクの管轄下におき、キルギス人を西シベリアに編入した。

しかしキルギスはその後も依然としてオレンブルクの管轄地に侵入をつづけ、コサック植民地を襲い、一方ではキヴァもロシアの隊商を掠奪したばかりではなく、捕えたロシア人を奴隷として使役した。

ニコラス一世は、一八三九年、大砲その他の火器で装備した強力な部隊を派遣し、オレンブルク総督ペロフスキーの指揮のもとにキヴァの征討を命じた。ペロフスキーがオレンブルクを出発したのは、すでに冬期にはいった一一月であった。この遠征隊はキヴァの国境までのおよそ一五〇〇キロを五〇日で行軍する予定をたてていたが、その行程の半ばを過ぎないうちに、寒気のために砂漠のうちで遭難し、一〇〇〇人の兵員と八〇〇〇頭のラクダを失って総退却をせざるをえなくなり、この遠征は失敗に終わった。

4　ロシアの西トルキスタン征服

火砲援護による侵入

ペロフスキー総督の遠征は失敗したが、キヴァのアラー・クリ・ハーンは、一七四〇年、オレンブルクに使者を派遣し、四〇〇人のロシア人奴隷を送りかえした。総督は和平に同意し、一七四二年にはキヴァと同盟を結んだ。

ペロフスキーはキルギス平原経由のルートよりも、アラル海からシル・アム両河流域に達するルートを採用するほうが有利であるという結論をえて、アラル海に注ぐシル河口にカザリンスク要塞を建設し、この大河の下流にいくつかの砦を設けた。

コーカンドのハーンはシル川の全流域を領有していたので、ロシアのこの行動に対する報復としてゲリラ的襲撃をくりかえした。ロシア軍はこれに対して、シル河口から四〇〇キロ上流にあるコーカンドを占領した。こうして中央アジアの北部に地歩をかためたロシアは、一八五四年には、バルハシとイシック・クールの両湖のあいだの地帯にまで進出した。脅威を感じたコーカンドのハーンは、ロシア軍の前進基地を攻撃した。ロシア軍はこれに反撃してイリ盆地に侵入した。

一八六四年、コーカンド軍がタシュケントに集結中との情報をえて、ロシア軍のチェルナイエフ将軍は、有力な火砲によって援護された一〇〇〇人の歩兵隊を使用して、翌一八六五年にはこの都市を占領した。この成功によって、ロシアの勢力範囲はコーカンド・ブハラ・サマルカンドの領土と直接に接触することになり、これに対しアミールたちは結束してロシア軍の南下に対抗することになった。

ブハラのアミールであったサイード・ムザッファル・ウッディンは、イスラム教の聖戦《ジハード》を唱えて、異教徒ロシア人に抵抗する決意をかためた。これに対しチェルナイエフは、歩兵一四大隊、コサック騎兵四大隊、大砲一六門の軍隊を指揮してサマルカンドへ向かった。しかし住民の強い反感のために補給困難におちいり、引きかえさざるをえなかった。

この失敗はイスラムの指導者たちに自信をあたえ、サイード・ムザッファル・ウッディンは、四万の兵を集めてタシュケントの奪回をはかった。

サマルカンドとブハラを併合

このころロシア軍は、チェルナイエフにかわってロマノフスキーが司令官に任命され、彼は三六〇〇人の兵をひきいてタシュケントを出発し、コージェント付近で四万人と号したアミール連合軍を破った。そしてさらに進撃をつづけ、一八六六年にはザラフシャン盆地を占領した。

この年、モスクワ政府は、中央アジア近代史上もっとも有名なコンスタンティン・ペトロヴィッチ・カウフマン将軍を、タシュケントを首府とするトルキスタンの総督に任命した。カウフマンは着任すると、アミールたちに対して国境線の現状維持、通商上の平等および五〇万ルーブリの損害賠償金の支払いを条件に和平を提議した。

しかしアミールが回答しなかったので、将軍は中央アジア最古・最大のオアシス都市サマルカンド攻撃を決定し、一八六八年五月一二日にみずから三六〇〇の兵をひきいて、この都に近くアミールの連合軍が布陣するザラフシャン川左岸の高地を奪取してサマルカンドへ向かい進撃した。翌日、この大都市は降伏した。カウフマンは数百の守備兵を残して、ただちにブハラへ向かった。

ロシア軍の本隊がサマルカンドを離れると、市民の誘導により、二万のイスラム軍が入城してロシアの守備兵に攻撃を加えた。守備兵は勇敢に防戦したが、二〇〇人ちかい死傷者を出した。

伝令によってこれを知ったカウフマンは、ただちに引きかえしてサマルカンドにはいり、報復として虐殺と掠奪を行なった。アミール・ムザッファルは退位した。名都サマルカンドはロシアに併合されてトルキスタンの一部になり、ブハラもまもなく降伏した。

しかしサマルカンド陥落の翌年になると、キヴァのゲリラ部隊が活躍しはじめ、キルギス草原に出没して、トルキスタンと西シベリアをつなぐ交通路を脅威した。そこでロシア政府はトルキスタン確保のために、キヴァを屈服させざるをえなくなった。

このころになると、ロシア軍はしばしばの軍事行動によって中央アジア対策に必要な多くの経験と知識をつみかさねてきており、キヴァへの進出計画は綿密に構成されるようになった。にがい経験から、ロシア軍は草原・砂漠を横断するために不可欠な連絡補給のための基地を各処に設置し、またカスピ海東部のオレンブルク、シル河畔のペロウスキー、タシュケントの各根拠地から、それぞれ異なる経路をとる数部隊を進発させた。

これらの諸部隊はほとんど同時にキヴァに到着し、およそ一万四〇〇〇人の軍を集結することができた。こうして一八七三年三月二四日、ロシア軍はキヴァを屈服させた。ハーンはツァーの臣下になることを承諾し、すべてのロシア人およびペルシア人捕虜を釈放し、二五〇万ルーブリの賠償金を支払う条件で和平をむすんだ。ハーンの称号は許されたが、それは名目的なものにすぎなくなった。

一八七五年にはコーカンドもまたカウフマン将軍によって占領され、一八七六年にロシア領トルキスタンに編入されてフェルガーナと改称され、ロシア帝国の一部になった。

奴隷供給者テケ族の抵抗

以上で述べたように、一七八三年までに西トルキスタン東部はツァーの支配下にはいった。そこで残されたのは、アム川とカスピ海のあいだの地域だけになった。この地域の面積は約六〇万平方キロメートルもあって、日本の二倍に近く、その大部分は草原と砂漠の交錯地帯で、川といっては、ヒンズークシ山脈から北流して砂漠中に消えるムルガーブ・タージエント両河があるだけである。

この地域には、古くからイラン系とトルコ系の混血であるトルクメン人が遊牧生活を送っており、トルクメニアあるいはトルクメニスタンと呼ばれている。古い時代には、トルクメンはカスピ海北東のマンギスラーク半島をその中心地としていたらしいが、一七一八年ごろにモンゴル系のカルマック（トルグート）族に追われて南下した。

十九世紀においては、トルクメンの最も有力な部族はテケ族であった。テケ族はキヴァのハーンに従属して貢物を納めていたが、おそらく人口増加の圧力によって十九世紀のはじめにはタージェント川流域に移動したものと思われ、ロシアの進出前後の人口は二〇万前後と推定される。

このテケ族は、トルクメン最大の部族であったばかりでなく、その剽悍な性質で恐れられていた。彼らは遊牧・農耕のほかに、キヴァ・サマルカンド・ブハラのような大オアシス都市に対する奴隷供給者として知られた。当時のトルキスタンでは奴隷制が一般的であり、多数の外国人が奴隷として種々の労役に使用されていた。

これらの奴隷のうちで、もっとも多かったのはペルシア人で、その数は一〇〇万人、ロシア人も数千人に達していたといわれ、そのかなりの部分はトルクメンによって捕えられ、売却されたものであった。

ロシアは、ブハラ・キヴァを支配下におくと、奴隷を禁止し、奴隷市場を閉鎖した。そこで一八七七年ごろ、テケ族はロシア人の侵入に対して共同行動をとることをペルシアに申しいれたが、これは、すでにトルキスタンを自国の勢力範囲と規定していたツァーの政府にとっては大きな衝撃であった。同時に、独立のトルクメニアはロシアの通商にとっても大きな障害とみなされた。

一八七七年、ロシア政府はロマーキン将軍に、テケ族の根拠地キジル・アルヴァトの占領を命じた。しかしゲオック（ダンギル）・テペにおけるテケ族の抵抗は激烈をきわめた。ゲオック・テペは小高い岡に土塁をめぐらし、そこには五〇〇〇人の婦女をふくむ一万五〇〇〇人のテケ族がこもっていた。

ロシア軍は大砲を打ちこんだのち突撃したが、テケ族は頑強に抵抗し、ロシア兵四五〇人を殺し、多数を負傷させたので、ロマーキンは退却せざるをえなくなった。このロシア軍の敗退が伝えられると、各地のトルクメン人はロシア領に侵入を開始し、一八八〇年になるとアム川沿岸にまで出没して、掠奪をほしいままにするようになった。

ロシアは荒涼たる草原・砂漠を横断して、カスピ海からトルクメニアに大軍を送り、その補給路を維持するための準備をかさね、サマルカンドに駐在していたクロポトキン大佐をスコベレフ司令官の参謀に任命し、ゲオック・テペの占領を命じた。トルクメンはしばしばこの長大な補給路をおびやかしたが、ロシア軍は一万二〇〇〇の兵員と一〇〇門の大砲を現地に集結することができた。

ゲオック・テペは厚さおよそ六メートル、高さ五メートルの堅固な土塁によって防備され、その北西隅には岡があり、小川がこの陣地のなかを流れていた。

ロシア軍がゲオック・テペの前面に到着したのは、一八八〇年一二月の中旬であった。両軍は対峙したままでこの年を送り、翌年一月一日になって、はじめてロシア軍は五二門の臼砲から城内に砲弾をうちこみ、一二門のホチキス機関銃で援護された八〇〇〇の兵が突撃した。しかしこのように有力な兵器による攻撃にもかかわらず、テケ族は必死に防戦してロシア兵を寄せつけなかった。

一月二三日夜、ロシア軍は、城壁の東側に強力なダイナマイトを装置して、翌早朝これを爆発させ、その突破口から突入した。そして凄惨な戦いののち、ついにこの城塞はロシア軍の手に落ちた。籠城者のうち、婦女子をふくめて、およそ九〇〇〇人が殺害された、といわれている。

ゲオック・テペの陥落は帝政ロシアの中央アジア征服に終止符を打ったものではあったが、この悲劇が世界に報道されると、多くの婦女子までを殺戮したロシア兵の行動に対して、イギリスをはじめ各国に強い非難の声があがった。

第八章　近代の東トルキスタン

1　十五～十六世紀の中央アジア

東と西

中央アジアの中部には多くの高山・峻嶺が横たわって、地理的に東トルキスタンと西トルキスタンに分断している。したがって、この中央アジアの二つの部分のあいだの交通は、けっして容易ではなく、中央アジアとはいっても、その東部と西部の歴史のプロセスは必ずしも一致するものではない。

まえにも述べたように、ジャガダイ・ハーン国は十四世紀のはじめには政治的に西トルキスタンと東トルキスタンに分裂したが、東トルキスタン自体もまた西部と東部は異なる状況にあった。東西の両トルキスタンとその周辺をふくむ地域は広大であり、北部の草原を除いては、二つのトルキスタンの中間には、険峻な大山脈地帯が横たわって交通を阻害しているので、古い時代からこの二つの中央アジアの歴史はかなりちがったプロセスをたどってきた。

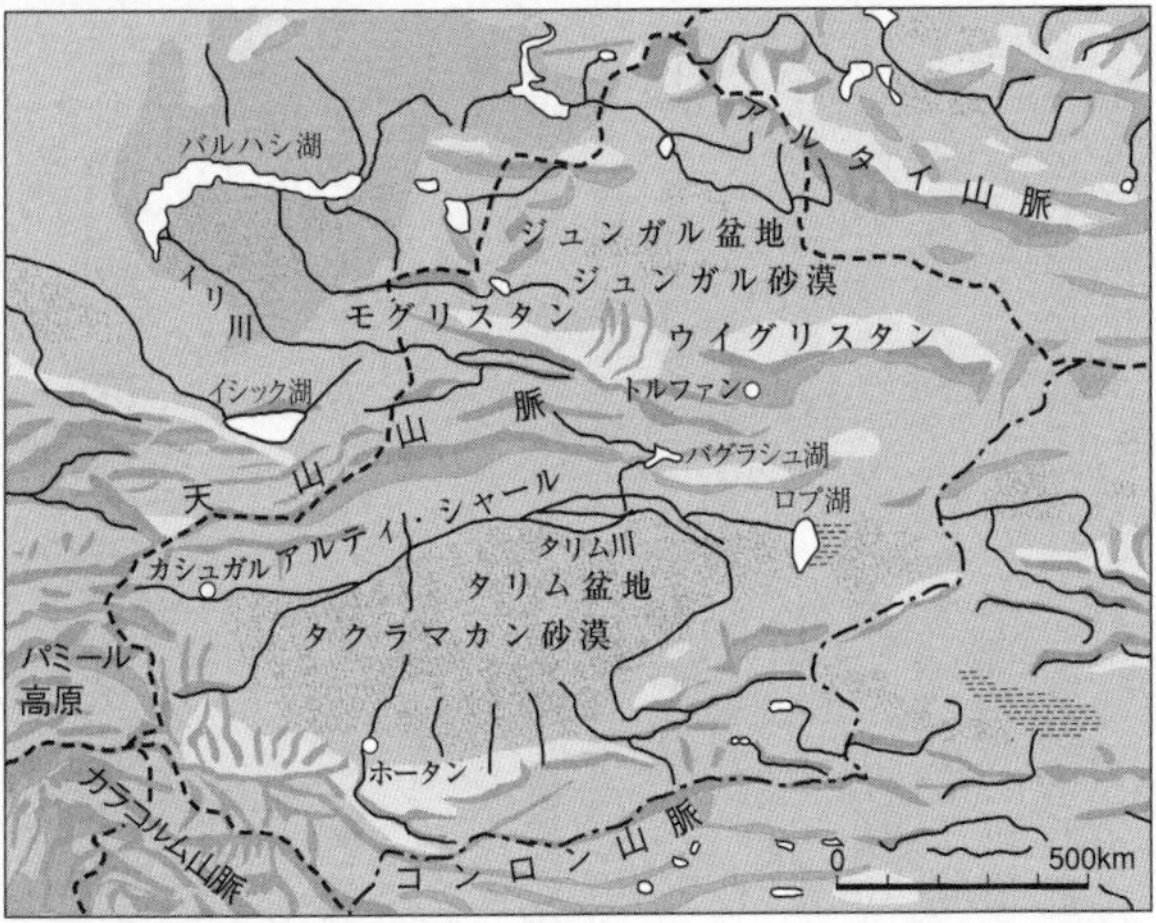

東トルキスタン

ジャガダイ・ハーンはイリ川上流のアルマリックを本拠としており、東トルキスタンの支配権をモンゴルのドグラート部族にあたえた。ドグラート族のハーンあるいはアミール（イスラム教の支配者）の領地は、モグリスタンと呼ばれていた天山山脈以北の大草原地帯と、アルティ・シャール（六都市）と呼ばれていたカシュガル・ヤンギ・ヒッサール・ヤルカンド・ホータン・ウシュ・トルファン・アクスなどのオアシス都市を含む地域とに分かれていた。

モグリスタンは山地と草原がその大部分であり、遊牧民は固定した住居をもっていなかったから、その境域は明確に規定できないが、西方ではフェルガーナ地方・タシユケントなどまではモグール（モンゴル人）の勢力下にあったらしい。

これに対してアルティ・シャールは、や

やはっきりしている。この地域は北はモグリスタンに接し、東はバグラシュ湖の東に達していた。また西はパミール高原、南はチベット北部をその境界とした。

ジャガダイ・ハーンがドグラート部族にあたえた領地は以上のようなもので、その東方境界はバグラシュ湖の西岸にあり、バグラシュ湖以東はドグラート・モンゴルの領地にはふくまれていなかった。

この地域でもっとも重要な地方はトルファン盆地で、トルファンとビシュバリック（ウルムチ）は古くから知られているオアシス都市であり、九世紀から十二世紀までのあいだウイグル人の中心地であったので、この地方はウイグリスタンとも呼ばれていたが、十四世紀の初葉までは、おそらく独立的地位を保っていたものと思われる。

ウイグリスタンも、十四世紀にはドグラート・モンゴルの支配下にはいったらしいが、西方のアルティ・シャールとは別個の領地とみなされていたものと考えられる。

モグリスタンとムガール

ここで中央アジアと、それから西方の地域におけるモンゴル人が、一般にモゴール・モグール・ムガールなどと呼ばれ、東トルキスタンがモグリスタンと呼ばれている理由について、簡単に説明しておく必要があろう。

十四世紀の中葉に、ジャガダイ・ハーン国が中央アジアに成立して以後、この王朝のモンゴル人はモンゴリア本土のモンゴル人にくらべて、土着のペルシア人やトルコ系統の民族・

種族との接触・交渉が密接にならざるをえなくなった。ところがこれらの民族は、モンゴルという発音をなまってモゴール・モグール・ムガールなどと呼ばれるようになった。

チンギス・ハーンによるモンゴル高原の統一以前には、この地域に住み、同一の言語を使用する民族全体を呼ぶ名称はなく、おのおの部族によって、それぞれモンゴル・タタール・ケレイト・オイラート・メルキット・ナイマンなどと呼ばれていた。そしてチンギス・ハーンの中央アジア征服以後になると、西方では、モンゴル人の西方進出の基地になった東トルキスタンとその北方の大草原地帯はモグリスタンという名まえで総称されるようになった。中央アジア以西の土着民族にとって、モンゴル高原はあまりに遠く、それとの直接の交渉はほとんどなかったので、西方の諸民族は、モンゴル人によって支配される地域を漠然とモグリスタンと呼ぶようになった。インドのムガール王朝の名もまた、このような起源をもつものである。

明朝とモグリスタンの関係

一三六七年、元朝の皇帝トゴン・ティムールは、明朝の太祖朱元璋に追われてモンゴリアに逃げ、フビライ・ハーンの即位（一二六〇年）以来一〇〇年のあいだつづいた元朝が崩壊し、モンゴル人は中国本土から駆逐された。

しかしモンゴル人は依然として明の北辺の脅威であった。そこで太祖は内モンゴリア、すなわち現在の中華人民共和国の内蒙古自治区に侵入して、元朝の残党を破ったが、モンゴル人の本拠にまで兵を進める余力はなかった。

明の第三代永楽帝（在位一四〇二〜二四）は、モンゴリア東部のタタール部と西部のオイラート部との紛争に乗じて、一四一〇年以後五回にわたり、ゴビ砂漠を越えて親征し、その五度目の遠征中に内蒙古のチャハルにある楡木川《ゆぼくせん》というところで死んだ。

永楽帝は北方のモンゴリアに対しては、このように武力による制圧を試みたが、西域については もっぱら通好政策をとり、ビシュバリックの王に対して書翰を送ったので、モグリスタンのシャーマ・イ・ジャハーンは、明朝に答礼の使節を派遣した。これは一四〇六年のことであるが、この使者は貢物を呈し、西トルキスタンのサマルカンドを奪回するために明朝の援助を求めた。

その後も明とモグリスタンのハーンとのあいだには使節と貢物の交換が行なわれた。一四一〇年には、シャーマ・イ・ジャハーンのあとを継いだムハマッドの許可をえて、明の使者はビシュバリックを経由して西トルキスタンにはいり、サマルカンドに達した。

永楽帝が位についたのは、これよりさき一四〇二年のことであったが、ちょうどそのころ、ティムールはオスマン・トルコを撃破してサマルカンドに凱旋し、一四〇四年には大軍を催して中国へ向かって出発した。

ティムールがビシュバリックに対して進発したとの報に接して、永楽帝は西北辺境の防備を厳重にすることを命じた。ところが、太祖洪武帝のときに、命を受けてティムールの宮廷に使した傅安が、一四〇七年の春に帰国して、西域の情況とティムールの死について報告した。永楽帝はティムールの脅威がなくなったので、モグリスタンとの修交につとめ、明朝とモグリスタンとのあいだには、しばしば朝貢・貿易の使者が往復した。

十六世紀には、モグリスタンは分裂して、ふたたび一人のハーン（支配者）によって支配されることなく、きわめて頻繁に政権が移動しつづけた。そのうえ、キルギスやカザックなどの遊牧民がしばしば侵入・掠奪を行なった。このような状態で、モグリスタンは決定的に東西に分裂し、西方ではキルギス族がみずからのハーンを立て、カザックやウズベクとの連合政権を形成し、この形態は近代にいたるまで継続した。

一方、タリム盆地の東部とウイグリスタンのオアシス群も、モグール族の支配下にあったとはいえ、オアシス都市国家は比較的に安定を保つことができた。これらのオアシス国家は、モグール・カザック・ウズベク・キルギスなどの遊牧的パターンとは異なり、農耕と手工業を基盤とする自給自足のシステムをもっていたので、たとえ軍事的には強力な遊牧民の支配下にあったとはいえ、それはオアシス社会の内部構造にまで干渉する性質のものではなく、貢物あるいは税の支払いという形にとどまっていた。

しかしながら十七世紀になると、東トルキスタンのオアシスの社会・政治構造には新しい変化が起こりはじめた。それはホージャ勢力の台頭である。

2　十七世紀の中央アジア

ホージャ階層の聖俗両界支配

ホージャは、中国語では和卓・火者などと写されているが、語源はペルシア語で君主・主人を意味することばである。ペルシアのシーア宗の分派の一つにイスマイリという神秘的教団があったが、十四世紀にはフラーグ・ハーンの侵入に追われてインドの西部にはいり、タークルというヒンズーの上流カーストがこれに改宗した。インドのシーア宗の指導者であり、富豪として知られるアガ・ハーン一族はこのホージャである。

ティムールの征服後、まもなくホージャは東トルキスタンにはいり、しだいに勢力をえて、アミールやハーンの宮廷の高官の地位を占め、イスラムの宗教政治体制をしくようになった。ホージャはイスラムの聖者とみなされ、君主の最高顧問の地位にあった。カシュガルその他のオアシス国家やウズベクのアミールやハーンたちは、これらのホージャに迷信的な尊敬をはらい、その指導と助言によって政治を行なった。

ホージャは戦争や掠奪にイスラムの聖戦《ジハード》としての宗教的意味をあたえ、この口実のもとに掠奪・殺戮を行ない、異教徒を捕えて奴隷とした。このようにイスラムに改宗したモグール・ウズベク・キルギス人などは、ジャガダイやティムールの時代とはちがい、宗教と迷信にもとづく極端な閉鎖主義の政策をとるようになった。

モグール人のハーンたちのあいだの絶えまない紛争がその勢力の衰退に導きつつあったころ、キルギス人が北西から東トルキスタンのオアシス地帯に侵入しはじめた。彼らもまたホージャ信仰を受けいれたので、ホージャの宗教政治体制はますます強固なものになった。イスラム教の普及とともに、ホージャは預言者ムハマッドの血をひく高貴な階級として尊敬され、その権威は部族のハーンやアミールをしのぐものがあった。

ホージャは、特定の民族・種族に属さず、宗教団体の指導階層として、イスラム法の守護者・監視者であり、またその執行者でもあり、同時に奇蹟を演じ、病人を救う宗教者として信者の崇敬を受け、その墓は礼拝の対象になり、聖者崇拝の中心になった。俗界の支配者であるアミールやハーンたちは、きそってホージャに莫大な寄進を行なった。

こうしてホージャ階層は、しだいに東トルキスタンにおける聖俗両界の権威と権力をほしいままにすることになったが、まもなくホージャ自身の内部における分裂が起こった。その一つはアク・タグリックで、これはトルコ語で白い山の地という意味であり、中国では白山党と呼ばれている。そして、これと対立したのはカラ・タグリック（黒い山の地）で、黒山党と呼ばれた。

この二つの党派の争いは、もともとは信仰上の相違から発生したものであるが、しだいに政治的・武力的闘争に発展した。モグール人に代わって東トルキスタンの覇権を握ったキルギス人もまた、白山党を支持するものと黒山党に加担するものに分裂した。白山党はホージャ・ハズラット・アファックという有力な指導者のもとに、また、黒山党はパミール地方の遊牧民の支援をえて戦ったが、このような党派的争いのために、十七世紀のすえにはホージャ階層そのものの勢威も失墜し、東トルキスタンはモンゴルのカルマック族の支配下におかれるようになった。

中央アジア交通の杜絶

モンゴル帝国時代（十三〜十四世紀）の中央アジアは、ユーラシア大陸を横断する東西交通路の幹線であった。インド・西アジア・ヨーロッパをつなぐこの交通路は、中国の元朝、中央アジアのジャガダイ・ハーン朝、ロシアのキプチャック・ハーン朝、西アジアのイル・ハーン朝の四王朝に分割されたとはいっても、すべてチンギス・ハーンの直系の子孫によって支配されており、モンゴル君主の許可さえあれば、これらの国々のあいだの通行に支障はなかった。

この時代にヨーロッパから陸路によって中国を訪れた人びとは、けっしてすくなくはなかった。そのうちで記録を残した旅行者の数はそれほど多くはなかったにせよ、ローマ教皇インノケンティウス四世の使節プラノ・デ・カルピニ、フランス王ルイ九世の使者ギョーム・ド・ルブルック、有名なヴェネチアの貿易商人マルコ・ポーロ、カトリックの布教師オドリコ・マリニヨーリ・モンテコルヴィノなどにすぎない。

この時代には、中央アジア経由の交通路がまだ安全であったことは、ローマ教皇ベネディクトス十二世が、一三三八年にジャガダイ・ハーン朝の王にあてた書翰に、ハーンの領内においてキリスト教徒がよく保護されていることに対する謝辞が述べられていることでも知られるであろう。

しかし実際上は、この前後から急速に中央アジアの形勢は悪化したらしい。ベネディクトス教皇によってカンバリック（北京）の大司教に任命されたニコラスは、二〇人の托鉢修道士と六人の随員をともなって、このころカンバリックへ向かって出発し、アルマリックに到着したことまではわかっているが、その後の一行の消息はまったく知られていない。この一行がアルマリックで遭難したのは、一三三八年ごろのことと推定されるが、この時代の歴史は史料の不足でよくわからない。しかし、この時期になると、モグリスタンの君主はしばしばホージャと称していたことからみて、東トルキスタンの君主はすくなくともイスラムに改宗し、ホージャ信仰に帰依していたものと思われる。

ニコラス大司教がアルマリックで行方不明になって以後、十七世紀のはじめにベネディクト・ゴーエスが中央アジアを訪れるまでの三〇〇年近くのあいだに西洋人で中央アジアにはいったという記録はみあたらない。

ベネディクト・ゴーエスの中央アジア横断

一四九八年にヴァスコ・ダ・ガマはアフリカ南端をまわってインド洋に達する航路の開拓に成功した。モンゴル世界帝国の崩壊とオスマン・トルコによる東方への陸路の封鎖は、十三〜十四世紀にヨーロッパに伝えられた東方の豊かな国カタイ（中国）との交渉を断絶させたが、喜望峰航路の発見によるインドとの交通は、ふたたびヨーロッパ人の東アジアへの関心をよみがえらせることになった。

インドとカタイに対するヨーロッパ人の関心は経済的利益の追求だけではなかった。インドのモグール朝のアクバル大帝の宮廷に仕えたイエズス（耶蘇）会の宣教師たちは、イスラム教徒の東方旅行者から、富裕で人口の多いカタイについてのいろいろな話を聞き、そこに達するためには中央アジア経由も可能であることを知った。そこでイエズス会はポルトガル人ベネディクト・ゴーエスを中央アジア経由でカタイに派遣することになった。

ゴーエスは一六〇二年にアグラを出発し、ラホールからアフガニスタンにはいり、バダクシャンからパミール高原を越えて、一六〇三年のすえにタリム盆地西部のヤルカンドに到着した。そして、およそ一年のあいだ、このオアシス都市に滞在し、ホータンその他を訪れた。その後タリム盆地の北方のアクス・カラシャール・トルファン・カムールなどを経て甘粛にはいり、粛州に滞在中、一六〇七年の四月に病死した。

ゴーエスはこの旅行中、詳細なノートをつくっていたが、それは中国に滞留中であった有名なイエズス会士マテオ・リッチによって編集・出版された。

ゴーエスの手記によれば、当時ヤルカンドはカシュガル地方の首都で、ムハマッド・ハーンがその支配者であった。この王の支配がどこまでおよんでいたかは記されていない。しかしムハマッド・ハーンがゴーエスにあたえた旅行許可証によって、それはクチャまでの範囲をふくんでいたものと推定される。アクスはカシュガル王国の一部で、その支配者は王の弟であり、カラシャールの支配者は王の庶子であった。ホータンもカシュガル王国に属していたが、その支配者についてはなにも語られていない。

ゴーエスの手記にみえるムハマッド・ハーンは、おそらくイスラム史料にみえるカシュガルのムハマッド・スルタンを指すものであろう。

3　清朝とモンゴル

モンゴル諸部の動向

モンゴルは明朝の興起によって、一応は中国本土から北方のモンゴリア高原にしりぞいたとはいっても、前述のように依然として中国にとっては重大な脅威であった。元朝最後の皇帝トゴン・ティムール（順帝）は内モンゴリアに移ってまもなく死んだが、そのあとを継いだアユル・シリダラは明軍に攻められて、外モンゴリアのカラコルムに逃げた。

明朝の洪武帝はこれに対して大軍を送って、元朝後裔の討伐をはかった。しかしこの明の遠征は失敗に帰し、以後しばらくは北辺の防備を固めて積極的な攻勢には出なかったので、アユル・シリダラは、東は興安嶺、西はアルタイ山脈にまたがる広大な地域を支配し、依然として中国にとって重大な脅威であった。

このような形勢に対して明朝は攻撃の手をゆるめず、一三八八年にはアユル・シリダラのあとを継いだトクス・ティムールを内モンゴリアのホロンバイルで撃破した。トクス・ティムールは外モンゴリアに逃げ、トーラ川付近で部下に暗殺されて元朝の系統はここに断絶したが、しかしモンゴル人の活動はなおつづき、とくに西方のオイラート族の勢力拡大にはめざましいものがあった。オイラート族は『元朝秘史』にも斡亦喇惕として見える古いモンゴ

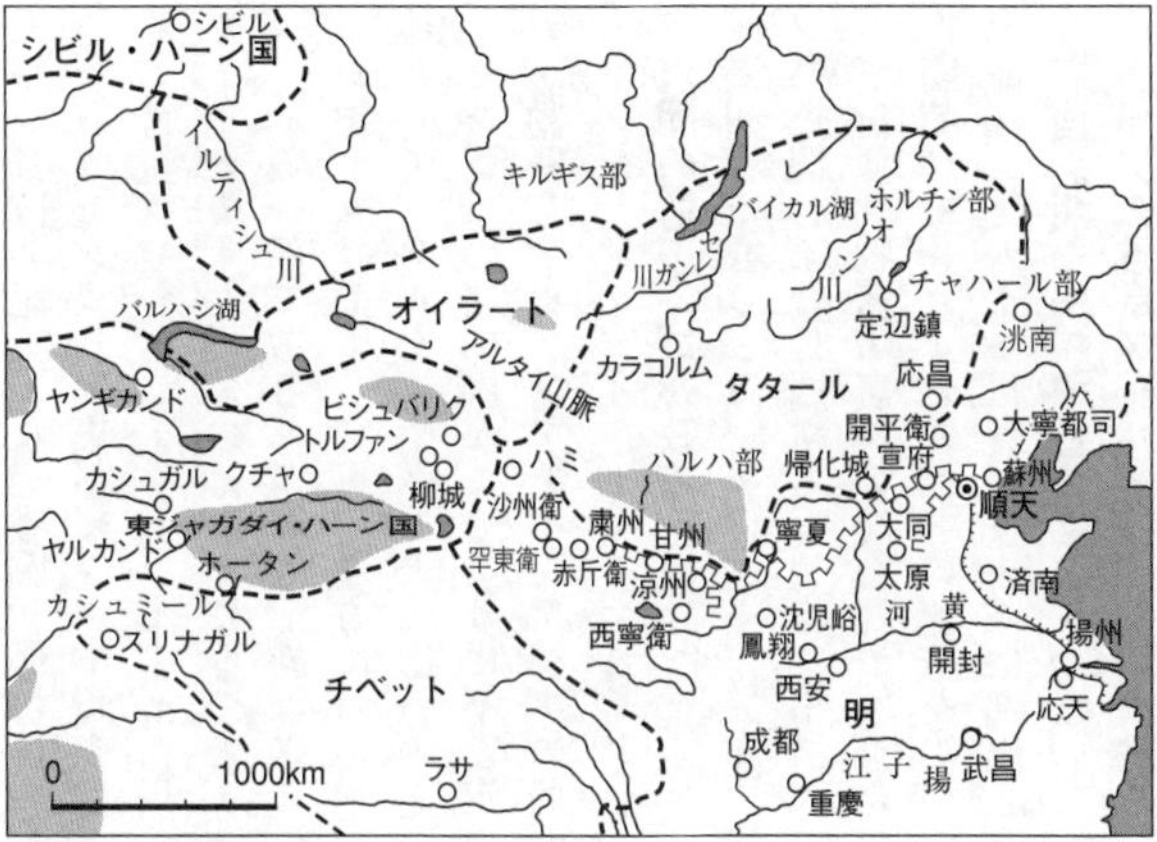

明朝とモンゴル

ル部族で、元来はバイカル湖付近にいたらしいが、のちに中央アジアに移動した。

永楽帝のモンゴルに対する軍事政策は、もっぱら東方のモンゴルであるタタールに指向され、オイラートに対してはむしろ融和策をとったので、この機会をとらえてオイラートの勢力は急速に伸張した。そしてモンゴル北部にも進出し、モンゴル帝国の首都であったカラコルムをその支配下におくようになった。トゴンはチンギス・ハーンの系統を引くトクタ・ブハをハーンに擁立したが、その子エセンは、東は満州から東トルキスタン北部までを征服した。エセンはまた、明の北辺にも侵寇し、一四四九年には、いまの内蒙古自治区で明朝の英宗を捕虜にした。

こうしてオイラート族は強大な遊牧帝国を建設したが、一四五四年にエセンが部下に殺害されると、この統一政権は崩壊してしまい、ふたたび首長間の絶えまない戦闘状態にはいった。

一方、モンゴリア東部のタタール族はオイラートの混乱に乗じて内モンゴリアを統一し、その首長ダヤン・ハーンは、十六世紀の後半にオイラート勢力を中央アジア北部に駆逐した。ついで十七世紀のはじめになると、オイラート族はタタールのアルティン・ハーンに敗れ、その一部であるトルグート族はさらに西方遠くロシアのヴォルガ川地方に移動し、またホショト族は南下して青海地方にはいった。このようにして、オイラートはエルート族を主体として、アルタイ山脈と天山山脈のあいだを占めるにすぎなくなってしまった。

モンゴルの諸部族がこのように不安定な政情をつづけているころ、東北の満州に新しい勢力が勃興し、東アジアと中央アジアの局面を一変することになった。

清朝の対モンゴル政策

満州（マンジュウ）族は中国に金朝（一一一五〜一二三四）を建てた女真（ジュルチェン）と同じ系統に属するトゥングース人で、中国の東北地方から東南シベリアにわたって住み、狩猟・牧畜・農耕の混合経済を営んでいた。

明朝はモンゴルと朝鮮との連結を絶つために、満州の経営に乗り出し、永楽帝の時代には黒龍江（アムール川）の下流域に進出したこともあるが、その後はジュルチェンの圧力により、南満州を保持するにとどまった。

満州族の首長ヌルハチは、明朝の勢威の衰退に乗じて、渾河《こんが》の上流地方で兵を興し、渾河をくだって明兵を破り、南満州に進出して奉天（瀋陽）に本拠をおいた。ヌルハチのあとを継いだ太宗は内モンゴリアに兵を進め、チャハール部を降して皇帝の位につき、国号を大清と号した。

一六四四年、北京は李自成によって陥落させられ、明の毅宗は自殺した。この年、清朝皇帝の位についた世祖順治帝は、この機会に乗じて侵入し、北京を占領して首都をそこに移した。その後、明朝の後裔は南部に移って抵抗を試みたが、一六六一年ついに滅亡した。

明朝の対モンゴル政策は、モンゴリアの占領・支配ではなく、むしろモンゴル人をつねに分裂状態におき、その統一政権の成立を妨害することを主眼とした。十七〜十八世紀に清朝がおかれた立場は、明朝のそれとは、はなはだ異なるものがあった。

明の時代とちがって、清朝は北方において、モンゴルだけではなく、新たに出現したロシア勢力の進出の脅威に対応しなければならなかった。ロシアは一六四〇年代からアムール川流域に進出していたが、清朝がこのロシアの政策に実力による対抗策をとる決意をしたのは、それから四〇年後のことであった。

清の康熙帝（聖祖）は、一六六一年に七歳で皇帝の位についたので、みずから政治をとるようになったのは一六六九年以後のことであった。一六七三年には有名な三藩の乱が起こり、この内乱は一六八一年になってようやく鎮定された。この三藩の乱が終わって、はじめて清朝は北方からのロシアの脅威に対処することが可能になったが、このときにはロシアはアムール川上流の地域をすでにほとんどその支配下においていた。康熙帝はアムール地域に存在するロシア植民地の掃討を命じた。ロシア人の植民村落はほとんど清軍によって破壊され、相当の防備をほどこした根拠地アルバジンも陥落した。

ロシアは、一方ではシベリア経由の長い補給路によって急速に増援隊を派遣することが困難であったし、また本国ではバルト海地域における軍事行動のために、アムール地域の紛争の拡大を避ける必要があった。そのために一六八六年、ロシアはゴローヴィンを全権大使として清朝に派遣し、国境問題および通商関係について交渉させることになった。この交渉のために、ロシアはモスクワ宮廷からしばしば北京に使節を派遣して予備交渉を行ない、結局一六八九年にネルチンスクで条約が調印された。この条約によって清朝は北方辺境の安定を確保することができたので、そのモンゴルに対する政策を強力に推進することができるようになった。

このころ、ジュンガリアのオイラート族はガルダン・ハーンのもとに強盛になり、東トルキスタン(アルティ・シャール)のオアシス都市国家を征服し、ついでモンゴリアに侵入してハルハ族を破り、モンゴリア北部も占領したのち、一六九〇年には内モンゴリアの熱河にまで進出したが、清軍の反撃によって退却した。しかしガルダンは一六九七年にはふたたびハルハに侵入し、康熙帝親征の清軍に敗れて自殺し、ここにおいてモンゴリアのほとんど全土は清朝の支配に服した。

4　東トルキスタンと清・英・露

清朝、新疆全土を支配下に

清朝は乾隆帝（在位一七三五〜一七九五）の時代になると、オイラートの内訌に乗じてその征服を決意し、一七五五年には大軍を発してジュンガリアに侵入し、イリを占領した。ジュンガリアを占領すると、それを確保するためにはその南方の東トルキスタンの支配が必要条件になった。そこで清朝は一七五八年には東トルキスタンに遠征軍を派遣し、翌年までにはアルティ・シャールの諸都市を平定して新疆《しんきょう》と呼び、イリに総統伊犂《いり》等処将軍をおいて統治させた。

はじめは新疆は清朝の行政制度では藩部の一つであった。藩部とは内モンゴリア・外モンゴリア・チベットおよび新疆で、中国本土の省制とはちがい、中国人以外の民族が多数を占める地方、いわば特別行政区であった。当時の新疆の圧倒的な多数民族はウイグル人で、おそらく全人口の三分の二を占めており、そのほかにカザック・キルギス・モンゴル・ドンガンその他の多くの民族が住み、中国人もかなりの人口を占めていたものと考えられる。その意味では、同じ藩部でも、モンゴリアやチベットのように単一民族の藩部ではなかった。宗教においてはイスラム教徒（回民）が絶対多数であり、社会制度は各民族間に大きな差違があった。

清朝の支配下にはいって以後、ほとんど半世紀のあいだの新疆は平穏であった。しかし清朝に追われて西トルキスタンやインドに亡命したホージャの指導者たちは、十九世紀のはじめになると、あいついで反乱を試みた。さらには甘粛省から天山北路にかけて住むドンガン人が反乱を起こし、これは陝西省の回教徒をも捲きこむことになった。

ヤクブ・ベックの反乱とイギリス

モンゴリアをめぐる国際関係は中国対ロシアの問題であったが、新疆に関してはイギリス対ロシア対中国の三角関係の問題であった。新疆をめぐるイギリスとロシアの対立は十九世紀の中葉からはじまったが、一八六四年にはホージャ勢力の復興を目的とする有名なヤクブ・ベックの反乱が起こった。

ヤクブ・ベックは西トルキスタンのコーカンド付近に生まれたが、軍事的才能を早くから現わし、一八五四年のロシアの遠征軍侵入にさいしては、これと戦ってその功績を認められた。そして一八六四年、彼はホージャ政権の復興をとなえて新疆に潜入した。

このころ新疆ではイスラム教徒の反乱によって清朝の勢威が失墜していたので、ヤクブ・ベックはホージャ君主の後裔を擁立し、カシュガルそのほかタリム盆地のオアシス都市を奪取した。ついで一八七二年ごろにはロシアが保障占領していたイリを除き、新疆のほとんど全土を支配下におくことになり、イスラム教国の樹立を宣言して、みずからその君主の位についた。

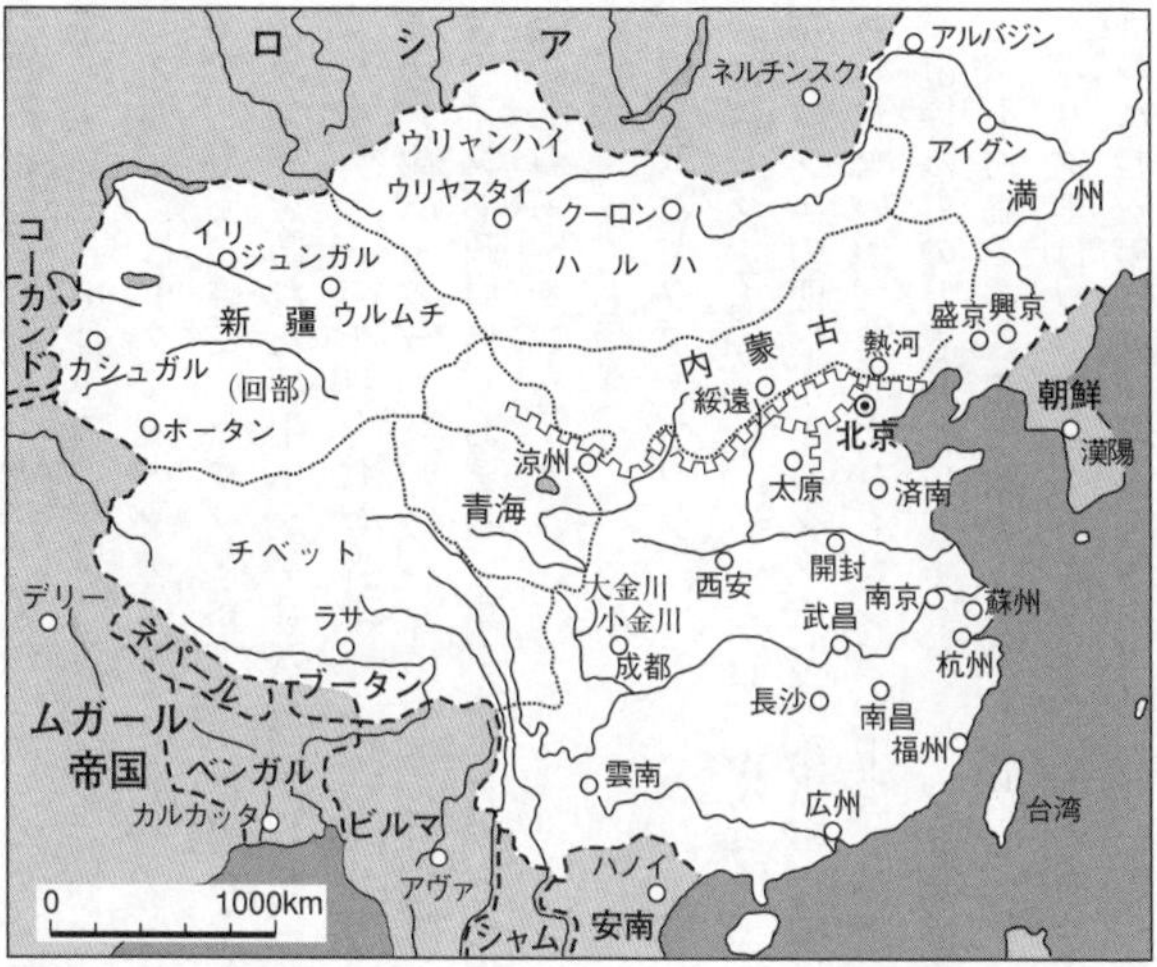

清朝の拡大

ヤクブ・ベックはその地位を強化して清朝の反攻に対応するために、ロシアおよびイギリスと手を握る方策をとった。当時、イギリスはインドに対するロシアの脅威を痛感していたので、イスラム教国との対ロシア共同戦線を推進し、西方に対してはオスマン・トルコに友好を求めた。またこの政策に対応して、イギリスのインド政府は一八六九年に到着したヤクブ・ベックの使者を歓迎し、インド総督ロード・メーヨみずから接見した。

総督は使者の要請に応じて、答礼のためにヤルカンドのヤクブ・ベックの宮廷にサー・ダグラス・フォアシイスを使節として派遣することを約束し、また、四〇〇梃の小銃の購入許可をあたえた。ついで一八七三年には、ヤクブ・ベックのおいサイード・ヤクブ・ハーン・トーラが使者としてインドを訪れ、さらにコンスタンティノープル（イスタンブール）を訪問してオスマン・トルコのスルタンに謁した。

スルタンはヤクブ・ベックにアミール・ウル・ムーミン（信者の総支配者）という高い称号を付与した。このヤクブ・ベックの使者はその帰途にさきにもインド政府の使者としてヤルカンドを訪れたサー・ダグラスと同伴した。サー・ダグラスはカシュガルでヤクブ・ベックに会い、一八七四年にはインドとヤクブ・ベック政権とのあいだの通商条約に調印した。その結果、ヤクブ・ベックはインドから武器の供給を受けることになった。当時のイギリス・インド政府は、おそらく東トルキスタンを保護国にする意図をもっていたものであろうといわれる。

ロシアとヤクブ・ベック

イギリスとちがって、ロシアは、ヤクブ・ベックに対して冷たかった。その理由の一つは、ロシアの西トルキスタンにおける軍事行動にヤクブ・ベックが抵抗したことにあったかもしれないが、それよりもロシアが中央アジアのイスラム教徒の団結を恐れていたことが強く働いたものと思われる。ヤクブ・ベック政権の成立がロシアの東トルキスタン進出にとって、不利益であることは明らかであった。

イリ盆地はロシアと東トルキスタンとをむすぶ、もっとも重要な交通路であった。ロシアは一八七一年にイリ地方を保障占領したとき、清朝に対してヤクブ・ベックの反乱が収拾されるならば、占領地域から軍隊を撤退することを通告している。中央アジアに対する進出競争において、ロシアにとってイリ盆地の確保は、イギリスにとってのカイバル峠に劣らない重要性をもっていた。

ロシアはカシュガルへの侵攻準備のためにコーカンドに軍隊を集結し、アレキシス・クロパトキン将軍をカシュガルに派遣し、ヤクブ・ベックに対してカシュガル西方山脈地帯の戦術的要衝の提供を強硬に要求させた。ヤクブ・ベックはこの圧迫に屈して、ロシアの要求を受諾しなければならなかった。

このように、一八七六年前後のヤクブ・ベックは、西方ではロシアの圧力を受けると同時に、東方では左宗棠《さそうとう》のひきいる清軍の進撃という重大危機に当面した。

新疆省の誕生

一方、イギリスは清朝とヤクブ・ベックとのあいだの調停を試み、北京駐在公使サー・トマス・ウェードは清朝に対して、ヤクブ・ベック王国を清朝の宗主権のもとにおくことを提議した。しかし左宗棠は、ヤクブ・ベックの処置は清朝の国内問題であるとして、これに強硬に反対した。

ヤクブ・ベックは、ふたたびサイード・ヤクブ・ハーン・トーラをイギリスに派遣し、サー・トマスも本国に帰り、また、サー・ダグラス・フォアシイスもロンドンに招致されて、この問題の処理に加わった。しかし清軍はそのあいだにも進撃をつづけてヤクブ・ベックの軍を破り、ヤクブ・ベックは一八七七年、毒薬をのんで自殺した。

前後十数年にわたる新疆の乱はこうして終わった。清朝はこれを機会に新疆に省制をしくことになり、一八八二年には新疆省と改称し、中国本土の行政制度を適用することになった。

ヤクブ・ベック事変の鎮定後も、ロシアのイリ占領はつづいた。清朝はロシア軍の撤退を要求して交渉をくりかえしたが、一八八一年になってようやくペトログラード（サンクトペテルブルク）において協定が成立し、イリ盆地は中国に返還された。清朝はロシアにイリ占領費を賠償し、ロシアの中央アジア経由通商の自由を承認した。

このようにヤクブ・ベック事変はむしろロシアに有利に作用したが、これに反しイギリスの中央アジア政策は失敗であったとみられる。元来、イギリスの中央アジアに対する態度は消極的であった。中央アジアはロシアにとっては、その東方における領土拡大政策の推進と不可分な関係にあった。これに対して、イギリスにとっての中央アジアの重要性は、中央アジアそのものではなく、インドの安全保障の一つの条件にすぎなかった。これは中央アジア西部におけるイギリスのアフガニスタン政策にも明瞭に見られるように、東トルキスタンに対するイギリスの関心は、もっぱらインドの北方防衛の手段としての問題であった。

イギリス・ロシア勢力境界の設定

イギリスはシベリアと西トルキスタンからロシア軍が新疆に侵入したばあいに、清朝がどの程度の抵抗・反撃力をもっているか、という点に重大な関心をはらっていた。清朝はヤクブ・ベックの反乱を鎮定することはできたが、その国力は十九世紀の後半には明らかに衰退への徴候をみせており、ロシアが新疆を軍事的に制圧して、インドの西北辺境をおびやかすのを妨げる実力をもたないことは明らかであった。

ロシア軍が新疆を経てインドの安全をおびやかす可能性の判断には、もう一つの要素が必要であった。それは、近代的装備と大量の補給を必要とする大部隊が、果して新疆の砂漠とヒマラヤ山脈を支障なく通過できるかどうか、という問題であった。

そこでこの二つの問題、すなわち新疆省における清朝の実勢力と軍事地理に関する情報を獲得するために、イギリスはマーク・ベルを北京から中央アジア経由インドへの調査旅行に派遣し、ついでエドウォード・ヤングハズバンドに命じて、ゴビ砂漠から新疆を経てインドに達する地域の調査を行なわせた。そのころ、ロシアはすでにカシュガルに総領事館を開設していたので、イギリスも同様の権利を清朝に要求したが、これは認められず、インド駐在イギリス官吏のカシュガル在留が許可されたにとどまった。

このような情報収集の結果、イギリスは、たとえ清朝が東トルキスタンにおけるロシア南下の防壁としてはほとんど無力であるにしても、中央アジアとヒマラヤ・カラコルム山脈は自然の障壁として、インドの防衛のためじゅうぶんに利用できることを確認できた。

十九世紀の中央アジアをめぐるイギリスとロシアの緊張はしだいに緩和され、両国は新疆省を一種の緩衝的中立地帯とみなすようになった。その結果、一八九五年にはイギリス・ロシア・清三国の領土の接点であるパミール高原のワッハン峡谷をもって、イギリスとロシアの勢力範囲の境界とすることに同意し、一八九五年には両国でパミール境界委員会を設置することになり、両国間の対抗は一段落した。また一九〇二年の日英同盟の成立と一九〇四〜〇五年の日露戦争の結果が、中央アジアに関するイギリスの懸念を軽減したことは否定できない。

5 辛亥革命から共産革命までの新疆

主席楊増新による実質的独立

辛亥革命(一九一一〜一二)は新疆省の情勢には、それほど大きな影響はあたえなかった。清朝の滅亡当時の新疆省巡撫は袁大化であったが、革命にさいして楊増新を都督布政使に任命し、みずからは本国に帰還した。楊は境内の治安維持に手腕を発揮して、みずから新疆省主席の地位につき、事実上、新疆省を独立させた。

ロシアに十月革命(一九一七年)が起こると、多数の避難民が新疆に流入した。一九二〇〜二二年にはソヴィエト革命に反対する、いわゆる白系ロシア人が続々と新疆にはいり、その数は三万あるいは四万人に達したといわれる。これに対して楊主席の軍隊は一万人程度にすぎなかったが、彼はこれらの白系ロシア人を新疆東北部の古城子(奇台)に集め、ソヴィエト政府に対して彼らの処置に関する交渉を行なった。

しかし当時のモスクワ政府はなんの対策ももたなかった。そこで楊増新は、一九二〇年、ロシアとの国境を閉鎖し、同時にロシアの地方的ソヴィエト政権と協定をむすんで、避難民の帰国促進をはかった。

一方、中国では蔣介石が国民政府を樹立したが、地方には軍閥が割拠し、その一人であった馮玉祥《ふうぎょくしょう》は国民党軍に圧迫されて西北に遁入する姿勢を見せた。これに対し楊増新は急遽モスクワ政府と折衝して馮軍の新疆侵入を阻止した。一九二七年、蔣介石はモスクワ政府との外交関係を断絶したが、楊増新の新疆政府はソヴィエト政府と政治的・経済的にきわめて友好的な関係を保持することを声明した。そして翌年、国民政府を名目的に承認したが、部下によって暗殺され、金樹仁が主席の地位についた。

楊増新は雲南省出身で、進士の試験に合格して甘粛省に赴任し、その治績を認められて新疆に転任した人であった。雲南・甘粛は中国でもっとも回教徒人口の多いところで、楊はその点をかわれて新疆に派遣されたものであるが、進士の出身であるだけに相当に学問もあり、著書もあった。彼は典型的な清朝末期の官人で、異民族が多数を占めている新疆において、一方では土着民の反抗に容赦のない弾圧を加え、他方では同族あるいは雲南出身の腹心の部下を境内の重要な地位につけて独裁政治をしいた。しかしながら楊の施政が地方行政や政治の面でいくつかの改革をもたらしたことは否定できない。

新疆に省制がしかれると、清朝はウイグル人のベックを郷老と呼び、これに地方行政を委ねた。郷老は土着の有力者として地方の実情に通じ、中国人官吏は交替しても替わることがなかったので、地方行政の実権を握り、その地位はほとんど終身的なものになり、弊害が多かった。そこで楊は郷老制度を政府の管理下におき、郷老は行政単位ごとに住民の推薦にもとづき、地方官憲を経て省主席によって任命することに定めた。

楊にとっての最大の問題は外政であった。新疆は事実上は独立していたが、中国の国民政府とソヴィエト・ロシアとの中間にあって、つねにこの国際的な三角関係が最大の外政問題であった。

楊自身は保守的官僚政治家で、ロシアそのものにも社会主義にも反感をいだいていたので、カシュガルと西トルキスタンの国境を閉鎖した。しかしシベリアのソヴィエト地方政権とは地方的協定をむすび、ウルムチとカシュガルにソヴィエト総領事館の設置を承認し、これに対しセミパラティンスクに中国総領事館を開設した。

一九二七年に蔣介石の南京政府が成立すると、楊増新は国民党勢力の進出を懸念してモスクワとの直接交渉を行ない、シベリア・ウルムチ間の交通路の設定に同意した。同年、南京政府はソヴィエト政府との外交関係を断絶したが、楊増新は中国政府の政策のいかんにかかわらず、新疆とソヴィエト連邦との友好関係を維持する態度を明らかにした。

回教徒の反乱

楊増新に代わって主席となった金樹仁も旧清朝の官人出身であったが、その政権は腐敗をきわめ、土着民族に対する直接支配は強い反感をまねいて、ついにハミを中心とするウイグル人の反乱が勃発した。

ウイグル人の指導者ホージャ・ニヤーズとヨルバルスは、甘粛のイスラム教徒の軍閥馬仲英に援助を要請し、東干（ドンガン）人をひきいて新疆に侵入した。ドンガンは漢族とウイグルの混血で、中国語を使用する種族であった。馬仲英は新疆西部の鎮西（バルクール）・哈密（ハミ）などを占領して反乱軍に呼応し、新疆のイスラム教徒の指導者として政府軍と戦った。

これに対し金樹仁はソ連の援助を求め、協定をむすんでウルムチ・チグチャック・クルジャ・カシュガル・アクス・クチャ・ヤルカンド・ホータンにソ連機関の設置を認めた。馬仲英は一九三二年にウルムチに攻撃を加えたが、これには成功しなかった。

一九三三年、イスラム反乱軍はカシュガルに東トルキスタン共和国政府を樹立し、翌一九三四年には東干軍はふたたびハミに攻撃を加えた。この反乱と馬仲英の侵入によって、金樹仁主席は失脚して本国に逃亡した。

盛世才の日和見主義と破綻

金樹仁政権の崩壊後、盛世才が辺防督弁に就任し、事実上の新疆主席になった。盛世才は満州遼寧の出身で日本に留学し、蔣介石の北伐にさいしては何応欽の部下として参加し、一九二九年に新疆に赴任した。その翌年、辺防軍の参謀長に昇進し、一九三三年に辺防督弁になって省政府の実権を握り、馬仲英を撃破した。馬仲英はカシュガルからソ連に亡命した。

盛世才も親ソヴィエト政策をとり、内政では、経済建設・民族平等などをかかげた。ウイグル人・カザック人の指導者を地方行政の重要な地位に登用し、また多数の留学生をソ連に派遣した。その省内においては、各民族語による教育を推進し、政府の機関紙『新疆日報』には各種の民族語版を発行させた。

盛世才の政治は、その初期においては比較的順調に進み、モスクワ・南京の双方と親善関係を維持し、一方ではソ連から援助を受け、その代償として金融・貿易・交通その他におけるソ連の権益を認め、他方では国民党に巨額の献金を行なって、中央執行委員に選出された。また、内政的にも民主主義と民族融和をとなえて、新疆各民族の会議を開催するなど、進歩的な態度を見せた。

第二次大戦が勃発し、ドイツ軍がソ連に侵入して優勢を示すと、盛世才は急に国民政府に媚態を呈しはじめ、ウイグルその他の非漢人系の諸民族に弾圧を加え、さらには漢人の自由主義者・共産主義者などをも逮捕した。またソ連留学から帰国した人たちを逮捕し、そのかわりに中国から技術者や教師を招致した。

こうして、はじめは進歩主義・民主主義政治家らしくみえた盛世才は、一転して楊増新や金樹仁と変わりのない保守・反動に変身して、数万人の反対者を投獄し、独裁政治を強行した。

一九四三年、盛世才はみずから重慶に飛び、蔣介石と協議して、当時飢饉にみまわれていた河南の流民を奇台（古城子）やウルムチに移住させて開拓を行なわせた。しかしこれらの避難民はすべて小作人として雇用された。

盛世才のこのような国民政府接近政策の結果、ソ連は新疆への援助を打ち切り、開発援助要員を引き揚げてしまった。そして、このような変身自在の盛世才の日和見主義も、一九四四年にはついに破綻をきたし、重慶に招致されて閑職に追いやられた。

あいつぐ反乱を経て新疆ウイグル自治区に

盛世才が去ると、国民政府は呉忠信を省主席に任命したが、呉の施政もまた失敗し、新疆の不安と混乱はいよいよ深まり、漢人官吏に対する反感・憎悪は高まるばかりであった。このような情勢のもとに、一九四四年一一月、イリ（伊犂）に反乱が勃発した。

この反乱はウイグル人・カザック人に白系ロシア人なども加わっていたが、彼らはクルジャ（伊黎）に東トルキスタン共和国政府を樹立して相当の勢力をもち、マナス（綏来）やチグチャック（タルバガダイあるいは塔城）を占領し、ウルムチにも脅威を与えるようになった。

国民政府は胡宗南を派遣して討伐させたが、失敗に帰した。そこで一九四五年、張治中を派遣して説得させた結果、反乱軍は東トルキスタン共和国の独立を取り消すことを条件として、新疆の自治を要求した。国民政府はこの要求を承認し、張治中は省主席に任命された。

ところが、そのあいだにタリム盆地周辺に反乱が拡大して収拾がつかなくなってしまい、張治中は主席を辞職し、西辺戦区司令官に任ぜられて交渉をつづけることになり、一九四六年六月になって、ようやく協定が成立した。

この協定の成立後、呉忠信はふたたび主席に任命されたが、まもなく張治中がこれに代わり、二人の副主席にはそれぞれウイグル人とタタール人が任命された。張は永年にわたる悪政と混乱から新疆を救出する努力をかさねたが、つぎにきたものはクルジャ反乱の指導層の分裂と抗争であった。

張治中は協定成立後、南京に帰還したが、一九四九年、ふたたび新疆にもどり、一九三九年に盛世才が締結したソ連との協定に代わる新協定の成立を試みた。しかしこれはソ連が新疆における鉱業・貿易の独占権を要求したので、締結にいたらなかった。

一九四九年、クルジャの指導者サイフ・ウッディンは、北京で開催された中国共産党の人民協商会議に出席し、これには張治中もまた中国国民党の新疆政府代表として同席した。これとほとんど同時に、中国本土と新疆をむすぶ要衝ハミ（哈密）は中共に参加し、つづいて新疆政府もこれにならった。こうして新疆省は中華人民共和国の一部となり、一九五五年になって、新疆維吾爾《ウイグル》自治区と改称された。

分割統治——中共の政策

中国における非漢族、すなわち少数民族の人口は総人口のほぼ六パーセントを占め、約四〇〇〇万人に達するものと推定されているが、そのうち最大の人口量をもつのは新疆ウイグル自治区のウイグル人であり、四〇〇万人ぐらいと思われる。

ウイグル自治区には、そのほかに主なものではカザックがおり、五〇万を越えるものとみられている。またキルギス・タランチ・モンゴル・タジックそのほか多くの民族が住み、各族の人口は、多くても数万を越えていないと思われるが、正確なことはわからない。

すでに触れたように、清朝末期にはヤクブ・ベック事件をはじめ、辛亥革命（一九一一年）後における一連の反乱が勃発したが、東トルキスタンの複雑な民族構成のために、有効な独立運動は成立しなかった。しかし東トルキスタンの情勢にもっとも重大な影響をもつものは、それが中国とロシアという二つの超大国によって取り囲まれているという事実である。イギリスの勢力は一九四七年のインド・パキスタンの分裂・独立以後は、中央アジアに対する影響力は完全に終熄してしまった。

中共政府のトルキスタン政策は、いわゆる「分割して統治せよ《デヴィデ・エト・イムペラ》」であった。清朝時代から国民政府にいたるトルキスタンの極端な腐敗政権、圧制と搾取のための政治・行政によって、新疆省は極度に貧窮化したが、そのときにあたって、中共政府のとなえる所得の平等化と政治への参加は、民衆にとって大きな魅力になった。北京政府は行政において分割政策を採用し、ウイグルとカザックにはそれぞれ別個の行政機構を設定した。この分割統治という点では、中共政府の政策は、歴代王朝の中央アジア支配とは異なるものではない。

清朝自体は異民族出身の征服王朝ではあったが、清朝の統治は漢族の王朝より以上に儒教的であった。清朝はその領土内の少数民族が清朝に反抗しない限りは不干渉政策を採用し、儒教のいわゆる王道政治のもとに、彼らの伝統的価値観や慣習を尊重した。

ところが中共政府は、この伝統的な儒教を否定し、共産主義というまったく新しいイデオロギーを提供して、これらの少数民族の支持を求めることになった。これは中央アジアの非漢人の少数民族に対する同化政策の一端であるといえないことはない。しかし文化大革命（一九六六〜六九）がはじまると、このような一五年間にわたった穏健な融和政策は、すくなくとも一時は停止され、より積極的な政策が採用された。

中共政府の中央アジアに対する政策は、そのイスラム圏全般に対する政策の一環であるとみなければならない。これは同時に、中央アジアをさしはさんで対立するソ連・中国という二つの超大国の争いの一端でもある。また中国は巨大なイスラム人口をその本土内に擁している事実も考慮しなければならない。そこでつぎに、中国におけるイスラムの歴史について簡単に述べておく必要があろう。

6 中国イスラムの歴史と中央アジア

伝入は八世紀以降

イスラムの開基（六二二年）と唐朝の建設（六一八年）は、ほぼ同時期である。しかしイスラムがいつごろ、どのような経路で、中国に伝入したかはわからない。ペルシアと中央アジアに対するアラブ人の侵入と、イスラム教の流伝については、本書第五章ですでに述べた。この中世の東西の二大帝国が中央アジアをさしはさんで争ったのは、八世紀の初葉以後のことである。アラブ人が中央アジアを経て中国と直接に接触するようになったのが、この時期より早いとは考えられない。

唐とアラブとが最初に正面衝突したのは、七五一年の有名なタラス河畔の会戦である。しかしこの会戦以後、両勢力はパミール・アライ山脈の線、すなわち東トルキスタンと西トルキスタンとの境界によってほぼ勢力均衡《バランス・オブ・パワー》を保つことになった。

このような情況は当然に、いわゆるシルクロードを経由する東西交流を促進することになり、アラブ商人が盛んにこの陸路を利用して唐と交易したことは明らかである。この早い時代に、シルクロード経由のアラブ人が唐にイスラムを伝えたことはありうることではある。しかしその確実な歴史的証拠はない。

しかし八世紀後半以後になると、アラブ人やイスラム化したペルシア人が大挙して唐に流入し、長安・洛陽その他の都市や、沿岸の広州・泉州・杭州などで居留地を形成していた。またこの時代になると、シルクロードよりも貿易ルートとしての南海航路の比重が強化されたことは確実だと思われる。

こうして海陸の両ルートによる東西貿易が発達し、西域人の在留者は増大する一方であったが、九世紀にはいって唐朝が衰退し、八七五年に有名な黄巣の乱が勃発して、大食（タジック、西域のイスラム教徒）は一掃されたといわれている。しかしこれは史家の誇張で、すべての在留人が殺されたわけではあるまい。

九〇七年に唐が滅んで中国は分裂時代にはいり、九一六年には北部にキタイ人が契丹

（遼）を建て、南部では九六〇年に宋朝が成立したが、宋代には南海航路による大食人の来航が盛んになり、中国沿岸の商港はふたたび、すくなくとも部分的にはその繁栄を取りもどしたらしい。しかし宋代になっても、イスラム教はまだ中国の土壌に確固とした根をおろしたとはいえない。中国にイスラムが確実に地盤を築くには、つぎの元代を待たなければならなかった。

元朝の色目人

一二六〇年にフビライ・ハーンは元朝を建てて帝位についた。元朝は形式的には伝統的な中国王朝であったが、実質的にはそうではなかった。行政機関は内閣としての中書省に、吏・戸・礼・兵・刑・工の六部をおいて、あらゆる行政を管轄させたが、これは、被支配者である中国人に対する統治制度であって、その管轄権は蒙古人・色目（西域）人にはおよばなかった。金朝の支配下にあった中国人は北人、宋の領土の住民は南人と呼ばれた。

色目人といわれた西域出身者の大部分はイスラム教徒で、モンゴル人につぐ、いわば第二階級としての特権を付与され、政治行政の中枢を構成していた。地方行政は行省と呼ばれていたが、その長官はモンゴル人あるいは西域人にほとんど限られていた。

このように、元朝は漢族支配のために西域人を多く登用したので、イスラム教徒は続々と中国に流入し、その地位を利用して、各地でイスラム教の普及に努めたのは当然のなりゆきであった。その実例を一つだけ挙げておこう。

チンギス・ハーンの功臣に賽典赤（サイード・アジャル）という人があった。この人は西トルキスタンのブハラ出身のイスラム教徒であったが、雲南を征服して雲南行省の平章政事に任ぜられた。平章政事とは総督のような官であった。賽典赤はこの職に六年間とどまり、そのあいだに治績を挙げたが任地で死に、その子の一人もまた雲南平章になり、一族がこの地方に勢力を築き、そのため雲南ではイスラムへの改宗者も多かったらしく、雲南は新疆と甘粛を除いては中国でもっともイスラム人口の多い省で、その数は二〇〇万をうわまわるといわれている（一九七〇年代）。

右のような例は他にも多くみいだされるので、中国におけるイスラム人口の大きな部分は元朝以来の現象と推測される。

以上で中国へのイスラム伝播の経緯を略述したので、ふたたび現代の問題にたちかえろう。

社会主義化への道

一九四九年の中国共産党の人民協商会議において、東トルキスタン代表のサイフ・ウッディンが中華人民共和国への参加を表明し、新たに設置された新疆ウイグル自治区の主席にはブルハンが、副主席にはサイフ・ウッディンが選出された。

新疆ウイグル自治区の人口はおよそ五〇〇万と推定されるが、そのうちの約四〇〇万がウイグル人である。近代になっても、東トルキスタンの住民は依然としてオアシスの農耕と草原の遊牧という二つの異なるパターンの経済生活を営んでおり、前者の大部分はウイグル、後者は主としてカザック・キルギス・モンゴルなどである。

したがって政府の開発政策も二元的にならざるをえないし、また急激な近代化は大きな危険性をはらむものと考えられるので、漸進的な政策が採用されることになった。北京政府もこの東トルキスタンの特殊事情を認めて、これに自治区としての大幅な行政権限を許容することになった。

このような方針にもとづいて、中共政府は一九五〇年代には軍隊を出動させて、灌漑設備と土地の基盤整備を大規模に実施し、農業生産の画期的増大に成功した。タリム盆地周辺のオアシス群を中心とする農耕地帯の人口は、おそらく四〇〇万を越え、この自治区の総人口の八〇パーセント以上を占めているので、集中的な農業生産の推進の対象としては好適な条件をもっていた。

したがって革命後の漢族のこの地方への進出に対する抵抗はあまりなかったが、北部のジュンガリア草原のカザック遊牧地帯の事情は異なっていた。

遊牧民社会主義化の諸問題

中央から共産主義の普及・理解のために派遣された指導者が遊牧地帯にはいりこんで、移動する遊牧民と直接に接触すること自体がすでに大きな困難をともなう。

そこで中共政府は社会・経済システムの急激な変革を説得する方向はとらず、まず生産建設隊を派遣し、ソウホーズ（国営農場）を設定して、ムギ・木綿などを栽培し、同時に、牧場で家畜を飼養し、その成果をもってカザック遊牧民に実物教育をするという手段をとった。夏期の水不足と冬期の飼料欠乏は遊牧民にとってはもっとも重大な問題なので、この実物教育は遊牧民の定着化に対する大きな魅力として作用した。こうして一九五九年ごろまでには、カザックのソウホーズ化は一応は成功をおさめた。

しかし中国のカザック人とソ連領カザフスタンのカザック人とは、同じ民族で国境も接している。したがって、彼らのあいだにはつねに接触があるので、その影響によってウイグル自治区とは別個の独立、あるいは自治国の建設に対する運動が、すでに新疆ウイグル自治区の成立以前から存在した。一九五三年にはイリにカザック自治州が成立したが、この州は新疆ウイグル自治区の設立によって吸収され、消滅してしまった。

このようなカザック人の民族主義的感情は、一九五八年からはじまったコルホーズ（集団農場）形式の導入によって激化し、小規模工業の建設はいきづまり、家畜の頭数は減少し、社会的には革命前の部族的システムへの回帰の傾向さえみえはじめた。そこで中共政府は漢族の移民の促進をはかり、甘粛省の蘭州からハミに通じる鉄道の建設を進めて、漢人の大量移住を促進した。この鉄道は一九五九年に開通した。

カザック族をめぐる中共とソ連

カザフスタンに居住する同胞と接触したウイグル自治区のカザック人は、ソ連領内の生活水準の高さについてのうわさをひろめ、その結果として一九六二年には、六〇〇〇〇人に達する中国カザックがソ連に亡命し、北京政府はソ連に対して厳重な抗議を申しいれるという事件があった。

これよりさき、中共政府はウイグル自治区のカザックがカザフスタンのカザックの影響下におかれることを避けるために、カザック語をロシア文字で写すことを禁止し、ローマ字による転写を採用した。

一般的にいえば、一九五〇～五四年の時期における中共とソ連邦は、むしろ蜜月《ハニー・ムーン》の関係にあったといえよう。両国はあいたずさえて辺境の開発に対する意欲を燃やしていた。しかし一九五三年にスターリンが死去すると、ソ連の態度には変化がみえはじめ、一方、中共政府もまた中国カザックに対するソ連の影響を警戒するようになった。

その結果、中共政府はウイグル自治区にあるソ連領事館の多くを閉鎖するとともに、カザックとウイグルに対する開発政策の強行を緩和することになった。一九六二年から一九六六年の文化大革命にいたるまでのあいだ、中共政府はカザック遊牧民の家畜のコルホーズ化を緩和し、また定着・農耕化への強制もゆるめた。

しかしジュンガリアに対する漢人の移住政策は依然として推進され、一九六〇年の後半には、イリ地区の漢族人口はカザック人をはるかにうわまわり、カザックの約五〇万に対して四〇〇万を算するようになった。

中共政府はこのころから新疆ウイグル自治区だけでなく、中央アジアのかなりの部分が歴代を通じて中国の宗主権のもとにあったことを主張しはじめた。中国にとってはウイグル自治区の地下資源は、きわめて重要であるばかりではなく、戦略および核実験にとっても不可欠の地域となりつつある。

中国が中央アジアの歴史的宗主権を主張したのに対して、ソ連は中央アジア分割の責任は清朝と帝政ロシアが、ともにとるべきであることを指摘し、カザック人とウイグル人に対する中共政府の同化政策は帝国主義にほかならないと非難した。こうして両超大国の中央アジアをめぐる対立は激化の一途をたどりつつあった。

文化大革命のあらしが一応すぎ去ると、中央アジア遊牧民に対する強制的開発政策は、幾分は緩和されはしたが、中央アジア北部の中ソ両国にまたがるカザックとキルギスに対する相互の隔離政策は変わらない。中央アジア南部においては、一九六二年、中国はネパールと国境画定の協定をむすび、一九六三年には同様の条約をパキスタンおよびアフガニスタンと締結した。

しかしインドとは、ヒマラヤ南西部のラダック付近のアクサイ・チン地区の領有権をめぐる紛争が起こり、両国軍隊の衝突が生じた。中共軍は一時、この地区を占領したが、まもなく撤退した。

第九章　アフガニスタンをめぐるイギリスとロシア

1　第一次アフガン戦争

ロシアの進出とイギリスの対応

十九世紀にはいると、ロシアは中央アジアにおける軍事的成功につづいて、西南アジアにおいて一連の外交上の成功もかちえた。すなわち一八二八年のペルシアとのトルクメンチャイ条約、一八二九年のオスマン・トルコとのアドリアノープル条約の締結によって、ロシアは中東におけるその権益を確保することになったが、この二つの条約のうちでも、とくにトルクメンチャイ条約は中近東と中央アジアのその後の形勢に重大な影響をあたえることになった。

この条約によってロシアはカスピ海東部のペルシア領土を合併し、ペルシアにおけるロシア人の治外法権を認めさせた。これは同時に、アフガニスタンにおけるロシア勢力の強化を意味するもので、インドに対する重大な脅威であり、一方ではロシア軍はアフガニスタンを経由して容易に西北インドに侵入することができるし、他方においてはロシアとインドとの

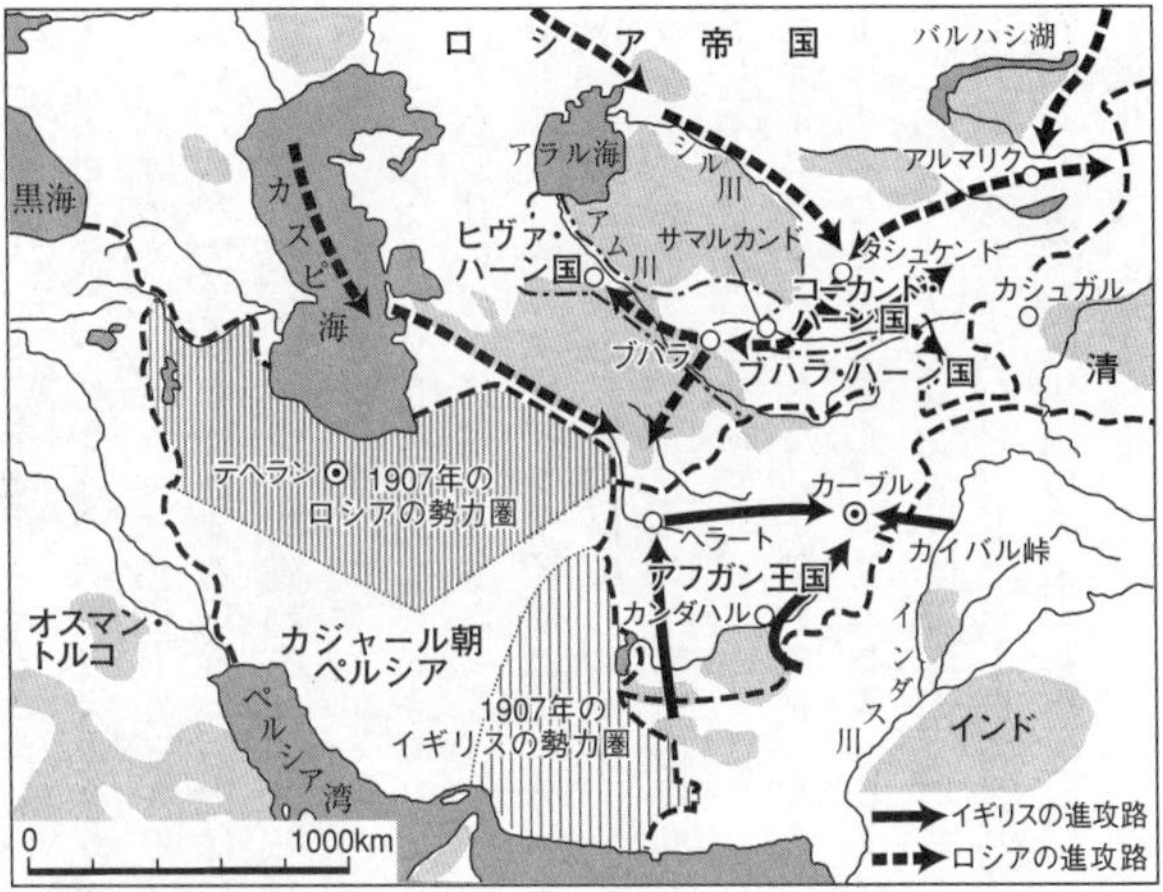

アフガニスタンをめぐるイギリスとロシア

あいだの通商上の利益の促進につながるものであった。

　このような情勢はイギリスをつよく刺戟し、イギリスはペルシア・アフガニスタンに対する政策を強化する必要に迫られ、アフガニスタンをインドの「辺境」の一部とみなし、この国の内政にも直接・間接に介入する態度を示すことになった。同時に、イギリスはアフガニスタンの独立を確保し、ロシアの南下を防禦するために、ペルシア軍隊の近代化に対する援助を行なった。

　しかしイギリス政府はイランとアフガニスタンという、イスラム教国ではあるが、鋭く対立する二つの独立国のあいだに立っていたので、その政策の具体化には大きな困難に当面せざるをえなかった。もしアフガニスタンを援助してロシアとペルシアに対抗させるならば、それは同時にインドの西北辺境に対するアフガン人の脅威を激化させるにちがいない。アフガニスタンの強化はペルシアだけではなく、西北インドのシーク人をイギリスから離反させる恐れが大きい。

このようなディレンマに当面したイギリス政府にとっては、アフガニスタンとペルシアのあいだの勢力均衡を促進する以外の方策はなかった。すなわち、アフガニスタンを援助することによって、ペルシアの進出を阻止するが、しかしアフガニスタンが西北辺境のシーク族を撃破するほど強力になってはならない、というわけである。

この政策の具体化のために、イギリス・インド政府が採用できた方法は、アフガニスタンの現状維持のほかにはなかった。

当時、イギリス・インド政府はアフガニスタンのムハマッザイ・バラクザイ王朝のドースト・ムハマッドと友好関係にあったが、イギリス本国政府は一八三六年にインド総督オークランドに訓令を発し、ペルシア勢力の東漸とロシアの南下を防止するために、アフガニスタンに干渉することを命じた。

オークランドはただちにドースト・ムハマッドに接触して、イギリス商権の活動に便宜を供与することを要求し、アフガン人とシーク族とのあいだの勢力均衡の保持を要請した。このころシーク人の手にあったインドとアフガニスタンの国境の要衝ペシャワールをめぐって、ドースト・ムハマッドとシークの指導者ルンジッド・シンとが争っていたが、インド政府はあくまでも現状維持を主張したので、ドースト・ムハマッドとイギリスとの交渉は一向に進捗しなかった。

イギリス軍、アフガニスタンに侵入

当時、イランは要衝ヘラートをめぐってアフガニスタンと紛争中であったが、一八三七年にはアフガン人のつよい攻勢によって、ヘラートを放棄せざるをえなくなった。イギリスはこれをロシアによる援助の結果として、ロシア政府に対して厳重に抗議するとともに、ヘラートの支配者シャー・カムランと協定して、ヘラートをイギリスの勢力範囲とすることを承認させた。

しかしアフガニスタンそのものを自己の勢力範囲におこうとするイギリスの政策は、ドースト・ムハマッドにはばまれて一向に成果はあがらなかった。そこでイギリスはアフガニスタンに対する内政干渉を行ない、ドースト・ムハマッドの廃位を画策した。

これよりさき、やはりアフガン人の有力部族サッドザイ・ポパルザイのシャー・シュジャーという部族長があり、勢力争いに敗れてインドにのがれ、イギリス・インド政府の庇護のもとにあった。インド政府はこのシャー・シュジャーを復位させることに決した。そして一八三八年にはオークランド総督はドースト・ムハマッドを非難する強硬宣言を発表し、イギリス本国政府もまた実力によるアフガニスタンの内政干渉を明らかにした。

こうして第一次アフガン戦争が起こり、イギリス軍は一八三八年一二月、パンジャーブ州のフェズプールに集結したが、シーク人がその領土通過を拒否したので、やむなく南下して、クエッタを経てアフガニスタンに侵入した。

イギリス軍は補給の困難とアフガン人ゲリラに悩まされたが、翌一八三九年四月になって、アフガニスタン南部の要衝カンダハールに入城し、そこでシャー・シュジャーを即位させた。

ついでこの年の夏には、イギリス軍はガズニを奪取してカーブルに達した。ドースト・ムハマッドはヒンズークシ山脈を越えて、アフガン・トルキスタンのバルフ（バクトラ）にはいり、ついでアム川を渡ってブハラに亡命した。ドースト・ムハマッドの亡命後も、アフガニスタンではゲリラ活動が盛んで、イギリス軍は奔命に疲れた。

このような情況を知って、ドースト・ムハマッドはアフガニスタンに潜入し、イギリス占領軍と戦ったが、一八四〇年一一月二日、イギリス軍に降伏した。イギリス軍は彼とその家族を捕えてインドに送った。

ドースト・ムハマッドの降伏後もアフガニスタンの反抗はやまなかった。カーブル駐留のイギリス軍は冬の到来とともに危険な状態におちいり、一八四二年一月六日に撤退を開始した。退却にあたって、イギリス兵四五〇〇人とインド兵一万二〇〇〇人は、地形を利用したアフガン人の襲撃と寒気のために大損害をこうむり、この遠征は大失敗に終った。

しかし同年の夏になると、イギリス軍はふたたびカーブルを占領したが、新たにインド総督として着任したエレンボーローは、アフガニスタンからの軍隊の撤退を命じ、一方ドースト・ムハマッドは、一八四三年に釈放されて故国に帰った。シャー・シュジャーはイギリス軍の撤退後まもなく殺害された。

2　第二次アフガン戦争

イギリス・アフガニスタン協定

一八五五年、イギリスはアフガニスタンと協定をむすび、ついで一八五七年には条約によって、アフガニスタンのアミールの領域の尊重と内政不干渉を約束し、同時にアフガニスタンは「イギリスの領土権を尊重し、イギリスの友好国をみずからの友好国とし、その敵をみずからの敵とみなす」ことを声明した。

この声明後、イギリスはアフガニスタンに対する干渉を中止したが、一八六三年にドースト・ムハマッドが死ぬと、この国の情勢はすこぶる不安定になり、国内は分裂し、ほとんど無政府状態におちいった。

しかしイギリス政府は一方では依然として不干渉政策をつづけ、他方ではもっぱらインド国内の安定化に力を注ぎ、アフガニスタンに関しては、可能な限りカーブル政権を支持して国境地帯の秩序と平穏を維持し、その他の部族的な地方政権は認めないという態度をとった。

経済の面では、インド政府はインド・アフガニスタン・ペルシア・中央アジアの広域通商貿易の促進策を採用したので、アフガニスタンとの関係はいちじるしく改善され、カーブルのアミールは毎年インドを公式に訪問する慣例になった。またアミールはイギリスの仲介によってロシアとの国境をアム川とすることに成功した。一八六九年には、イギリスとアフガニスタンのあいだに新たな条約が締結された。

この条約は、実質的には一八五七年の条約の再確認にすぎなかった。イギリスとアフガニスタンの関係において、未解決の重要な点がいくつか残された。すなわちアフガン側は一八五五年・一八六九年ともイギリスに対して、援助増大の保証、カーブルのアミールの地位の公式承認、第三国による侵入に際しての相互援助の約束などを要求したが、イギリスはこれを容認しなかった。イギリス側もまたカーブルにおける常駐代表部の承認、北部国境地帯の査察権などを求めたが、これらはアフガン側によって拒否された。このように一八六九年条約は、かならずしも永続的な基礎の上におかれたものではなかった。一方、イギリス本国における政変は、その対アフガニスタン政策に大きな影響をおよぼさざるをえないことになった。

ロシアの動向とイギリスの強硬策

一八七四年、イギリス本国では保守党が政権をとり、有名なディスラエリが首相になった。ディスラエリはアフガニスタン問題を「東方問題」という総合的な立場からとらえ、ロシアの南下に対して強硬な態度をしめし、開戦のばあいにはイギリスはアジア方面からもロシアを攻撃すべきだとした。

これに対しロシアでもまた軍部の強硬論が台頭して、中央アジアへの武力進出を主張し、イギリスとロシアがヨーロッパで戦うときには、ただちにアフガニスタンを経由してインドをおびやかすべきだ、という論議が行なわれ、トランス・カスピ鉄道のヘラート・カンダハールまでの延長論が盛んになった。

このようなロシア内部の強硬論は、イギリスでは外交的な目的を達するためのジェスチュアにすぎないものと受けとられた。しかしイギリス政界の一部では専制主義のロシアにおいては、一見したところ実現不可能で、危険な政策でも、犠牲を顧慮することなく実行に移される可能性があることを警戒していた。とくに中央アジアにおけるロシアの鉄道拡張工事は、インド政府の重大な関心を引くことになり、のちにインド総督になったカーゾンは、これを「ダモクレスの剣」すなわちイギリスの頭上につるされた剣だと非難した。

イギリスの政治家のうちには、もしロシアの中央アジア進出を看過するならば、アフガニスタンは容易にロシアに屈服し、インドに対する直接の脅威になる懸念のあることを警告する人もすくなくなかった。

このような情勢のもとに、ディスラエリ首相は、一八七五年にリットンを新たにインド総督に任命した。このリットンは、のちに満州事変に関する国際連盟調査団長になったリットンの父である。リットンは本国政府の訓令にもとづいて、カーブルのアミール・シール・アリーと二年間にわたって折衝をつづけたが、両者の関係は一向に改善されず、むしろ対立を深める方向に進みつつあった。

一八七八年の夏、ロシアはストリエトフ将軍を団長とする使節団をカーブルに派遣した。

これを知ったリットン総督は、同年八月一四日に、チェバーレン将軍を派遣するので、これを受けいれるよう要請した書翰をシール・アリーに送った。

しかしこれに対する返書は一〇月一九日になってはじめて総督に達したが、その内容は、イギリス側にとってはきわめて不満足なものであり、侮辱的な言辞が使用されていた。リットンは本国政府に対して実力行動の承認を求め、一八七八年一一月二一日には軍隊に出動を命じた。

イギリス軍、アフガニスタンを占領

アミール・シール・アリーは、イギリス軍の侵入に対してロシアの援助を要請したが、トルキスタン総督カウフマンは、冬期にヒンズークシ山脈を越えて軍隊を移動することは不可能だという口実で、アミールの要請に応じなかった。シール・アリーはやむなくストリエトフ使節団に同行してカーブルを去り、ロシア領に亡命した。しかしロシア政府はアミールのセント・ペテルスブルクへの亡命を認めず、アフガニスタンに帰還してイギリスと和解するように勧告した。シール・アリーは、アフガン・トルキスタンの重要都市マザリシャリーフに帰り、一八七九年二月二一日にそこで死んだ。

アミール・シール・アリーは、さきにカーブルを退去するさいに、その子ヤークブ・ハーンを摂政に任命して国事をゆだねた。しかしイギリス軍の進撃は急で、一月の中旬にはその先遣部隊はカーブルへの途中にある要衝ジャララバードに達し、南方の部隊はカンダハール地方を占領し、ただちにヤークブ・ハーンと折衝を開始した。

イギリスの要求は、アフガニスタンの対外関係はイギリス政府との協議にもとづいて処理されるべきこと、カーブルその他にイギリス代表の駐在を認めること、カイバル峠その他の交通の要衝をイギリスの管理下におくことなどであり、またイギリスはアミールに対して年額六万ポンドの支給を承認するということであった。アミール・ヤークブ・ハーンは、このイギリスの要求を全面的に承諾した。

一八七九年七月、イギリス代表団はカーブルに到着したが、九月になると反イギリス的なアフガン部族はイギリス代表部を急襲して、少数の兵士を除くほとんど全員を殺害した。この報をえたイギリス軍はただちにジャラランバード・カンダハールを占領して、一〇月初旬にはカーブル近郊に達し、ヤークブ・ハーンの停戦申入れを拒否してカーブルを占領し、彼を捕えてその家族とともにインドに送った。また、イギリス遠征軍の指揮官フレデリック・ロバーツ将軍は、代表部を襲撃した部族民を裁判にかけて処罰し、その他の部族長に対しては、そのまま平常状態を維持するよう布告した。

アフガニスタンの情勢はなおしばらくのあいだ、依然として危機的な様相を呈し、部分的な戦闘がつづいたが、一八七九年のすえまでには、やや秩序も回復し、カーブルとペシャワールのあいだの交通路は確保され、このようにしてイギリス軍による第二回のアフガニスタン占領がはじまることになった。

しかしイギリス政府のアフガニスタン政策は、依然として不確定のうちをさまよい、アフガニスタンの併合、軍事的占領の継続、安定した中央政権確立までの暫定的占領などの論議がつづいた。

アフガニスタン、イギリスに屈す

一八八〇年、イギリスに政変が起こり、ディスラエリの保守党内閣にかわって、自由党のグラッドストーンが政権の座に復活した。自由党の勝利を知ると、リットンはただちに辞任し、グラッドストーンはライポンをインド総督に任命した。

一八八〇年の総選挙に保守党が敗れた原因の一つはアフガニスタン政策の失敗だといわれていたので、新総督はこの問題の早期解決に乗り出し、その第一歩として、アブドル・ラーマンをアミールの座につける方針を打ち出した。もっともインド政府の高官のうちには、アブドル・ラーマンは一一年のあいだロシアに亡命していた人であったとして、彼とロシア政府の関係を推測し、新総督の案に危惧の意を表明したものもあった。

しかしイギリス自由党の多数意見は、アフガニスタンに対する内政干渉やアミール操縦の停止にあった。彼らはインド防衛のためのアフガニスタンの重要性は認めるものの、そのためには武力による強硬策ではなく、イギリスと密接な関係を保持する独立統一政府の形成を推進すべきだ、という意見であった。

ライポン総督は、この線に沿ってアブドル・ラーマンの政権を確認し、イギリスによる援助を約した。またイギリスはインドとアフガニスタンの国境における部族地帯を認め、カイバル峠交通の安全を保障するという条件のもとに、アフリディ族に年金を供与することを承認した。

こうして、一八八〇〜八二年にわたって詳細な取りきめが成立し、イギリスはアフガニスタンの対外関係に決定的な発言権をもつことになった。

デュランド・ライン協定

イギリスは一八八〇〜一九〇七年にわたって、ロシアとのあいだに、アフガニスタンの北方国境確定と内政不干渉に関する協定の締結を提議したが、この試みは成功しなかった。ロシアはアフガニスタンとの外交関係の樹立と通商の拡大化を要求し、アフガニスタンとの国境に沿って強力な兵力を集結した。しかしこれに対してイギリスはアフガニスタンに関するいかなる第三国の干渉をも許さない決意を明らかにした。

一九〇七年、ロシアはアフガニスタンにおけるイギリスの特殊的地位をはじめて認めることになった。ロシアはその条件として、アフガニスタンにおける通商上の平等な権利および非政治的問題に関する直接交渉の承認を求めた。アフガニスタン政府はこのイギリス・ロシア協商に同意することを拒否した。しかし対外関係においては、アフガニスタンは実際上イギリスの管理下におかれたも同然であった。

一八八八年、アブドル・ラーマンはアフガニスタンに帰るとアミールの位につき、イギリス政府はこれをただちに承認し、カーブルとカンダハールの占領を解除したが、一八九三年には有名なデュランド・ライン協定に署名せざるをえなかった。この国境画定協定の名称は、その起案者モーティマー・デュランドの名をとったものである。デュランド・ラインの設定におけるイギリスの主要な目的は、インドの西北国境確保にあった。イギリス・インド政府は、この地帯を北西辺境州という一種の特別行政区とした。

この地方、とくにその西部のワジリスタンは山脈と草原の土地で、古くからアフガン（パシュトン）族の遊牧地であって、部族的制度のもとにあり、したがってインド政府はもちろん、カーブル政権の支配下にもはいらない一種の自由地帯であった。

デュランド・ラインは、このような政治的支配のおよばない部族地帯の境界を確定することによって、イギリスとアフガニスタンの両国が相互に不干渉政策を実施できることを目的とするものであった。しかしこれは遊牧生活そのものの実態を無視したものであって、国境問題の法的解決策ではあったが、そこには実情無視からくる多くの困難がふくまれていた。このラインの設定によって、インドとアフガニスタンの国境は地図の上では確認されたが、それはアフガニスタンの諸部族を分断しただけにとどまらず、部族そのものをも分割する結果になった。

アフガニスタンとイギリス・インド政府とのあいだには、デュランド・ライン協定の解釈において大きなくいちがいがあった。カーブル政府は「干渉」ということばを軍事的干渉と解釈したので、協定締結後もデュランド・ラインのインド側に住む遊牧民の首長に使者を派遣し、彼らをカーブルにおけるジルガ（部族長会議）にまねき、アミールは彼らに恩賜金を給与した。一方、イギリス側ではデュランド・ライン内の部族地域に行政力を浸透させるために軍事基地を設け、反抗する部族の討伐をくりかえした。しかしワジリスタンにおける部族の反抗は激しさをますばかりであった。

3　第三次アフガン戦争

ロシア革命とアフガニスタンの独立運動

第一次世界大戦が勃発すると、トルコは同盟国側に立って宣戦した。ドイツは、イスラム圏内の諸国にこの戦争をイスラムの「聖戦《ジハード》」として利用させようと計画し、インドのイスラム教徒に働きかけるとともに、ペルシア・アフガニスタンに軍事使節団を派遣した。一九一五年、ドイツの「アラビアのローレンス」と呼ばれたフォン・ニーダーマイヤーのひきいる小部隊を派遣して、軍事・経済援助によって同盟軍の陣営に参加させようと試みた。しかしアフガニスタンの国内には、宗教と民族主義の立場からドイツ・トルコとの提携を主張するものもすくなくなかった。アミール・ハビブラーはインドとロシアに対する経済上の依存関係を考慮して、同盟国側に確答をあたえなかったので、フォン・ニーダーマイヤーの使命は失敗に終った。

しかし一九一七年にロシア革命が起こると、アフガニスタンに対するその影響にはすこぶる大きなものがあった。ロシア帝国の崩壊は、つねにアフガニスタンの中立を脅威していた大きな原因の一つが消滅したことを意味し、アフガニスタンの保守派と民族主義者との両派の反対目標は、もっぱらイギリスに向けられるようになった。彼らはイギリスおよびロシアという二大強国の対立がアフガニスタンに門戸閉鎖をやむなくさせ、国際的孤立におちいらせ、その結果として社会的・経済的発達を阻害した、と主張した。また彼らはアミール・ハビブラーに対して、アフガニスタンをイギリスの強制的保護政策から独立し、北西辺境州のパシュト族を解放すると同時に、オスマン帝国と汎イスラム運動に協力することを要求した。彼らはロシアのボルシェヴィキの民族独立主義とアメリカのウイルソン大統領のとなえた民族独立の原則を歓迎した。

しかしながら一方においては、イギリスの援助と協力によって、立ちおくれたアフガニスタンの経済と軍事を近代化しなければならない、という声にも無視できないものがあった。ロシア革命の勃発によって、アフガニスタンはその近代化に対するロシアの援助、あるいは経済関係の増大を期待することは不可能になったので、イギリスとの友好を促進する以外の方法はない、という声もあがった。

一方、ハビブラーはインド総督に対し、アフガニスタンの完全な独立と行動の自由を前提に、イギリスの援助を期待するという書翰を送った。これに対してイギリスは、アフガニスタンがインドの安全に対して積極的に貢献する政策を持続することを求めた。しかしアフガン民族主義者たちは、ハビブラーの態度を妥協的であるとして非難をあびせた。ハビブラーは一九一九年二月二〇日、ジャララバードにおいて暗殺された。

ハビブラーの暗殺を契機として、改革主義者と保守主義者との抗争は急速に激化の徴候をみせた。改革派はハビブラーの末子アマヌラー・ハーンにひきいられ、保守派の中心はハビブラーの弟ナースルウラー・ハーンによって代表された。

暗殺事件当時、アマヌラーはカーブル州の総督として軍隊と財政を掌握し、その母は有力なバラクザイ部族の出身であった。彼はただちにナースルウラーの逮捕と暗殺者の追及を命じた。ナースルウラーは監禁中に死に、この暗殺事件は迷宮いりした。こうしてアマヌラーは権力を把握し、アフガニスタンの完全独立の達成を第一目標にかかげた。

しかしアマヌラーの地位もけっして安定したものではなかった。宗教的保守勢力と部族的抗争は、この新しいアミールを困難な状態に導いた。彼は一方ではイギリスによるアフガニスタンの自主的行動の拘束からの脱却を呼号し、他方では部族民に対するジェスチュアとして、インドの異教徒に対する聖戦《ジハード》をとなえた。

戦争開始とアフガニスタンの完全独立

一九一九年四月一三日、インドにおいて有名なアムリッツァー事件が起こった。この日、このインド北西部の大都市では二万人の群集がジャリアンワーラ公園でデモンストレーションを行なった。イギリス軍当局はこれを非合法として解散を命じ、ただちに発砲した。その結果、市民に三七九人の死者と一二〇〇人の負傷者がでた。イギリス・インド政府は戒厳令を布告した。

アマヌラーはインドの情勢を侵入の好機と判断し、インド革命委員会と連絡、一九一九年五月八日を期し、西北辺境州の要衝ペシャワールのアフガン人を使嗾《しそう》して反乱を起こさせた。この反乱はイギリス軍が水の供給を絶ったので、わずか数日で終わったが、同時に国境地帯では南北を通じてアフガン人による襲撃がつづいた。しかしイギリス軍飛行機によるカーブル爆撃は、ただの一回でアフガン人の士気に致命的打撃をあたえた。

アフガン人は、第一次・第二次アフガン戦争の経験から、その首都は天険によってインド方面からの攻撃に対して難攻不落だと信じていた。アマヌラーは四ヵ年にわたる第一次大戦でイギリスは疲弊し、大規模な作戦に転ずることはないと考え、ラワルピンディに使節団を派遣して休戦の提議を行なった。

一方、イギリス側としては、大戦後のアジアの混沌とした情勢から考えて、ラワルピンディの休戦協定は両国関係における暫定的な同意にすぎないとみて、一九二一年に使節団をカーブルに派遣し、将来における両国関係の恒久的基礎を確立しようとした。使節団長ヘンリー・ドッブスの交渉はすこぶる難航し、合意の成立にほとんど一年を費やしたが、結局一九二一年の末になってようやく条約が成立し、アフガニスタンは名実ともに完全な独立国家になった。

アマヌラーのアフガニスタンと露・英

一九二二年、ロシア領中央アジアでは、トルコの汎トゥラン運動の指導者エンヴェル・パシャのひきいた反ボルシェヴィキ闘争が、ブハラ・フェルガーナを混乱におとしいれたので、アマヌラーは軍隊を北方境界に集結し、エンヴェル・パシャとも連絡をとった。ソヴィエト政府はただちに兵力の撤退とアフガニスタンの中立厳守をアマヌラーに要求した。しかし一九二二年の八月四日に、エンヴェル・パシャは赤軍との戦いで戦死し、中央アジアにおける汎トゥラン運動は潰滅してしまい、やむをえずアマヌラーは兵力を撤退した。

一九二三年、アマヌラーは東南国境地帯の視察に出かけた。彼はジャララバードにおいて地方の部族長会議（ジルガ）を招集し、この会議にはインド領に住む部族長も参加した。アマヌラーは彼らに多額の資金をあたえ、将来の国境紛争のばあいにおける協力をほのめかした。

このアマヌラーの行動はイギリス当局を刺戟し、国境地帯の形勢はふたたび緊張し、小規模ではあったが、衝突が頻発した。アマヌラーがイギリス側の抗議を無視しつづけたので、この年の末には、イギリスは外交関係の断絶、公使館の撤退を通告した。

アフガン政府はイギリスの強硬態度に屈して譲歩し、一九二四年二月には合意が成立した。しかしアマヌラーの譲歩は部族長たちのあいだに強い不満を巻き起こし、また、国内における彼の進歩主義は保守派の憤懣をかい、一九二四年三月、カーブル南方のホースト地方に反乱が勃発した。

この反乱の直接原因は、その前年にアマヌラーが公布した女性の解放、その地位の向上に関する法律にあった。この法律は、それまでイスラム教のムラー（教理の指導者）の手に握られていた家庭生活上の問題処理権を政府の権限事項に移管するものであった。ムラーはこの処置はイスラム法に違反し、『コーラン』の精神にもとるものだとして反対し、まずホースト地方のマンガル部族が政府に対して武力抗争を開始した。

この反乱はアフガニスタン南部の諸部族によって支持され、一時はカーブルも危険におちいったが、イギリスがアマヌラーに飛行機を売りわたし、援助にふみきったので、カーブル政府はかろうじて危機を脱することができた。アマヌラーは、一九二四年九月二四日、ローエ・ジルガ（総会議）を招集し、女性の解放に関する法律を廃止して、保守勢力に屈服した。

4　第二次大戦を迎えるアフガニスタン

バチャ・イ・サカウの反乱

アマヌラーは、一九二七年、海外旅行に出発して、ヨーロッパ主要国の首都を歴訪し、またエジプト・トルコ・ペルシアなどのイスラム国も訪問、一九二八年七月末に帰国した。アマヌラーはこの旅行によって、アフガニスタンの改革は旧来の伝統から脱皮して、急速に西洋化することにある、と考えるようになっていた。

彼は帰国後まもない八月二八日に、国内の各地から一五〇〇人の代表を招集し、ローエ・ジルガを開催して、彼自身の改革案を提議した。そのおもな事項は、女性の完全解放・義務教育・政治と宗教の分離・財政の確立などであった。

この改革案は保守的なアフガン人の強硬な反対をまねき、国内は騒然たる状態を呈したが、アマヌラーは改革案を固執してゆずらなかった。そのため一一月には南部において反乱が勃発し、要衝ジャララバードは反徒の手におちいり、事態はますます深刻化していった。アフガニスタン近代史で有名なバチャ・イ・サカウの事件が起こったのは、このような情勢下においてのことであった。

バチャ・イ・サカウは、カーブルの北三〇キロほどのところにあるタジック人の寒村に生まれた。バチャ・イ・サカウとは、「水汲人の小せがれ」という意味である。兵士として軍に徴集されたが脱走して、一九二四年のホーストの反乱に加わり、その後は徒党を組んで強盗を働いていた。

やがてアマヌラーの改革で事態が騒然となると、彼はカーブル北方にある政府軍の兵営を襲撃して、守備兵九〇〇人を降伏させ、カーブル郊外に達した。アマヌラーは一九二九年一月五日になって、改革案の撤回を布告した。しかしバチャ・イ・サカウはこれを無視し、政府軍を撃破して首都に攻撃を加えはじめた。アマヌラーは首都を捨ててカンダハールにのがれ、五月にはイタリアに亡命した。

バチャ・イ・サカウはカーブルを中心とするコー・イ・ダーマン盆地を占領したが、アフガン部族の多くはこのタジック人の簒奪者を認めず、国内は分裂して混乱状態におちいり、バチャ・イ・サカウのカーブル政権はその軍隊に対する給与の支払いに窮した。そこで彼は流通中の貨幣を回収して、品位の劣悪な新貨幣を鋳造し、ついには皮革製の貨幣をつくってその流通を強制した。また一方では、市民に政府発行の債券を強制的に購入させた。

ここにおいてカーブルの経済は停頓し、インドとの通商はとまり、首都と地方の治安は失われ、いたるところで掠奪や強盗が横行し、官憲による物資の強制徴収が行なわれた。しかしこのバチャ・イ・サカウの恐怖政治もながくはつづかなかった。それはナーディル・シャーの登場によって終止符を打たれることになる。

ナーディル・シャーによる制圧

ナーディルは一八八〇年に生まれた。父はパターン（パシュト）族の名門ムハメザイ部族、母もまたソドザイ族の出身で、ともにアフガニスタン王家につながっており、ドースト・ムハマッドやアマヌラーの縁つづきである。

第一次大戦後に起こったアフガニスタンの民族主義と近代化運動には二つの潮流があった。一九一一年に、隔週紙『シーラージ・アル・アクバル・アフガニヤー』（アフガニスタン情報の灯火）が発刊され、近代化と民族主義の運動を鼓吹した。この新聞は青年トルコ党の影響を受けて発刊されたもので、その編集者は詩人として知られていたマームード・タルジであったが、その主張は危険思想だとされて国外に追放され、トルコに亡命した。

もう一つの潮流はナーディル・ハーンによって代表されたが、ナーディルの思想はタルジにくらべて穏和・漸進的であり、それだけに実際的であった。ナーディルは二〇歳の若さでシャーの親衛隊長に任命され、まもなく陸軍総司令官に昇進し、第三次アフガン戦争ではイギリス・インド軍と戦って相当の戦果を収めた。しかしアマヌラー・シャーとは意見が合わず、退職してフランスに住んだ。

バチャ・イ・サカウはナーディルに使者をおくり、カーブルに帰還して新政権の要職につくことを要請した。一方、カンダハールにあったアマヌラーも、ナーディルがペシャワールに到着すると、ただちに使者を派遣して援助を求めた。しかしナーディルはこれらの要請をいずれも拒否してホースト地方にはいり、カーブル・カンダハール・ジャララバードのアフガン諸部族に対して、バチャ・イ・サカウ討伐を呼びかけた。

ナーディルはバチャのカーブル政権は宗教的指導者の承認を受けただけで、伝統的な部族長のジルガ（総会議）によって認められたものではなく、合法性をもたないことを指摘し、首都の奪回に向かった。そして一九二九年一〇月六日にバチャの兵を撃破してカーブルに達し、同月一三日には首都を完全に制圧した。バチャは逃亡したが、部下の裏切りによってまもなくナーディルに引き渡された。ナーディルはバチャとそのおもな協力者をふくめて、多数の者を処刑した。

つぎに当然起こった問題は、アミール・アマヌラーとナーディルとの関係であった。バチャ・イ・サカウ政権打倒の功労者ナーディルのアミール推戴を支持する部族もすくなくはなかったが、ナーディルの成功はアマヌラーに服従を誓っていた多くの部族長の協力によるものので、ナーディルはアミール・アマヌラーの名によって軍隊を指揮したにすぎない、という主張も無視できなかった。また進歩的な若い指導者たちは、ナーディルの即位は反動的勢力の勝利を意味するとして反対した。しかし結局、ナーディル・ハーンは部族長多数の支持をえてシャーの位についた。

アマヌラーの支持者であり、ソ連駐在アフガン代表を務めたことのあるグーラム・ナービは、アフガニスタン南部の有力な家族の出身であったが、ナーディル・シャーに強い反感をいだき、ソ連の援助による反動的政府の打倒を計画した。しかしグーラムの動きはナーディル・シャーの知るところとなり、一九三二年一一月八日、宮廷への出頭を命ぜられ、その場で捕えられて、ただちに処刑された。

このころカーブルでは、ナーディル・シャーの政策を親イギリス的として、これに反対する気運が盛んになったので、政府は弾圧政策をとり、処刑されたグーラム・ナービの血縁者の一人をふくむ相当数の急進主義者を捕えて死刑に処し、不穏な形勢になった。

一九三三年一一月八日、シャーはこのような情勢を無視して、宮廷で成績優秀な学生に謁見を許した。ところがシャーが整列している学生を検閲しているとき、一人の学生が突然狙撃し、シャーは斃れた。この学生はグーラム・ナービの遺児で、その場で自殺した。

ナーディル・シャーが暗殺されたとき、カーブルにいたシャー唯一の兄弟は、陸軍大臣のシャー・マームードであったが、彼はただちにナーディルの子で一八歳のザーヒル・シャーを王位に推戴した。またナーディルの三人の王子のうちのムハマッド・ハーシム・ハーンが首相として、実権を掌握することになった。

第二次世界大戦とハーシム・ハーン

ハーシム・ハーン政権下に、アフガニスタンはナチ・ドイツとファショ・イタリアに接近し、二〇〇人に達するドイツ人技術者の派遣を受けて、道路建設・ダム築造・工場新設のほか、軍隊・行政機関・教育などの方面でも援助を受けた。また一九三九年ごろには、ドイツと広範囲にわたる金融・通商協定を結んだが、イギリス・フランス・アメリカ・ソ連は、アフガニスタンに対して長期信用を供与することを躊躇した。

アフガン政府はこうして枢軸側への接近を深め、ドイツ・イタリア・チェコスロヴァキア・日本などの投資と技術援助を受けるようになったが、このような状態は、ソヴィエト・ロシアとイギリス・インド政府に危惧の念をいだかせ、第二次大戦の勃発は、アフガニスタンの対外関係と近代化計画を根底から動揺させることになった。

この国の産業化と軍隊の近代化に対する援助は、おもにドイツとチェコスロヴァキアに依存していたので、大戦の勃発はアフガン政府の建設計画にとって大打撃であったが、複雑なヨーロッパ情勢に当面して、アフガン政府がなしえたことは、抽象的な中立厳守の声明（一九三九年九月）ぐらいのものであった。

一九四一年、ドイツ軍のソ連侵入がはじまると、イギリスとソ連がアフガニスタンにおける敵国人の存在と活動を許容することができないことは明らかであった。イギリスとソ連は、同年一〇月、アフガン政府に対してドイツ人・イタリア人の放逐を要求した。アフガン政府はただちにローエ・ジルガを招集して諮問した。ローエ・ジルガはイギリスとソ連の要求を受諾したが、同時に、アフガニスタンの中立・独立・領土保全に関する決議を行ない、ハーシム・ハーンに外交の全権を委任した。

一九四一年六月二二日、ドイツ軍がソ連に侵入すると、イギリスとソ連はイラン政府に対してイラン経由の軍需品輸送を承認するように要求した。そしてイラン政府がこれを拒否すると、同年八月二五日、イギリスは西方から、ソ連は北方から同時にイランに進入し、両国はイランを二分して保障占領した。

この事実を目前にして、アフガン政府としては、イギリスとソ連の要求をいれざるをえなかった。ハーシム・ハーンは一九四六年五月に死に、首相の地位はその弟のシャー・マームード・ハーンによって継がれた。

第十章　二十世紀の西トルキスタン

1　中央アジアの北部

第一次大戦と西トルキスタン

帝政ロシアの中央アジア進出は、すでにピョートル大帝の時代にはじまったが、西トルキスタンにその支配権を確立したのは十九世紀の末葉になってからのことであった。それから三十数年後に、一九一七年のいわゆる十月革命が起こった。

第一次大戦中、ロシア政府は西部戦線の捕虜を多数トルキスタンに送って収容していた。大戦末期、このトルキスタンに反乱がおこり、そうでなくとも貧弱な鉄道交通は麻痺状態におちいり、農業生産は激減し、きわめて不安定な状態になった。西部戦線の捕虜は革命後まもなく釈放され、他方では黒海北部やシベリアの反革命軍が活動をはじめた。

このような情況のもとに、ロシア人の支配下にはいってまだながくない中央アジアには独立運動のきざしが現われはじめた。しかし、当時の社会はロシアの支配を離脱して独立できるだけの準備を欠いていた。その主要な原因は、近代国家に関する知識をもつ指導階層が存

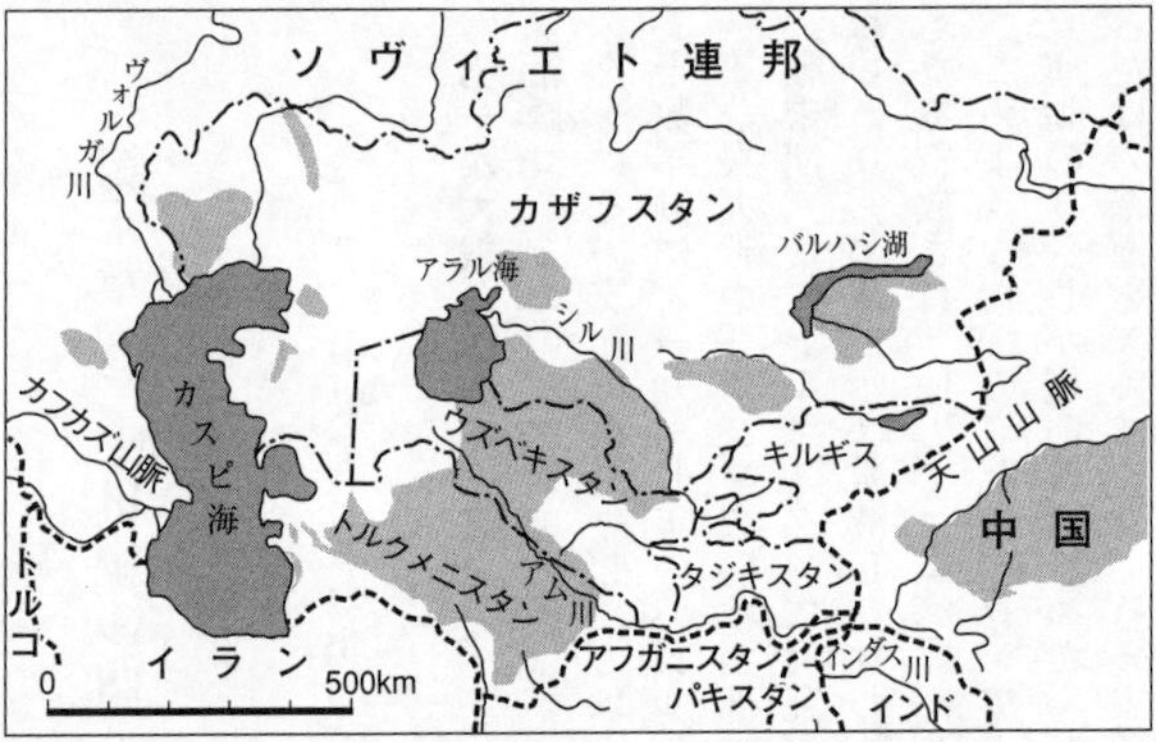

1970年代の西トルキスタン

在しなかったことにあった。

中央アジアの古い都市には多くのイスラムの法学者はいたが、近代的教育はまったく欠いていた。戦争と反乱によって混乱におちいったコーカンドでは、新しい政治秩序建設への運動は起こったが、新しい秩序とはなんであるか、その建設プランはどうあるべきかという点について、具体的なみとおしをもつ指導者はいなかった。

中央アジアのトルコ系種族は軍事的伝統はもっていたが、帝政時代にはロシアの兵役から排除されていたので、近代的な軍事知識も訓練ももたなかった。それだけではなく、西トルキスタンの原住民はツァー政府の交通・通信その他の国営機関に関与することは許されていなかった。

帝政政府は二十世紀の初頭から西トルキスタンへのロシア農民の移住を奨励し、とくに北部の草原地帯・イリ盆地・フェルガーナ地方には多くのロシア人植民地が成立した。これらの開拓地のロシア人と原住民との関係は、開発が進むにつれて悪化せざるをえなかった。

ロシア人は地味のよい耕地を収奪・占有するようになり、まだ見るべき都市産業も存在せず、工業労働者としての雇用も不可能なので、土地を失った原住民の多くは草原地帯に移動して、遊牧生活にはいることを余儀なくされた。

このような情況下に勃発した革命の混乱によって、社会不安が高まり、メンシェヴィキとボルシェヴィキとの争いにあたっては、住民はなんの知識も定見もなく、どちらの側かに加担する以外に選択の道はなかった。

三月革命と十月革命

ロシアには一九一七年三月（ロシア暦では二月）に革命が起こって帝政は廃止され、同年七月には、アレクサンドル・フェドロヴィッチ・ケレンスキーが新政府の首相になった。ケレンスキーの父は中央アジアのロシア人学校の視学官をしており、ケレンスキーは中央アジアで育った人なので、トルキスタンの革命家たちはケレンスキー政権に大きな期待をよせて、トルキスタンの自治を呼びかけた。

しかし、ケレンスキーはもちろんのこと、キエフを中心とするロシア本土のイスラム教徒も、中央アジアの自治運動には冷淡であった。同年五月にモスクワで開かれたイスラム協議会では、中央アジア自治の決議が採択されたが、それは革命政権に対してなんらの影響もあたえることはできなかった。

一方、トルキスタンではキヴァやブハラだけでなく、カザック遊牧民も自治運動に参加した。しかし全般的には、依然として旧体制の勢力が圧倒的であり、部族的王侯や宗教的指導者も変革には反対の態度をゆずらなかった。やがてボルシェヴィキが一一月（ロシア暦の十月）、革命によって政権を掌握すると、トルキスタンへの介入は積極的になったが、革命による紛乱で交通・通信はいたるところで切断され、経済活動は麻痺し、そのうえ白系ロシア軍やコサックその他の集団が途中にあってモスクワとの連絡を遮断したので、タシュケントのボルシェヴィキ政権は孤立の状態に陥った。

モスクワのボルシェヴィキ政権が安定すると、それはただちに帝政時代領土の保全政策をとった。しかし地方自治運動はつよく、フェルガーナ地方のコーカンド、カザックのアラシュ・オルダ、バシュクルドなどは、短期間の命脈を保ったにすぎなかったが、共和国樹立の宣言を行なった。また十月革命直後には、コサック軍がオレンブルクを占領してモスクワとの連絡を切断し、メンシェヴィキの残党はトルクメン地方を支配した。

中央アジア独立運動とモスクワ政府

一九一七年一一月一五日には、民族問題に関する有名なレーニンの二原則と宣言が発表された。その二原則とは、①ロシアのあらゆる民族の平等と主権、②分離・独立する権利をふくむ自由な自治に対するロシアのあらゆる民族の権利であった。この宣言には、その後文として「ロシアおよび東洋のすべてのイスラム教徒」に対するつぎのような呼びかけの文書がつけられていた。

ロシアのイスラム教徒、ヴォルガ地方およびクリミア半島のタタール人、トルキスタンのキルギス人およびサルト人、トランスカフカズ地方のトルコ人およびタタール人たちよ。モスクと礼拝所を破壊され、ロシアのツァーと暴君たちによって宗教と慣習を蹂躪されたすべての人民よ。今後、諸君の信仰と慣行、諸君の民族的および文化的制度は自由で不可侵であることを宣言する。諸君は諸君の民族としての生活を自由にして妨害なく建設せよ。これは諸君の権利である。

西トルキスタンのイスラムの独立主義者たちがこの宣言に歓喜したことは当然である。ところが実際には、翌一九一八年二月、赤軍はコサックを撃破し、オレンブルクを占領した。モスクワ政府はバシュクルド人の民族政権を反動的民族運動と規定し、バシュクルドの指導者を逮捕して、親ロシア的バシュクルド人の政権を樹立させた。これに対し、同年四月には、白系ロシア軍がオレンブルクを占領してボルシェヴィキを駆逐し、民族主義者であり、有名な歴史家でもあるバシュクルド人ゼキ・ヴェリディ・トーガンをはじめ、指導者たちを解放した。

しかしこれらの民族主義者たちは、白系ロシア人もまたバシュクルド人の民族独立に関してはボルシェヴィキと異なるところがなく、中央アジアのロシア化をその目的とすることを知ったので、この年の終わりには白軍との協力を打ち切り、翌一九一九年の二月にバシュクルド軍を赤軍に併合した。

赤軍はバシュクルド人のすぐれた軍事的能力をよく知っていたので、バシュクルド部隊の指揮はバシュクルドの指導者にゆだねざるをえなかった。また、それと同時にバシュクルド人の自治を承認することになり、バシュキリア自治区が成立した。

ゼキ・ヴェリディ・トーガンは、こうしてその軍隊をひきいて赤軍に加わった。バシュクルド民族運動の最高目的は、彼らの祖先伝来の土地を回復し、ロシア人植民者を退去させることにあった。しかしいうまでもなく、これは到底ソヴィエト政府の容認できない条件であった。

モスクワ政府は、一九二〇年五月、バシュキリアの自治に関して新しい法令を布告した。この法令は、その公布以前にバシュクルド人に対してあたえられた行政権限の大部分を取り消し、政治・財政・経済上のあらゆる事項は、すべてモスクワの決定にゆだねられるというものであった。

バシュクルドの指導者たちは、この法令は一九一七年一一月一五日の宣言に反し、大ロシア主義の復活であるとして、強硬な抗議を提出するためにトーガンをモスクワに派遣した。トーガンは、モスクワでレーニンと会見したのちクリミア半島付近にスターリンを訪れた。しかしトーガンにとっては、これらの会談は失望以外のなにものでもなかった。

レーニンとスターリンの裏切り

トーガンとその同志たちの最大の関心は、バシュクルドの民族的自主・独立にあったのに対して、レーニンとスターリンはプチ・ブルジョアジーを排してプロレタリアート的な立場を強調し、民族運動の指導者たちはロシアのプロレタリアートに全面的な信頼をもつべきであり、アジアの植民地はすべてヨーロッパ（ロシア・フランス・イギリス）の労働階級によって指導されるべきであることを説いた。

トーガン自身の書いているところによれば、彼はレーニンに対して、「民族と植民地の問題」検討のために、トルキスタンにロシア人三人とイスラム教徒三人をもって構成される調査委員会の派遣を要請し、レーニンはこれに応じたが、あとになってこの委員は全部ロシア人によって占められていることが判明した。

モスクワ政府との交渉に失敗すると、バシュキリアはふたたび戦いと混乱の渦中に投ぜられた。赤軍の攻撃によってバシュクルド民族主義者は四散し、山中や草原・砂漠に遁走した。そして冬になると飢餓によって、そのうちの大半が斃れた。

この内乱は階級闘争にもとづく革命というよりも、むしろ民族戦争の様相を呈した。トーガンは赤軍の討伐をのがれ、大迂回してカスピ海西岸のバクーに達し、そこからカスピ海を渡ってトルキスタンのトルクメン地方にはいり、ブハラに潜入した。

以上でトルキスタン北部における革命前後の情況について述べたので、つぎに南部の状態について述べておきたい。

2 中央アジアの南部

情勢混沌のうちに第一次大戦おわる

トルキスタン北部は、モスクワのボルシェヴィキ政権にとっては、それほど大きな問題ではなかった。北部における反ボルシェヴィキ勢力は、コサックとアレクサンドル・ヴァシリエヴィチ・コルチャックのひきいる白軍だけであった。

北部はウラル山脈地方につながり、タシュケントは早くからロシアの基地になっていた。バシュクルド族は、その勇敢な遊牧民気質で知られてはいたが、ロシア人との接触が深く、またバシュキリアにはロシア人移民の人口もすくなくなかった。

しかしこうした北部とはちがって、トルキスタンの南部はロシアなどよりはるかに古い文明をもち、この地域がイスラム化して以来でも、およそ一〇〇〇年を経ていた。そこには紀元前数百年の時代に、すでに大きなオアシス都市が成立し、アレクサンドロスの征服以後には、ギリシア人王国バクトリアが数百年にわたって中央アジア文明の中心になっており、サマルカンドやブハラなどは現存する世界最古の都市のうちにはいるであろう。

帝政ロシアがタシュケントを前進根拠地として、ほぼ西トルキスタンを制覇したのは、十九世紀の後半になってからであるが、イギリスがインドに地歩を固めたのは、それよりも一〇〇年以上もまえのことであった。ロシアの中央アジア経略が開始されたときには、イギリスはすでにイギリス・インド帝国の輪郭をほぼ決定して、アフガニスタンを緩衝地帯とするインド支配政策を確立していた。

ところが当時はトルキスタンの南部、とくにブハラはまだロシアの支配地域外にあった。イギリスとしてはアフガニスタンを緩衝地帯として、南下するロシア勢力との国際的勢力均衡をはかろうとしていたので、インドの北西辺境とトルキスタン南部における政治的安定は必須の前提条件であった。

第一次大戦が勃発すると、ロシアは連合国側に加わり、これに対してトルコは同盟国側に加わって参戦することになった。一九一八年には、ドイツは中央アジアに進出することによって、一方ではロシア、他方ではインドを脅威するために、特殊任務部隊をアフガニスタンに派遣し、トルコは一部隊を送って、カフカズを経てカスピ海のバクーを占領した。

イギリスは、ロシアの十月革命の結果、中央アジアに捕虜として拘禁されていたオーストリア・ハンガリー兵の解放によって起こりうる危険を恐れて、ペルシア東北部の要衝メシェッドとトルキスタン南部のメルヴをつなぐ線によって、北方からの脅威に対抗しようとした。しかしトルキスタンがこのような混沌たる情況におかれている最中に、第一次大戦は終わった。

独立運動と青年トルコ党

戦争と革命の連続は、トルキスタンにも大きな影響をあたえずにはおかなかった。一九二〇年九月には、最後のウズベク人王朝マンギット部のアミール・アブドル・サイード・アーリムは、トルコの青年トルコ党にならって組織され、ソヴィエト軍の支持をえた青年ブハラ党によって廃位され、翌年にはアフガニスタンに亡命した。同年、キヴァにもクーデターが起こって青年キヴァ党が政権を握り、キヴァのハーンは追放された。

ツァー政府の崩壊からソヴィエト政権の確立にいたるまでのあいだは、騒然とした時代ではあったが、しかしドラマティックな時期でもあった。そして、この時期における二人のオスマン・トルコ人が演じた役割を見逃すことはできない。その二人とは、ジェマール・パシャとエンヴェル・パシャであって、彼らはケマル・パシャ、すなわちのちのケマル・アタトルコとともに、軍人として第一次大戦で活躍したが、トルコが敗戦すると、彼らはイスラム教国のおかれた惨憺たる情況と、イギリスに対する憎悪から、ソヴィエト革命に強い関心をいだくようになった。

ジェマール・パシャは中央アジアのタシュケントを経由して、一九二〇年の夏、モスクワに到着し、アフガニスタンのカーブルにはいった。彼の目的はアフガン人と協力してインドのイスラム教徒の独立を働きかけることにあり、トルキスタンではブハラの民族同盟の指導者と会議したが、インドのイスラム教徒解放の基地としてトルキスタンを使用したい、という彼の提議は受けいれられなかった。

このようなジェマールの行動は、ソヴィエト政府に疑念をいだかせることになった。彼は一九二二年一〇月二一日、カフカズのティフリス（トビリス）で暗殺された。

エンヴェル・パシャは、ジェマール・パシャが殺害された一九二二年一〇月にブハラに到着した。ジェマールはイスラム勢力の復興のためにボルシェヴィキと提携して、帝国主義打倒のために、トルキスタンの革命家とともに中央アジアにおける独立イスラム国家の建設を計画した。エンヴェルの目的もまたジェマールと同じで、当時バスマチと呼ばれていた中央アジア独立運動に参加することにあった。

エンヴェルは、ブハラに到着すると、ただちにバスマチの指導者イブラヒム・ベック・ラカイと会談したのち地方の部族長たちと接触し、アフガン人やコサックのあいだにも共鳴者を獲得した。エンヴェルの活動は、当然ボルシェヴィキ指導者のあいだに危惧の念を起こさせることになった。

しかしイブラヒムは、エンヴェルがオスマン・トルコのスルタン政権打倒運動の立役者であり、青年トルコ党の領袖であったことから、その意図に疑いをもち、彼を逮捕、監禁した。エンヴェルは脱走して相当の数に達する部族民を糾合するとともに、アフガン人やロシア・コサックなどをも加えてボルシェヴィキに対する脅威となったが、一九二二年の八月にはいると、赤軍の組織的攻撃によってタジック地方の山地に後退せざるをえなかった。

八月八日未明、三〇〇人のロシア兵が近接しつつあるという情報に接して、エンヴェルは二五人の手兵をもってただちに反撃し、不意を襲って七五人のロシア兵を捕虜にした。夜明けとともに、彼はみずから剣をふるって先頭に馬を駆り、ロシア軍陣地に突撃したが、機関銃の掃射を受けて戦死した。ロシア兵はこの少数の襲撃者のうちにエンヴェルがいたことを知らなかったらしく、ただちに引き揚げてしまった。バスマチの反乱は、エンヴェルの死とともに終わったのではなく、その後もアフガン人の協力をえて、ソヴィエトに対する反抗をつづけた。一九二八年にアフガニスタンにバチャ・イ・サカウの反乱が起こると、ロシアはこれを口実にアフガニスタンに干渉を行なった。そして一九三一年にバスマチ運動の指導者イブラヒム・ベックが捕えられて以後、ようやくトルキスタンの民族独立運動は表面から姿を消すことになった。

3　中央アジアの開発計画

行政組織の再編成

反乱と動揺がようやく鎮静すると、ソヴィエト政府は中央アジアの組織的な経営を実施することができるようになった。しかし、その行政区画は帝政時代と大きく異なるものではなかった。

帝政下の中央アジアは、①北部ステップ地区（ステップ・クライ）、②タシュケント・サマルカンド・フェルガーナ・トランスオークシアーナ・トルクメン草原をふくむトルキスタン省、③ブハラ・キヴァをふくむ半独立地帯に分けられており、このうち①と②はツァーの直轄下におかれていた。

ソヴィエト政府は、北部の草原地区とトルキスタンを自治共和国としたが、一九二五年にはウズベキスタンとトルクメニスタンを分割し、タジキスタンはウズベキスタンに編入された。ブハラおよびキヴァという二つの伝統の古い国名はここに消滅し、一九二六年にはトルキスタンという名称もまた公式には存在しなくなった。

こうしてソ連領中央アジアの政治・行政上の再編成は一応は終わったが、経済建設はそう簡単ではなかった。

農民の貧窮化と牧民の畜産放棄

典型的な乾燥地帯である中央アジアの基盤産業は、オアシス農業と遊牧であった。ソヴィエト政権の確立にともなって、土地と水利の国有化により、農民のコルホーズ（集団農場）とともに広大なソウホーズ（国営農場）が設定された。しかし、レーニン時代の有名な新経済政策《ネップ》（一九二八年）までは、まだ個人経営がある程度は存在し、農民はみずから耕し、家畜を飼養し、その生産物を売ることができた。ところがネップ（新経済政策）の実施によって農民は低価格でその生産品を政府に供出しなければならなくなった。

このように、ソヴィエト革命によって地主制度は廃止されたが、農民の経済状態は一向に改善されず、貧窮化した農民は都市に移動してプロレタリア化していった。

一方、遊牧に関してもソヴィエト政府は、だいたい一九二九年までにはハーン（首長）と部族民とのあいだの支配・被支配の関係を打破することができたが、農耕とちがって、遊牧ではその生産手段としての土地の再編成はいちじるしく困難であった。オアシス耕地は地主から土地を没収して、これを再配分することができたが、草原や高原の遊牧地の再配分はそうはいかなかった。

再配分できるのは、家畜だけであったが、家畜の没収・再配分は遊牧民の強い抵抗に当面した。遊牧民はその家畜を屠殺し、あるいは草原に放置した。そのため西トルキスタンの家畜総頭数は、ネップの実施によって三分の一に減少したといわれ、この傾向はその後も変わらなかった。

たとえば、一九三五年におけるカザフスタンのソウホーズおよびコルホーズ一ヵ所当たりの平均家畜頭数はわずかに一・七頭であり、約六五〇〇のコルホーズは一頭の家畜も所有していなかった。一九二八～三四年の六年間に、ウシは七三パーセント、ヒツジは八七パーセント、ウマは八三パーセント減少している。このような状態はウズベキスタン・キルギジアでもほぼ同様で、集団経営による家畜飼養の失敗を明らかに示している。

右に述べたように、家畜飼養の集団経営化は遊牧の全面的廃止につながるものであった。中央アジアのような自然環境における大量の家畜飼養は、遊牧形式すなわち季節的移動を必要とする。この原則に反する政策の強行採用により、このような牧畜はほとんど全滅せざるをえなかったのである。

もう一つの原因は、ソヴィエト政府の理論からみるならば、遊牧という生産様式は前近代的なものであり、社会主義制度のもとでは許容できない生産形態であるとする原則にあった。レーニンの新経済政策《ネップ》のもとの家畜生産は完全な失敗であったといえよう。

五ヵ年計画

ソ連政府の第一次および第二次五ヵ年計画（一九二八〜三七）の重点は、ウラル山脈以東の急速な開発におかれた。これは西方ではドイツ、東方では日本の脅威によるものとみられる。この意味でスターリンの政策には先見の明があったといえよう。

ウラル地域の開発は、ロシア人に大きな負担と犠牲をもたらしたにはちがいなかったが、それでも一九三五年までにはかなりの成果を挙げ、生産力のいちじるしい増強をもたらし、一九四一年のドイツの奇襲攻撃が開始されて以後、これに対して強靱な抵抗力を発揮する重要な条件になった。

ソ連政府は中央アジアの五つの社会主義共和国においては、ウラル・シベリア地域に対するほどの開発努力はみせなかった。しかし中央アジアにはすくなからぬ非鉄金属資源が存在する。たとえばタシュケントに近いアルマリックの銅、チムケントの鉛、フェルガーナ地方の水銀・ラジウム・ウランなどである。

このような金属資源以外に、中央アジアには綿花・羊毛・ムギ・コメなどや、発電用水力の資源もあるし、物資の輸送には鉄道以外に水路を利用することができる。したがって、中央アジアは戦時におけるソ連の自給自足態勢にすくなからぬ貢献をした。

軌道に乗った一九五〇年以降

ソ連領中央アジアの経済開発が軌道に乗るのは、ようやく一九五〇年以降のことである。ソヴィエト革命当時のロシア本土と西トルキスタンにおける都市と農村との人口比率は、ほぼ同じであったと推定される。一九五七年には、本土の都市対地方の人口比率は四三対三二パーセント、一九五九年には四八対三八パーセントで、本土とトルキスタンの都市化の速度は依然としてほとんど変わっていないことがわかる。

この数字によれば、ソ連領中央アジアの都市化の比率は、インドやパキスタンなどよりもはるかに高い。しかしこの現象がただちに工業化を意味するものではない。西トルキスタンの産業の中心は、綿花の栽培とその関連産業、すなわち紡績・綿実油その他の消費財と人造肥料などにすぎなく、そのほかはおもに鉱石・木材・穀類・羊毛・生糸などの輸出原料によって占められている。そのうちでも、もっとも重要なものは綿花で、革命前においても中央アジアの綿花生産はロシア帝国の綿花総生産の八八パーセントを占めていたが、一九五七年にはソヴィエトの総需要の八五パーセントを供給できるまで回復した。

家畜は革命後の内乱とその後における遊牧抑圧政策によって激減したが、一九四〇年ごろには頭数においては革命前のレヴェルには達した。とはいえ、そのあいだにトルキスタンの人口が七五パーセント増大したことを考慮にいれると、人口一人当たりの頭数は、まだ革命前をしたまわっていた。一九二八～三二年の牧畜の国営化は、家畜生産に大きな打撃をあたえ、一九五〇年代にはいって多少の増加を見せたにすぎない。革命前にくらべて相当の増加幅を示すのは、一九六〇年代になってからである。

農牧にくらべて飛躍的に発展したのは鉱工業で、石炭・石油・鉛・銅などがシベリアに輸出された。しかし鉄鋼と機械類の製造は、一九五〇年代においてもきわめて貧弱であった。西トルキスタンの人口はソ連の全人口の六パーセントを占めているにもかかわらず、鉄鋼と機械類の生産はソ連の総生産額の一パーセントにすぎなかった。

中央アジアの諸人民共和国は、一応は主権国家と規定されてはいるが、ソ連邦以外の国との直接の通商関係をもつことは許されていない。

強制された異質の体制

ウマイヤ・カリフ朝の時代にクタイバ・イブン・ムスリムが中央アジアに侵入してイスラム教を伝播して以来、およそ一三〇〇年の時が流れている。しかしロシア人がはじめて中央アジアに姿を現わしたのは、いまからわずか二〇〇年以前のことである。

共産主義が中央アジアで勝利をえてから現在にいたるまでには、まだ半世紀にも足りない。一〇〇〇年以上にわたってイスラム体制が支配してきた中央アジアは、ソヴィエト革命によって、近接した他のイスラム地域、すなわちアフガニスタン・パキスタン・イラン・新疆ウイグル自治区などとの関係を切断されてしまい、内部においてはマルクス主義にもとづくイスラム体制とはまったく異質的なシステムが強制されることになった。

イスラム時代の中央アジアは二人の偉大な歴史的人物を生んだ。一人はティムールであり、もう一人はバーブルである。

この二人は、その軍事的才能においてアレクサンドロスやチンギス・ハーンに匹敵すると同時に、大帝国建設の政治的才能に恵まれ、また文芸・学術の愛好者でもあった。ティムールとバーブルは大帝国建設と、イスラムの栄光を象徴する壮大・華麗な文化遺財を残しただけではない。ティムールは詩の愛好家であり、バーブルは有名なその自伝（バーブル・ナーマ）を書いた。サマルカンドのような、東方におけるイスラム文明最大の中心地をもつ中央アジア人にとって、マルクス主義の導入は価値観における深刻な挑戦と受けとめざるをえないであろう。

マルクス主義は西ヨーロッパ啓蒙時代の社会哲学の総合的産物ではあるが、それは同時に近代西洋文明の異端児でもある。マルクス主義は本質的にヨーロッパのもので、アジアのものではない。また中央アジア進出時代のロシア社会は、ヨーロッパ的というよりも、むしろビザンティウム的な伝統の強い社会であった。

このように中央アジアは、中世的な帝政ロシアのインパクトから一転して、啓蒙時代のヨーロッパの異端的イデオロギーの洗礼を受けることになったのである。

イスラム信仰と唯物論イデオロギーとの相剋もさることながら、中央アジアの人びとの生活には、ヨーロッパのそれとは隔絶したものがあった。それは草原と砂漠をつねに移動する遊牧であった。遊牧民の精神構造の基底には、自由奔放な生活への強い傾斜があり、外部からの圧力による価値観の強制を忌避する精神が強く存在する。

イスラムが中央アジアにはじめて導入されたのは、八世紀初頭のことであるが、中央アジアのイスラム化が完成されたのは十八世紀のことだといわれている。この事実一つからみても、マルクス主義イデオロギーを中央アジアに浸透させるのは、容易ではなかったことがわかる。

おわりに

中央アジアやその遊牧民に関する著書、論文、紀行その他は決して多いとはいえないだろう。しかし個人の研究者にとっては、その量は莫大なものである。わたくしはこの四〇年ほどのあいだ、眼に触れる限り努めて読んできたつもりではあるが、全体から見れば一小部分にすぎない。

歴史というものは、個々の事象を詳細に調べるということだけに止まるものではない。相当の期間にわたる変化の過程を一つのまとまったイメージとして理解することも必要である。ところが、中央アジアという広大な地域の過去を一つの流れとしてとらえるのは、なかなか困難である。普通に中央アジアは西トルキスタンと東トルキスタンに分けられているが、これは理由のないことではない。「世界の屋根」と呼ばれたこの地域の中央部には、高峻な山脈地帯が横たわり、地勢的に東西に分断されている。このような地理的条件は人間にとって克服しがたい障壁ではなかったにせよ、その東の部分すなわち東トルキスタンと西の部分すなわち西トルキスタンのおのおのの歴史的プロセスには、かなり大きな相違が見出される。このような事情が東西トルキスタンを総合した中央アジア史の成立を困難にしてきた原因であると考えられる。

この著書では、中央アジアという地域を狭義に解して、東西の両トルキスタンに限定し、チベットとモンゴリアについては、歴史的プロセスの説明に不可欠である範囲においてきわめて簡単に触れるに止めたが、これはあくまでも便宜的手段にすぎない。しかし中央アジア、あるいは内部《インナー》アジアという名称は論理的でないと主張する学者もある。その理由は、中央アジアという地域を設定するには、その前提として外部アジアがなければならない。もしそうであるならば、外部アジアとは何を指すのか。このような理由から中央アジアという地域は、むしろ中央ユーラシアというほうが妥当である、というのである。いいかえれば、ヨーロッパ、西南アジア、インド、中国のような定着文明圏の彼方に存在する地域という意味であろう。

忘れられていた未知の地域、中央アジアが脚光を浴びるようになったのは、帝国主義時代の初期、すなわち十九世紀の半ばころからのことで、それは西洋列強の領土あるいは勢力範囲の獲得競争の結果であった。しかしその後も現在にいたるまで、依然として中央アジアは外部に対して閉ざされた世界である。

一九七七年夏

岩村　忍

主要参考文献

(1) *Mohammedanism, an Historical Study*, H.A.R. Gibb, Home University Library, London, 1950.

(2) *Pivot of Asia*, Owen Lattimore, Boston, 1950.

(3) *Afghanistan, a Study of Political Developments in Central and Southern Asia*, W.K. Frazer-Tytler, London, 1953.

(4) *Soviet Empire, the Turks of Central Asia and Stalinism*, Olaf Caroe, London, 1954.

(5) *Four Studies on the History of Central Asia*, 3 vols. , V. V. Barthold, Leiden, 1956-1962.

(6) *China and Inner Asia from 1368 to the Present Day*, Morris Rossabi, London, 1957.

(7) *The Scythians*, Tamara Talbot Rice, London, 1957.

(8) *Turkestan Alive*, Basil Davidson, London, 1957.

(9) *The Pathans, 500 B.C.-A.D.1957*, Olaf Caroe, London, 1958.

(10) *Turkestan down to the Mongol Invasion*, W. Barthold, London, 1958.

(11) *The Original Homeland of the Parthians*, B. Philip Lozinski, The Hague, 1959.

(12) *East Turkistan to the Twelfth Century*, William Samoli, The Hague, 1964.

(13) *Bukhara, The Medieval Achievement*, Richard N. Frye, Norman, Oklahoma, 1965.

(14) *The Modern History of Russian Central Asia*, Geoffrey Wheeler, London, 1965.

(15) *Central Asia, a Century of Russian Rule*, Edward Allworth (editor), New York, 1967.

(16) *The Dynastic Arts of the Kushans*, John M. Rosenfield, Berkeley, 1967.

(17) *The West in Asia, 1850-1914*, Michael Edwardes, London, 1967.

(18) *A Political History of Parthia*, Neilson C. Debevoise, Chicago, 1969.

(19) *The Emergency of Modern Afghanistan*, Vartan Gregorian, Stanford, 1969.

(20) *Archaeology in Soviet Russia*, Grégoiré Frumkin, Leiden, 1970.

(21) *Frozen Tombs of Siberia, the Pzayryk*

Burials of Iron Age Horsemen, Sergei I. Rudenko, Berkeley, 1970.

(22) *Peoples of Asiatic Russia*, Waldemar Jochelson, New York, 1970.

(23) *The Arab Conquest in Central Asia*, H. A. R. Gibb, New York, 1970.

年表

西暦	西トルキスタン	東トルキスタン	他地域
前三五〇〇ころ	彩陶文化の伝入		
			前二五〇〇ころ　中国への彩陶文化の伝播
			一六〇〇ころ　中国の殷王朝はじまる
一〇〇〇ころ	遊牧民の活動が盛んになる		一〇〇〇ころ　中国の周王朝はじまる
五五〇ころ	アケメネス朝による征服	遊牧民の活動はじまる	
三二九	アレクサンドロスの侵入		
二五〇ころ	バクトリア王朝はじまる		
二四七	パルティアのアルサケス朝はじまる		
			二二一　秦の始皇帝が中国を統一
			二〇二　漢興る
一四〇ころ		匈奴が月氏を破る	
一三九ころ	張騫が西域に使する		
一〇二	漢が大宛を破る		
			後二五　後漢はじまる
後九一	班超が西域都護になる		
			一四八　パルティアの仏僧安世高が中国にくる
二二六ころ	パルティアが滅亡してササン朝が興り、三世紀半ばころ西トルキスタンを併合し、クシャンと友好関係をもつ		

五五二	突厥のブーミン・ハガーンが位につく	
六二九	玄奘三蔵の西域旅行	
六四〇		唐が安西都護府をおく
六五一	ササン朝が滅亡する	
六七六	アラブ人サマルカンドを占領する	
七〇五	クタイバの中央アジア征服はじまる	
七五一	タラス川の戦いで高仙芝がアラブ軍に敗れる	
八四〇		ウイグルがキルギスに敗れて中央アジアに移動する
八七四	サーマーン朝が興る	
九四〇	カラ・ハーン朝が興る	
九六二	ガズニ朝が興る	
一〇五五	セルジュークのトグリル・ベックがバグダードを占領する	
一一一七		サンジャールがスルタンになる
一一二四		耶律大石が西遼を建てる

六一八	唐興る
六三二	カリフ朝はじまる
九〇七	唐が滅びる
九一六	耶律阿保機が遼を建てる
九六〇	宋が興る
一一二五	金が興り、遼を滅ぼす

一一四一		耶律大石がサンジャールを破る
一二一一		ナイマンのグチュルクが西遼を滅ぼす
一二一九	チンギスの西域親征はじまる	
一二二五	チンギスが西域を征服してモンゴリアに帰る	
一二二七	チンギスが西夏征服中に死ぬ	
一二四六	ローマ教皇インノケンティウス四世の命によりプラノ・デ・カルピニがモンゴリアにいたりグユク・ハーンに親書を呈す	
一二五四	フランス王ルイの命によりルブルクがマング・ハーンに親書を呈する	
一三七〇	ティムールが西トルキスタンをほぼ平定	
一三八四	ティムールがペルシア北部を征服する	
一三八六	ティムールがペルシア西南部を平定する	
一四〇二	ティムールがオスマン・トルコを撃破	
一四〇五	ティムールが中国遠征の途中にシル川	

一二〇六　チンギス・ハーン帝位につく

一二三四　金が滅びる

一二六〇　元朝が興る

一二七五　マルコ・ポーロ元朝に仕える

一二七九　宋が滅びる

一三六八　元朝滅び、明朝が成立する

	付近で死ぬ		
一四〇六	モグリスタンのシャー・ジャハーンが明朝に使節をおくる	東トルキスタンのモゴール朝が明と通好する	一四〇七　ティムールに使した明の傅安が帰国する
一四四九	ウルック・ベックが暗殺される		一四九八　ヴァスコ・ダ・ガマがインドにつく
一五〇一	シャイバニ王朝が興る		一五二六　インドのムガール朝のバーブルが即位する
一六〇二		ヤソ会宣教師ゴーエスが中央アジアにはいる	一六四四　明朝が滅びる 一六八九　清朝がロシアとネルチンスク条約を結ぶ
一七一七	キヴァ攻略のロシア軍が全滅する		一七五八　清朝が東トルキスタンを併合して新疆とする
一七三二	ロシアがオレンブルク要塞を建設する		
一八四〇	ロシアの使節バタニエフがブハラに入る		
一八四二	イギリスの使節ストッダードとコノリーがブハラで殺害される		
一八六四		ヤクブ・ベックの反乱が起こる	

一八六六	ロシア軍がザラフシャンまで侵入する		
一八六七	カウフマンがトルキスタン総督に任命される		
一八六八	サマルカンド、ブハラがロシアに併合される		
一八七三	キヴァがロシアに併合される		
一八七五	コーカンドがロシアに併合される		
一八八一	ロシア軍がゲオック・テペのテケ族九〇〇〇人を全滅させる	ロシアがイリ盆地を清朝に返還する	
一八九三	デュランド・ラインが設定される		
			一九一一　辛亥革命が起る
一九一七	ボルシェヴィキ革命が起る		
一九二三	ブハラ・フェルガーナにエンヴェル・パシャの反革命運動が起る		
一九三三		トルキスタン共和国が宣言される	
			一九四九　中華人民共和国の成立
一九五五		新疆維吾爾自治区と改称される	

本書は、一九七七年に講談社から刊行された『世界の歴史12　中央アジアの遊牧民族』を改題し、文庫化したものです。

岩村　忍（いわむら しのぶ）

1905年生まれ。1929年オタワ大学社会学科卒。京都大学人文科学研究所教授，同大学東南アジア研究センター初代所長を歴任。専門は，遊牧民族史・東西交渉史。
著書に，『元朝秘史』『十三世紀東西交渉史序説』『暗殺者教国』など。訳書に『さまよえる湖』（スウェン・ヘディン）などがある。
1988年没。

講談社学術文庫

定価はカバーに表示してあります。

文明《ぶんめい》の十字路《じゅうじろ》＝中央《ちゅうおう》アジアの歴史《れきし》

岩村《いわむら》　忍《しのぶ》

2007年２月10日　第１刷発行
2018年５月14日　第10刷発行

発行者　渡瀨昌彦
発行所　株式会社講談社
東京都文京区音羽 2-12-21 〒112-8001
電話　編集（03）5395-3512
販売（03）5395-4415
業務（03）5395-3615

装　幀　蟹江征治
印　刷　株式会社廣済堂
製　本　株式会社国宝社
本文データ制作　講談社デジタル製作

ISBN978-4-06-159803-4

「講談社学術文庫」の刊行に当たって

これは、学術をポケットに入れることをモットーとして生まれた文庫である。学術は少年の心を養い、成年の心を満たす。その学術がポケットにはいる形で、万人のものになることは、生涯教育をうたう現代の理想である。

こうした考え方は、学術を巨大な城のように見る世間の常識に反するかもしれない。また、一部の人たちからは、学術の権威をおとすものと非難されるかもしれない。しかし、それはいずれも学術の新しい在り方を解しないものといわざるをえない。

学術は、まず魔術への挑戦から始まった。やがて、いわゆる常識をつぎつぎに改めていった。学術の権威は、幾百年、幾千年にわたる、苦しい戦いの成果である。こうしてきずきあげられた城が、一見して近づきがたいものにうつるのは、そのためである。しかし、学術の権威を、その形の上だけで判断してはならない。その生成のあとをかえりみれば、その根は常に人々の生活の中にあった。学術が大きな力たりうるのはそのためであって、生活をはなれた学術は、どこにもない。

開かれた社会といわれる現代にとって、これはまったく自明である。生活と学術との間に、もし距離があるとすれば、何をおいてもこれを埋めねばならない。もしこの距離が形の上の迷信からきているとすれば、その迷信をうち破らねばならぬ。

学術文庫は、内外の迷信を打破し、学術のために新しい天地をひらく意図をもって生まれた。文庫という小さい形と、学術という壮大な城とが、完全に両立するためには、なおいくらかの時を必要とするであろう。しかし、学術をポケットにした社会が、人間の生活にとってより豊かな社会であることは、たしかである。そうした社会の実現のために、文庫の世界に新しいジャンルを加えることができれば幸いである。

一九七六年六月

野間省一